国家社科基金
后期资助项目

电视新闻话语研究

——以《十点新闻》为例

Television News Discourse: The Case of *News at Ten*

冯德兵 著

科学出版社

北 京

内 容 简 介

本书依托会话分析、批评话语分析、多模态话语分析等话语研究方法，全面系统地考察了 BBC《十点新闻》在话语行为、话语结构、话语实践等方面的特征，并着力探讨了 BBC 新闻中的"话语真实"现象及其表现形式和本质属性。全书主要包括概论、作为机构话语的电视新闻、电视新闻的播报类型与声音呈现、电视新闻中的新闻标题、电视新闻报道的开场白、电视新闻中的指称关系、电视新闻中的采访片段、电视新闻中的同行采访、结语等内容。

本书既适用于语言学、话语研究和新闻传播学方向的高年级本科生和研究生，也适合新闻传媒领域的研究人员和实践者研读。

图书在版编目（CIP）数据

电视新闻话语研究：以《十点新闻》为例/冯德兵著. —北京：科学出版社，2023.10

国家社科基金后期资助项目
ISBN 978-7-03-076323-5

Ⅰ. ①电⋯ Ⅱ. ①冯⋯ Ⅲ. ①电视新闻–新闻语言–研究 Ⅳ. ①G220

中国国家版本馆 CIP 数据核字（2023）第 169618 号

责任编辑：杨 英 贾雪玲／责任校对：张亚丹
责任印制：吴兆东／封面设计：蓝正设计

科学出版社 出版
北京东黄城根北街 16 号
邮政编码：100717
http://www.sciencep.com
北京中石油彩色印刷有限责任公司印刷
科学出版社发行 各地新华书店经销
*

2023 年 10 月第 一 版 开本：720×1000 1/16
2024 年 1 月第二次印刷 印张：15
字数：320 000
定价：98.00 元
（如有印装质量问题，我社负责调换）

国家社科基金后期资助项目
出版说明

　　后期资助项目是国家社科基金设立的一类重要项目，旨在鼓励广大社科研究者潜心治学，支持基础研究多出优秀成果。它是经过严格评审，从接近完成的科研成果中遴选立项的。为扩大后期资助项目的影响，更好地推动学术发展，促进成果转化，全国哲学社会科学工作办公室按照"统一设计、统一标识、统一版式、形成系列"的总体要求，组织出版国家社科基金后期资助项目成果。

全国哲学社会科学工作办公室

前　言

电视新闻自问世以来，在大众传媒领域一直发挥着非常重要的作用。通过电视新闻，我们不仅能够目睹世界各地正在举办的盛大活动，还能够了解来自不同地区、不同种族、不同社群的人们的日常生活习俗、交流方式，以及社会、文化、经济、教育等发展状况。比如，当我们收听标准普尔公司下调法国信用评级的报道时，不仅能够感知法国经济低迷的现状，还能够感知到全球性商业机构对国家实体经济可能带来的影响。当我们观看澳大利亚森林火灾的新闻时，不仅能够了解当地可怕的森林大火，还能够深刻体会到人类在面对大自然时的渺小和无助。总之，电视新闻不仅向我们传递最新的资讯，还在不断地产生并传播着新的社会文化意义。为了更好地理解电视新闻在这种意义生产和传播过程中的内在规律和表现形式，本书以 BBC《十点新闻》(News at Ten，又叫 Ten O'clock News) 为例，从话语分析的角度对电视新闻的话语行为、话语结构和话语实践进行了深入全面的探讨。

BBC 成立于 1922 年，是世界上第一家新闻广播公司，并在 1936 年开创了电视新闻的先河。之后，BBC 便一直致力于为英国及世界各地的观众提供电视新闻资讯服务，并不断扩张、发展、壮大（McNair, 2003; Scannell, 1989, 1990）。BBC 拥有强大的新闻制作团队和先进的新闻生产与传输设备，并在全球许多地方设有新闻制作中心和记者站，使其能够实时、便捷、有效地传递世界各地的最新信息。然而，BBC 在报道来自非西方国家的新闻时，常常带有西方的不良意识形态偏见，有时甚至歪曲事实或虚假宣传。我们不禁要问：BBC 新闻话语是如何呈现的？该新闻具有哪些结构和实践特征？这些特征如何体现新闻的真实性？本书试图从话语分析的角度对上述问题进行探索。

新闻是否受到观众的欢迎，不仅取决于其制作过程，还取决于新闻话语的选择、设计和生成。我们在考察电视新闻时，需要对电视新闻的话语特征即话语行为、话语结构、话语实践等方面进行深入分析。只有这样，才能深刻揭示新闻话语的真实交际目的。本书正是秉持这样的理念，以会话分析、批评话语分析、多模态话语分析等方法和范式，对 BBC 新闻的播报结构、话语形式、话语类型、话语行为、话语结构、话语实践等进行了系统的考察，目的在于揭示 BBC 新闻以及更广泛的电视新闻话语的本质属性，为电视新闻传播话语的发展和研究提供参考。

新旧媒体的深度融合推动了电视新闻话语的重大变革。一方面，电视新闻话语需要遵循传统的规范和惯例，包括新闻的专业性和审查制度，保持新闻的严肃性、客观性和真实性。另一方面，电视新闻话语需要适应新媒体技术带来的变化，不断进行自我创新，以适应不断变化的观众需求和日益会话化、交互性的传播风格、形式和实践（Fairclough，1992；Scannell，1996）。如何在保持传统的同时推动创新，是电视新闻话语保持活力、持续发展的关键。本书从话语行为、话语结构和话语实践等方面对上述问题进行了深入探讨。

本书是在本人博士学位论文的基础上发展而来的。从数据的收集、整理、分析，到撰写成书，再到出版，历时近十年。感谢导师 Martin Montgomery 教授耐心而不遗余力的指导。他不仅是我的学术导师，也是我人生道路上重要的指引人，为我的科研之路指明了方向。此外，本书的撰写还得到了很多学者和好友的帮助与指导。他们是：Steven E. Clayman、John Corbett、Malcolm Coulthard、Lee Erwin、Richard Fitzgerald、Ian Hutchby、Andrew Moody、Paddy Scannell、Andrew Tolson、Teun A. van Dijk、Theo van Leeuwen、Adam Yaworski、冯德正、李春长、冉永平、田海龙、张美芳等教授和陈彤、董思聪、沈津、吴晓萍、曾昕、周思静、朱红强等博士。

科学出版社的编辑及审校专家对本书稿进行了细致的审读。杨英老师从我申报国家社科基金后期资助项目到该项目立项、结题，再到书稿的审校与出版，每一个阶段都给予了我极大的帮助和支持。在此对她和出版社其他编辑和专家的辛勤付出表示诚挚的感谢。

最后，由于本人才疏学浅，书中难免存在疏漏之处。还望学界同仁不吝赐教、批评和指正。

冯德兵
2023 年 8 月 30 日
于杭州政苑

目　录

前言

图目录

表目录

凡例

第1章 概论 ⋯⋯⋯⋯⋯⋯⋯⋯⋯⋯⋯⋯⋯⋯⋯⋯⋯⋯⋯ 1
　1.1 导论 ⋯⋯⋯⋯⋯⋯⋯⋯⋯⋯⋯⋯⋯⋯⋯⋯⋯⋯⋯ 1
　1.2 BBC《十点新闻》简介 ⋯⋯⋯⋯⋯⋯⋯⋯⋯⋯⋯ 4
　1.3 新闻话语研究简述 ⋯⋯⋯⋯⋯⋯⋯⋯⋯⋯⋯⋯⋯ 7
　1.4 研究问题与研究意义 ⋯⋯⋯⋯⋯⋯⋯⋯⋯⋯⋯⋯ 11
　1.5 研究数据与研究方法 ⋯⋯⋯⋯⋯⋯⋯⋯⋯⋯⋯⋯ 12
　1.6 术语解释 ⋯⋯⋯⋯⋯⋯⋯⋯⋯⋯⋯⋯⋯⋯⋯⋯⋯ 16
　1.7 本书结构 ⋯⋯⋯⋯⋯⋯⋯⋯⋯⋯⋯⋯⋯⋯⋯⋯⋯ 20

第2章 作为机构话语的电视新闻 ⋯⋯⋯⋯⋯⋯⋯⋯⋯ 22
　2.1 介绍 ⋯⋯⋯⋯⋯⋯⋯⋯⋯⋯⋯⋯⋯⋯⋯⋯⋯⋯⋯ 22
　2.2 电视新闻的机构属性 ⋯⋯⋯⋯⋯⋯⋯⋯⋯⋯⋯⋯ 22
　2.3 新闻价值 ⋯⋯⋯⋯⋯⋯⋯⋯⋯⋯⋯⋯⋯⋯⋯⋯⋯ 28
　2.4 新闻编辑室的新闻制作 ⋯⋯⋯⋯⋯⋯⋯⋯⋯⋯⋯ 32
　2.5 机构、意识形态和新闻 ⋯⋯⋯⋯⋯⋯⋯⋯⋯⋯⋯ 34
　2.6 话语、意义和新闻 ⋯⋯⋯⋯⋯⋯⋯⋯⋯⋯⋯⋯⋯ 36
　2.7 分析框架 ⋯⋯⋯⋯⋯⋯⋯⋯⋯⋯⋯⋯⋯⋯⋯⋯⋯ 43

第3章 电视新闻的播报类型与声音呈现 ⋯⋯⋯⋯⋯⋯ 47
　3.1 介绍 ⋯⋯⋯⋯⋯⋯⋯⋯⋯⋯⋯⋯⋯⋯⋯⋯⋯⋯⋯ 47
　3.2 电视新闻话语研究综述 ⋯⋯⋯⋯⋯⋯⋯⋯⋯⋯⋯ 47
　3.3 新闻中的播报类型 ⋯⋯⋯⋯⋯⋯⋯⋯⋯⋯⋯⋯⋯ 49
　3.4 新闻话语中的声音 ⋯⋯⋯⋯⋯⋯⋯⋯⋯⋯⋯⋯⋯ 51
　3.5 数据描述 ⋯⋯⋯⋯⋯⋯⋯⋯⋯⋯⋯⋯⋯⋯⋯⋯⋯ 54
　3.6 BBC《十点新闻》的总体结构 ⋯⋯⋯⋯⋯⋯⋯⋯ 55

3.7　播报类型的编排与组合 ·· 56
3.8　声音的呈现 ··· 59
3.9　小结 ··· 61

第 4 章　电视新闻中的新闻标题·· 63

4.1　介绍 ··· 63
4.2　新闻标题研究综述 ··· 63
4.3　研究方法 ··· 65
4.4　电视新闻标题的话语结构 ··· 67
4.5　电视新闻标题的概述功能 ··· 77
4.6　电视新闻标题的预告功能 ··· 79
4.7　小结 ··· 85

第 5 章　电视新闻报道的开场白·· 87

5.1　介绍 ··· 87
5.2　早期研究回顾 ·· 87
5.3　新闻核心的播报方式 ··· 90
5.4　新闻核心的组织结构 ··· 91
5.5　主持人的话语行为 ··· 101
5.6　小结 ·· 106

第 6 章　电视新闻中的指称关系··· 107

6.1　介绍 ·· 107
6.2　早期研究回顾 ··· 108
6.3　文字指称 ··· 110
6.4　图像指称 ··· 114
6.5　图文指称 ··· 118
6.6　指称链 ·· 124
6.7　BBC 新闻报道中的指称 ·· 125
6.8　小结 ·· 131

第 7 章　电视新闻中的采访片段··· 133

7.1　介绍 ·· 133
7.2　采访片段的序列组织 ··· 133
7.3　新闻采访片段的分类 ··· 136
7.4　经验采访片段 ·· 138

7.5　专家采访片段 ··· 144
　　7.6　问责采访片段 ··· 150
　　7.7　小结 ··· 159

第 8 章　电视新闻中的同行采访 ·· 160
　　8.1　介绍 ··· 160
　　8.2　同行采访片段的介绍 ··· 160
　　8.3　话语过渡与立场转换 ··· 168
　　8.4　受访者话语与中立 ·· 171
　　8.5　同行采访的会话化和直播性 ·· 178
　　8.6　小结 ··· 180

第 9 章　结语 ·· 182
　　9.1　总结 ··· 182
　　9.2　研究结论 ·· 184
　　9.3　新闻话语的真实性与会话化 ·· 192
　　9.4　本书的启示 ··· 196
　　9.5　局限与展望 ··· 201

参考文献 ·· 205

图 目 录

图 2.1 电视新闻话语分析框架 …………………………………… 46
图 3.1 新闻条目的播报结构 ……………………………………… 49
图 6.1 文字指称系统 ……………………………………………… 113
图 6.2 图像指称系统 ……………………………………………… 118
图 6.3 图文共指 …………………………………………………… 119
图 6.4 图像过渡 …………………………………………………… 121
图 6.5 图文平行 …………………………………………………… 123
图 6.6 图文指称 …………………………………………………… 124
图 6.7 电视新闻话语中的指称链系统 …………………………… 124
图 6.8 例 6.15 中出现的主要指称链 ……………………………… 129

表 目 录

表 3.1 声音呈现与播报类型之间的关系 ………………………………… 53
表 3.2 BBC 新闻的播报类型时长和频次的识别过程 …………………… 55
表 3.3 BBC 新闻播报类型的分布情况 …………………………………… 57
表 3.4 BBC 新闻中不同声音的呈现 ……………………………………… 59
表 4.1 BBC《十点新闻》中新闻标题的分布 …………………………… 66
表 4.2 BBC《十点新闻》新闻标题核心部分的频率分布 ……………… 68
表 4.3 BBC《十点新闻》标题补充部分的频率分布 …………………… 73
表 5.1 新闻核心在 BBC《十点新闻》中播报方式的分布 ……………… 91
表 7.1 BBC 新闻中采访片段不同序列结构的分布情况 ………………… 135
表 7.2 BBC 新闻中采访片段的总体占比 ………………………………… 136
表 7.3 四种电视新闻采访类型的矩阵分布 ……………………………… 137
表 7.4 不同采访片段在 BBC 新闻中的分布情况 ………………………… 138
表 8.1 受访者即记者的身份信息 ………………………………………… 164
表 8.2 主持人在同行采访结束语中的谈话姿态的转换 ………………… 171
表 9.1 BBC《十点新闻》在话语结构上的主要特征 …………………… 186
表 9.2 BBC《十点新闻》在话语实践上的主要特征 …………………… 187

凡　　例

缩写规则：

BBC： British Broadcasting Corporation（英国广播公司）
CA： conversation analysis（会话分析）
CDA： critical discourse analysis（批评话语分析）
CL： critical linguistics（批评语言学）
CS： close shot（近写镜头）
CU： close-up shot（特写镜头）
DHA： discourse-historical approach（话语–历史分析方法）
dva： direct visual address（直接视频呈现）
L： left（左边）
LS： long shot（远镜头）
MCD membership categorization device（身份范畴化手段）
MCS： medium close shot（中近景镜头）
MCU： medium close-up shot（中特写镜头）
MDA： multimodal discourse analysis（多模态话语分析）
MLS： medium long shot（中远景镜头）
MS： medium shot（中景镜头）
PR： presenter（主持人、播音员）
PS： panoramic shot（全景镜头）
PTS： panoramic telephoto shot（远景长焦镜头）
R： right（右边）
RR： reporter（记者）

SCA: sociocognitive approach（社会认知方法）

vo: voice-over（画外音）

转写规则：

[同期声]	中括号里面内容表示对话语的解释
（.）	小括号里面的实心小圆点表示不到半秒的停顿，未计时
（.5）	小括号里面的数字表示半秒及以上的停顿
（to solve）	小括号里面的内容表示话语中不确定的信息或对环境的解释说明
→	表示话语中需要分析或说明的一行
镜头 n	表示第 n 个镜头
in our hands	下划线部分表示需要分析或说明的单词、短语或语句

结构规则：

[A：b]　　表示[A]被[b]实现。

A { B / C　　表示 A 被 B 或 C 实现，或被二者共同实现。比如，如果一个指称关系表示为"文字指称{外指+人称指称}"，那么这个指称既可以同时属于外指和人称指称，也可以是外指，但不属于人称指称，或者属于人称指称而不是外指。

A [B / C　　表示 A 被 B 或 C 实现。B 和 C 属于互补关系，二者不能兼容。比如，如果一个指称关系表示为"[外指+内指：前指]"，则该指称关系包含外指和内指两种选项，其中内指由前指实现；外指与内指（包括前指）形成互补关系，但互不兼容。

A
↑　　表示 B 回指向 A。
B

A
↓　　表示 A 下指向 B。
B

A - B   表示 A 和 B 具有共指关系。

A + B   表示 B 伴随 A。

A（+B）   表示 B 可以伴随 A，但并不必须伴随。

B$_{(1\sim n)}$ 表示 B 重复出现。

第1章 概　　论

1.1 导　　论

本书旨在考察 BBC 新闻的话语结构和话语实践特征，以及话语背后传递的社会文化意义。电视自诞生以来就受到人们的喜爱，是人们获取信息、参与娱乐等活动的主要渠道之一，早已成为人们日常生活中不可或缺的一部分。长期以来，由于电视主要通过卫星发射频道接收信号，以电视为媒介的新闻总是先于报刊等其他媒介传达到千家万户。正是这种无处不在的电视资讯，影响并塑造着我们的日常生活、价值观念和生活方式。有学者曾精辟地指出，电视是创造、传递、再现社会文化意义的主要媒介之一（Allan，2010；Thompson，1995；张兵娟，2010；张兵娟、杨美娟，2022）。通过电视传播，一则国际维和行动的报道不仅能够传递相关事件的最新消息，还能够向观众展示人类社会面对重大突发事件时的团结、协作与互助；一则民俗活动的报道不仅传递了人们安居乐业的生活状态，还展示了当地特有的乡土人情和民俗风貌；有关国庆阅兵的直播不仅报道了全国性庆祝活动的现场盛况，还分享并呈现了人民团结、国家强大的媒介景观（Dayan，2009）。简言之，电视不仅传递新闻信息，还通过新闻传播并塑造新的社会文化意义。在此过程中，新闻的话语结构和形式（如新闻呈现、新闻报道、新闻采访等）对意义的形成与传播起着至关重要的作用。此外，话语行为和话语实践也是意义的形成和传播不可或缺的因素。它们涉及新闻话语的呈现方式与过程、主持人的言语行为和表达方式，以及记者、观众、受访者等与新闻之间的互动方式和关系。为了深入理解它们在意义建构中扮演的角色及其作用，本书拟以 BBC《十点新闻》为例，从话语分析的角度对上述因素进行全面、系统的考察。

国外学者对电视新闻话语进行了大量卓有成效的探索。20 世纪 90 年代初期，新闻传播学者们便开始关注新闻话语的制作、传播、接收及其与社会文化的关系。例如，马克·菲什曼（Mark Fishman）曾长时间进驻新闻编辑室，近距离观察了新闻的制作过程，记录了新闻的采集、撰写和编辑的过程，揭示了新闻制作过程中存在的机构化、惯习化的官僚架构，文化差异，政治偏向等社会因素（Bourdieu，1986）。在菲什曼看来，新闻报道反映了不同于真实世界的、建构的现实。这种现实在一定程度上对主流意识形态的合法性形成挑战。但是，在传统体制下，新闻报道只是记录和再现社会现实，总体上具有维持现有利益格局的惯性。这种惯性是潜意识的、内化的，不会受到记者、编辑人员和新闻来源者个人的态度或意识形态的影响。菲利普·施莱辛格（Philip Schlesinger）通过近4年时间的观察，采访了120位来自BBC新闻系统的工作人员，收集了大量第一手素材，写成《聚拢"现实"：BBC新闻研究》（*Putting "Reality" Together: BBC News*）一书。该书论述了BBC新闻的发展历程、传播理念、新闻制作流程和传播实践过程。施莱辛格在书中一针见血地指出，尽管BBC将自己标榜为"独立于政府和商业集团"的公共服务广播机构（BBC，2022a，2022b），但其新闻并不像其声称的那样客观、中立。从发展历程看，BBC一直倾向于在新闻报道中进行民主议程的设置。BBC之所以能够不断地发展壮大，很大程度上是因为它很少挑战西方的话语权威，而且还积极捍卫西方的主流意识形态（Schlesinger，1987）。盖伊·塔奇曼（Gaye Tuchman）的《做新闻——现实建构研究》（*Making News: A Study in the Construction of Reality*）深入探讨了新闻如何通过选择、强调、筛选等框架策略，建构并传递主流社会认同的"社会现实"，有力地论证了"新闻是建构的现实"这一观点。事实上，新闻传播与社会现实总是密不可分的：一方面，新闻反映并建构了社会现实，比如各国的政治形态、经济现状及风俗文化；另一方面，社会现实又对新闻的制作和传播造成影响和钳制（McNair，1998；Schudson，2003）。

随着符号学的发展，学者们逐渐将目光投向媒介符号领域，提出了一系列具有深远影响的观点（Allan，2010；Fiske & Hartley，2003；Hall，1980）。例如，斯图尔特·霍尔（Stuart Hall）将电视新闻的生产、传播和解读看作符号的编码和解码过程（Hall，1980）。在编码过程中，受众的知识结构、社会阶层、文化身份等因素和新闻机构所秉持的意识形态、文化理念等往往都会被不同程度地嵌入新闻话语之中，从而形成三种不同的新闻解读立场。第一种是霸权式解读，表示受众顺从地按照媒介编码的、希望被优先解读的意义解读。在这种解读过程中，媒介希望被优先解读的意识形态处于主导地位，受众只是被动地接收信息。第二种是协商式解读，表示受众同时考虑媒介机构编码的意义与自身的认知环境等因素，以协商、沟通的方式解读被编码的意义。在这种解读过程中，受众与新闻媒介大体处于平等的地位，可以在一定程度上主动参与信息的解读。

第三种是抵制性（或对抗性）解读，表示受众根据自身的立场，从反面解读媒介编码的、希望被优先解读的意义。在这种解读过程中，受众的立场与媒介编码的、希望被优先解读的意识形态相矛盾或形成对抗。

除上述研究外，越来越多的学者们开始借助微观社会学的研究方法关注电视新闻的话语结构及其实践特征。例如，大量的会话分析成果从话语互动的角度考察了新闻的采访话语，探讨了新闻采访活动中的社会分工、话语行为、角色身份、社会结构与秩序等议题（Clayman，1992；Clayman & Heritage，2002a；Heritage，1985）。话语分析学者们则从批评话语分析的角度考察了新闻的形式与意义，揭示出许多存在于新闻话语中的不平等现象、意识形态偏见或权力滥用等（Bell，1991；Fowler，1991；van Dijk，1988b）（详见 2.6 节）。

上述研究主要从宏观和微观两个层面探讨了电视新闻话语的特征。宏观上，学者们倾向于将新闻话语视为对现实世界的建构过程，认为"新闻即社会的窗口"。通过新闻之窗口，我们可以看到被建构的现实（Tuchman，1978）。然而，这些研究普遍缺乏对新闻话语层面的考察，因此无法解释"新闻是如何表征或建构现实的"等问题。微观层面的研究在一定程度上克服了上述问题。它们主张通过话语分析的研究方法，从新闻文本的语言特征或言语行为入手，探讨新闻话语中隐含的意识形态偏见、社会文化差异或社会不平等现象。不过，大多数此类研究仅仅关注新闻话语的某一方面，较少系统、全面地考察完整的电视新闻节目。例如，会话分析一般聚焦电视新闻采访话语，批评话语分析则倾向于讨论独白式的新闻播报或报刊新闻报道。尽管电视新闻同时涉及语音、视频、颜色等多种模态符号，但大多数研究只关注新闻中的文字信息，而忽略其他非语言符号信息（如视频、图片、音乐、颜色、字体等）。本书试图克服上述缺点，从微观研究的视角出发，采用话语分析的研究方法，系统、全面地探讨 BBC 新闻的话语结构和话语实践特征。本书与现有研究的最大不同在于，所涉及的新闻话语不只局限于单一的新闻话语类型（如新闻呈现或新闻采访），而是同时关注多种新闻话语语类（如新闻呈现、新闻采访、新闻报道等）。简单来说，本书将以 BBC《十点新闻》为研究对象，依托马丁·蒙哥马利（Martin Montgomery）的广播电视新闻话语分析模型（Montgomery，2007），针对不同类型的新闻话语，采用不同的话语分析理论和分析工具，试图聚焦以下问题：BBC 新闻是如何通过话语结构、话语实践和话语策略的运用，来塑造新闻的客观真实性和新闻价值，从而达到吸引受众的目的的？本章接下来将主要围绕本书的研究对象、研究问题与研究意义、新闻话语相关文献、研究方法及关键术语等展开论述。

1.2　BBC《十点新闻》简介

本书之所以选取 BBC《十点新闻》作为研究对象，主要基于以下考量。

首先，BBC 拥有强大的国际影响力。BBC 英文全称为 British Broadcasting Corporation，即英国广播公司。该公司成立于 1922 年，是世界上最早的新闻广播机构之一（BBC，2022a；McNair，2003；Scannell，1989，1990）。该公司总部位于英国伦敦，前身为 British Broadcasting Company，是世界上规模最大的新闻媒体集团之一。BBC 于 1936 年成立了世界上第一家电视台，主要为英国乃至世界范围内的观众提供新闻资讯，不断发展壮大，延续至今。BBC 制作的新闻具有广泛的国际影响力，长期以来在西方新闻传播中发挥着引领或主导的作用（BBC，2022a）。

其次，BBC 新闻拥有世界上最强大的新闻制作团队。BBC 公司的员工和记者几乎遍及世界各地[①]。从 BBC 公司 2020/21 年度报告（BBC Group Annual Report and Accounts 2020/21）可知，该公司共有员工 22 000 余人，其中超过 19 000 名在公共部门从事新闻传播（BBC，2021）。将来自世界各地包括兼职和固定合同制员工计算在内，BBC 公司共有 35 402 人（BBC，2021）。尽管 2022 年由于新冠疫情有所减员，但相对其他新闻集团而言，BBC 仍然是世界上最大的广播公司之一（BBC，2022c）。不仅如此，BBC 还拥有先进的新闻制作与传输设备和便捷的通信传输系统，能够及时、便捷、高效地将来自世界各地的新闻传递给英国国内及国外的观众。

最后，BBC《十点新闻》属于 BBC 新闻的旗舰节目。该节目起源于 BBC 长期以来的主要新闻节目《九点新闻》（Nine O'clock News）。《九点新闻》于 1970 年 9 月 14 日推出，一直持续到 2000 年 10 月 13 日，之后

[①] 因"BBC 世界新闻台涉华报道有关内容严重违反《广播电视管理条例》《境外卫星电视频道落地管理办法》有关规定，违反新闻应当真实、公正的要求，损害中国国家利益，破坏中国民族团结，不符合境外频道在中国境内落地条件"，国家广播电视总局于 2021 年 2 月宣布禁止 BBC 世界新闻在我国落地（见网址：http://www.nrta.gov.cn/art/2021/2/12/art_113_55123.html）。

演变为当前的 BBC《十点新闻》。2000 年，英国独立电视台（Independent Television，ITV）将其长期播出的《十点新闻》（News at Ten）推后至晚上 11 点播出。随后，BBC 第一频道（BBC One）将其旗舰新闻节目《九点新闻》后移至 10 点播出，成为延续至今的 BBC《十点新闻》。目前该节目的主持人主要包括休·爱德华兹（Huw Edwards）、菲奥娜·布鲁斯（Fiona Bruce）、乔治·阿拉吉亚（George Alagiah）、苏菲·拉沃斯（Sophie Raworth）等。播报时间为格林尼治时间 22 点至 22 点 25 分，每天播出当天最具影响力的英国的国内新闻及国外新闻，受到国内外观众的普遍欢迎。

当然，由于新媒体技术的迅猛发展，包括电视在内的传统媒体无疑受到了严重的冲击。例如，越来越多的观众（尤其年轻人）开始从电视新闻转向网络新闻。传统媒体如报刊、电视、广播等则不得不想方设法地挽留以前的目标受众，同时吸引新的消费群体。BBC 新闻也不例外。来自英国通信管理局（Office of Communications，Ofcom）的数据显示，尽管 BBC 仍是英国最受欢迎的广播公司之一，但自 2018 年以来，通过 BBC 收听新闻的英国成年人比例已经降至 56%（Ofcom，2020：7）。但话又说回来，大多数网络新闻只是报刊和广播电视新闻的延续。新闻质量仍然取决于发生在编辑部或演播室的报刊或广播电视的新闻制作过程和传播过程。对 BBC 而言，所有的广播电视新闻节目都可以从其官方门户网站收听、收看和下载。从收视率来看，BBC 新闻一直是英国民众和许多非英国观众获取资讯的主要途径之一。英国通信管理局曾在 2013 年发布的年度报告中显示，2007～2012 年，BBC 第一频道播出的新闻节目一直位列英国所有电视新闻节目的第一方队，其中 BBC《十点新闻》位居前列（Ofcom，2013）。即使将该新闻节目与整个西方电视新闻进行比较，它也始终处于领先地位。正如 BBC 新闻前负责人理查德·萨姆布鲁克（Richard Sambrook）所言，尽管 BBC《十点新闻》的观众在慢慢减少，但其前景依然广阔。他还乐观地估算，在可预见的未来，BBC 仍将是哈洛德百货公司（Harrods）最大的数字服务提供者[①]（Snoddy，2015）。

从运营看，BBC 将自己看作独立于政府和其他商业组织的公共服务

[①] 哈洛德百货公司是全球最著名的网上奢侈品商店，提供最新的男女时装、奢侈礼品、高档食品、精美配饰等。将"BBC《十点新闻》比喻成数字服务提供者"意指该栏目好比奢侈的消费品一样，是人们津津乐道的高品质新闻资讯平台。

广播公司，将运营经费主要投放在商业广告费、版权费，以及个人或组织收看或录制 BBC 节目所缴纳的许可费等方面（BBC，2022a，2022b）。一般而言，BBC 新闻的制作和传播主要受到观众收视率的影响。也正因为如此，BBC 公司一直被看作是为公众提供新闻、娱乐、教育等服务的公共服务机构（Scannell，1989，1990）。但是，这并非表明通过 BBC 公司播出的新闻会全然不受来自政府的监督和管制。恰恰相反，BBC 新闻不但服务于政府部门和大财团商业集团，还会受到上述政商团体的制约与影响。布莱恩·麦克奈尔（Brian McNair）曾在《新闻社会学》（*The Sociology of Journalism*）一书中花大量篇幅论述了 BBC 新闻记者如何受到来自政治方面的影响与干扰（McNair，1998）。比如，麦克奈尔写道："温斯顿·丘吉尔（Winston Churchill）、安东尼·艾登（Anthony Eden）和哈罗德·威尔逊（Harold Wilson）在各自执政期间均认为，政府应该针对 BBC 采取更加严厉的措施，迫使 BBC 听从政府的指挥"（McNair，2003：84）。以 20 世纪 80 年代有关英国和阿根廷之间的马尔维纳斯群岛战争（简称马岛战争）的报道为例，在 BBC《新闻之夜》（*Newsnight*）节目中报道英阿冲突时，主持人彼得·斯诺（Peter Snow）是这样开始的："[I]①f we believe the British…"（"如果我们相信英国……"）（BBC，2023）。此话的言外之意即 BBC 新闻对来自英方的信息持怀疑态度。也就是说，在报道英阿冲突时，BBC 试图站在阿根廷和英国并重的角度，以中立的姿态对英阿战事进行报道。但是，这种略带超然立场的报道方式显然激怒了当时的撒切尔执政当局。时任英国保守党议员约翰·佩吉（John Page）还曾将 BBC 的这种行为描述为"几近叛国"（almost treasonable）。不过从我们对 BBC 新闻的分析看，BBC 声称的"中立"和"超然"已经发生了很大的变化，主要体现为新闻话语层面的一种"话语真实"（详见第九章有关"话语真实"的论述）。

综上所述，BBC 新闻尽管受到网络时代新技术、新媒体的冲击，但无论从其发展历史和覆盖范围，还是从传播方式和收视率来看，都值得对其进行全面细致的考察。对 BBC 新闻进行研究，将有助于我们更加深入地了解 BBC 以及整个西方媒体的传播理念、策略、方式和手段。这将有助于我们深入分析 BBC 新闻中精心策划的节目内容和传播方式，揭示新闻信息背后隐藏的交际意图和价值理念，为我们探索电视新闻的发展历史、现状和未来走向提供积极的启示。

---

① 在分析中出现的[...]表示内容为例句中未出现的成分。

1.3 新闻话语研究简述

国外对新闻话语的研究主要包括几种范式,其中之一是批评语言学研究方法。自 20 世纪 70 年代以来,相关学者(如 Fowler,1991;Fowler et al.,1979;Hodge & Kress,1993)借助语言学相关理论考察了新闻文本中的选词、组句等特征,试图从词汇或句法层面揭示新闻话语中反映的社会不平等现象和意识形态偏见。随着研究的不断推进,批评语言学研究逐渐分化成批评话语分析和多模态话语分析(multimodal discourse analysis,MDA)两大热门派系。批评话语分析将新闻话语看作一种话语实践活动。批评话语分析旨在解构这种话语实践活动,进而批判被再现或建构的社会现实(Fairclough,1992,1995a,2003;Hartley & Montgomery,1985;Montgomery,2005,2009;van Dijk,1988a,1988b,2011b;Wodak,2001,2015,2020;田海龙,2008,2021;辛斌,2005,2020)。批评话语分析范式进一步分化为各种具体的研究方法,归纳起来,大致包含以下三种分析模式:一是以图恩·A. 范·戴克(Tuen A. van Dijk)为代表的社会认知分析(sociocognitive approach,SCA)(van Dijk,1988a,1988b,1992,2011a),二是以诺曼·费尔克劳夫(Norman Fairclough)为代表的"文本—话语实践—社会实践"的分析(Fairclough,1992,1995a,1995b),三是以露丝·沃达克(Ruth Wodak)为代表的话语-历史分析方法(discourse-historical approach,DHA)(Wodak,2001,2015)。以上三种分析模式都有一个共同目标,即从文化批判的角度揭示语言使用中的社会不平等现象和意识形态偏见。多模态话语分析主要起源于系统功能语言学。系统功能语言学(Halliday,1978)认为,人们需要对语言或非语言符号进行选择,以便恰当地传递意义和交际目的。这种选择过程主要通过语言的概念、人际、语篇三大元功能实现(Halliday,1978)。以系统功能语言学理论为基础,冈瑟·克雷斯(Gunther Kress)和西奥·范·勒文(Theo van Leeuwen)提出了图像语法,将语言的三大元功能复制到图像意义的解读之中,形成了图像的表征、互动、构图三大意义系统(Kress & van Leeuwen,2006)。图像语法是多模态话语分析的主要理论之一,激发了大量相关研究,如图文互动(Kong,2006;Marsh & White,2003;Martinec,1998,2013;Martinec & Salway,2005;Painter et al.,2013)、图文连接(O'Halloran,1999,2005;van Leeuwen,1991,2005)、图文衔接(Caple,2013;Liu

& O'Halloran，2009；Royce，1998，2006；Tseng，2012，2013；Tseng & Bateman，2012）等。

受到哈罗德·加芬克尔（Harold Garfinkel）（Garfinkel，1967）和欧文·戈夫曼（Erving Goffman）（Goffman，1983）的启发，哈维·萨克斯（Harvey Sacks）和他的同事们在20世纪60年代末70年代初创建了会话分析理论（Sacks，1992；Sacks et al.，1974）。该理论旨在通过分析日常生活中的会话，揭示会话中反映的社会结构与社会秩序。大量会话分析学者将该理论应用到电视新闻的采访话语中，提出了许多极具启发性的观点，如电视新闻采访中的话语角色和话论的预分配性（preallocation）（Clayman，1992；Clayman & Heritage，2002a；Greatbatch，1988；Heritage & Clayman，2010；Heritage & Greatbatch，1991）、新闻采访话语的中立性（neutrality）和双重发声（double articulation）（Clayman，1991；Montgomery，2006，2007，2010）。

从研究领域看，新闻话语研究内容主要涉及报刊、广播电视、网络等新闻话语。在报刊新闻话语方面，范·戴克结合语言学、文学、心理学和社会学相关理论，考察了新闻话语的结构及其反映的权力关系和意识形态等意义（van Dijk，1988b，2011b）。费尔克劳夫结合社会学和语用学相关理论，考察了新闻话语的话语秩序、话语实践及其与社会变迁、话语霸权和意识形态的关系（Fairclough，1992，1995a）。在广播电视新闻话语方面，部分学者（Tolson，2001，2006；Montgomery，2007，2008a，2010）从批评话语分析和会话分析的角度探析了广播电视新闻的话语结构和话语实践特征。除上述研究外，部分学者从视觉图像的角度考察了报刊或广播电视新闻中的视觉符号意义和图文之间的关系（Kress & van Leeuwen，1998；van Leeuwen，1991，2005）。会话分析学者如史蒂文·E. 克莱曼（Steven E. Clayman）、蒙哥马利、帕迪·斯坎内尔（Paddy Scannell）和乔安娜·索恩博罗（Joanna Thornborrow）则集中考察了广播电视新闻中的采访话语，并以此为契机创立了广播话语（broadcast talk）的会话分析路径（Clayman & Fox，2017；Ekström & Patrona，2011；Hutchby，2011；Montgomery，1991，2007，2008a；Scannell，1991b，2014；Thornborrow，2001，2002）。在网络新闻话语方面，海伦·卡普尔（Helen Caple）、马茨·埃克斯特伦（Mats Ekström）等人（Caple，2013；Caple & Knox，2015；Ekström & Tolson，2013）考察了网络新闻的话语特征，如新闻记者与用户之间是如何通过新闻评论进行互动的。卡普尔和约翰·诺克斯（John Knox）考察了网络新闻不同于传统新闻报道的传播方式和话语表达形式（Caple & Knox，2012；Caple & Knox，2015）。此外，学者们还对网络评论话语感兴趣，将网络评论话语与传统新闻评论进行了比较（如 Meltzer，2014）。

上述研究涉及的范围非常广泛，涵盖了各类新闻语篇的方方面面。然而，这些研究普遍聚焦新闻语篇的单一话语类型。比如，批评语言学和批评话语分析主要分析语言的形式特征，关注的是句子层面或句子层面以下选词或措辞表达。况且，它们对文本的关注受到了宏观社会学研究方法（如权力、意识形态等）的牵制，通常会因为先入为主的分析或主观性的解释而受到其他学者的指摘（如 Widdowson，1995，1996，1998）。社会符号学和多模态话语分析主要集中在非言语符号上，对新闻报道等语言文字方面的分析则略显不足。会话分析主要集中在新闻采访等互动性文本上，针对新闻报道和新闻呈现等文本类型的分析则比较薄弱。本书不仅关注新闻话语中的文字信息，还对图像、声音、视频等非文字符号感兴趣。同时，在本书中，我们不仅考察独白式的播报如新闻标题，还关注对话类的新闻话语如电视新闻采访。换句话说，我们将根据研究对象即 BBC《十点新闻》中涉及的新闻话语类型，选择不同类型和范式的话语研究方法。

我国的话语研究（又称"语篇研究"）可以从汉语界和外语界分别进行考察。汉语界的话语研究发端于文章学，如叶圣陶（2013）的《文章例话》、夏丏尊和刘薰宇（2007）的《文章作法》、廖秋忠（1991a，1991b，1992）有关指称和连接的系列论文。自 20 世纪 90 年代中期起，话语研究的热潮开始在我国兴起，大量的研究不断涌现，如沈开木（1996）对语篇形式与功能的考察，郑贵友（2002）从系统功能语言学的角度对语篇中衔接、连贯、主位结构、篇章结构等范畴的探析，以及徐赳赳（2003，2010）对汉语篇章中回指现象和汉语篇章语言学理论的探究等。自 20 世纪 80 年代以来，外语界开始引介国外话语研究的优秀成果。以系统功能语言学为发端，学者们先后介绍了国外的语篇分析理论（黄国文，1988，1999，2001a，2001b）、语篇的衔接与连贯理论（胡壮麟，1994，2002；朱永生、严世清，2001）、教学篇章中的主位推进（刘辰诞，1999；刘辰诞、赵秀凤，2011），以及语篇评价理论（李战子，2004，2005；王振华，2001；王振华、马玉蕾，2007）等。在语用学方面，以何自然为代表的中国学者不断引进并发展了语用学相关理论（如何自然，1988，1997，2005；何自然、冉永平，1999）。这些研究涵盖语篇的语用功能、策略和语用身份（陈新仁，2002a，2002b，2013；陈新仁、钱永红，2011），以及语篇中的标记语、冲突话语、参与者身份等（何自然、冉永平，1999；李成团、冉永平，2017；冉永平，2003，2010；杨娜、冉永平，2017）。批评话语分析方面的研究主要体现为辛斌（1996，2005，2013a，2013b）、施旭（2010，2015）、田海龙（2006，2008）、陈新仁（2009）和胡壮麟（2012）等国内知名学者对有关批评话语研究的性质、方法、视角、分析工具等的论述。近年来，多模态话语分析也取得了长足的发展（如陈新仁、钱永红，2011；冯德正，2015；冯德正、邢春燕，2011；胡壮麟，2007，2014；朱永生，2007）。尤其是，以张德禄为代表的一批学者从多个层面考察不同类别的多模态语篇，从功能、文体、修辞、媒体技术等方面提出了针对不同文体的多模态话语分析框架，有效地推进了多模态话语研究的发展（如张德禄，2009，2017；张德禄、胡瑞云，2019；张德禄、穆志刚，2012；张德禄、王正，2016）。最后，会话分析也在我国取得了长足的进步。该领域比较知名的国内学者包括于国栋、吴亚欣等（如吴亚欣，2021；于国栋，2003，2009，2010；于国栋等，2007；于国栋、李枫，2009；于国栋、吴亚欣，2018）。他们积极与国际上知名的会话分析学者如保罗·德鲁（Paul Drew）、约翰·赫里蒂奇（John Heritage）等进行学术交流，或邀请他们来中国开展会话分析的专题讲座，或到对方学校参加访学交流，极大地促进了会话分析在我国学术界中的知名度。同时，一大批青年学者也开始崭露头角，成为国内会话分析的新生力量，如冯德兵（Feng，2017，2022；Feng & Wu，2018）、甘雨梅（Gan et al.，2020；Katila et al.，2020）和郭恩华（郭恩华，2018；Guo et al.，2020）等。

尽管如此，就新闻话语而言，国内的研究还相对滞后。早期的相关研究主要集中在报刊新闻的语言特征方面，认为新闻的语言应该具有朴实、活泼、具体、简洁、跳跃等特征（陈家根，1987；张志新，1992；邹家福，1990）。同时，也有研究从修辞、词汇、语法、文体等层面考察新闻语言的形式与功能（段业辉，1999）。实际上，上述成果只是针对新闻文本的语言学本体研究，还不能被看作是严格意义上对新闻话语的考察。直到进入21世纪后，学者们才开始从文体学等角度探讨报刊新闻语篇等。例如，来自语言学领域的研究从语境类型、语言特征、表现形式和交际功能等方面考察了"消息"类新闻的语体特征（曾毅平、李小凤，2006；高小方，2012；林纲，2009；辛斌，2013a，2013b）。学者们还借鉴了文化学、心理学、传播学等理论，探析了新闻语言使用的语体特点、言语风格、词语运用和篇章结构等（黄敏，2006；李元授、白丁，2001；

辛斌，2013a，2013b）。在广播电视新闻话语研究方面，部分学者从符号学的角度探析了电视新闻话语的具象性和抽象性符号特征（段业辉、杨娟，2006；黄匡宇，2000；秦小建，2005）。还有一部分学者从传播学、符号学和叙事学的角度讨论了电视新闻的传播结构、符号结构和叙事方式等（蔡骐、欧阳菁，2006；隋岩，2010；王鑫、陈新仁，2015；魏伟，2011）。近年来，学者们开始将目光投向网络新闻话语领域（如何萍、吕艺，2013；王振华，2004），并将其与传统媒体新闻话语进行比较。例如，李杰（2009）从信息编码、语篇衔接等方面考察了报刊新闻、广播电视新闻、网络新闻等的语言特征和它们之间的异同。

综上所述，在进入 21 世纪后，我国的话语研究开始突飞猛进，其中不乏优秀的成果，例如，对广告语的研究（黄国文，1999，2001b）、近年来有关法庭辩论话语的研究（廖美珍，2003；张清，2013）、医患对话研究（于国栋，2009）和商务话语研究（王立非、张斐瑞，2015）等。但从整体看，我国的话语研究仍然处于零星、分散的状态，更别说建立系统的、可操作性的理论。其中一个突出的特征就是，多数研究集中于教学类语篇分析，缺乏针对来自真实场景的话语文本的系统性梳理。相对新闻话语来说，多数研究仅仅局限于语言的表达层即语言本体的描述与解释，忽略了不同新闻类型的话语结构和话语实践特征。本书在一定程度上克服了上述缺憾，研究范围不仅涵盖了新闻话语的语言特征，而且关注了新闻话语中隐含的机构属性和社会文化意义。具体而言，本书将以新闻文本（如电视新闻的口播话语、声音、视频等多模态符号资源）为出发点，运用多种话语分析手段（如会话分析、批评话语分析、多模态话语分析等），从不同的角度（如话语互动、话语独白、多符号互动等）和话语层面（如话语行为、话语实践、话语结构、话语语类、话语语域等）对 BBC《十点新闻》进行系统的梳理，以揭示 BBC 新闻的机构属性及其所表征和建构的社会文化意义。

1.4　研究问题与研究意义

本书主要回答以下三个问题。
（1）BBC 新闻话语是如何呈现的？
（2）该新闻具有哪些结构和实践特征？
（3）这些特征如何体现新闻的真实性？
为了回答上述问题，本书将主要围绕 BBC《十点新闻》的播报结构、话语结构和话语实践进行系统的分析，梳理并总结 BBC 新闻的话语特征和播报风格，揭示 BBC 新闻话语中蕴含的机构属性和社会文化意义。

　　本书具有以下启示意义。第一，本书将为电视新闻话语研究提供新的视角。本书将表明，电视新闻不仅关涉语言的表达，还再现并建构社会现实，是反映社会现实、社会结构和社会秩序的镜子。以新闻的真实性为例。新闻的客观真实不仅来自事件本身，还可能来自新闻的"话语真实"，即通过话语的选择及运用而体现出来的一种建构的真实。第二，本书采用跨语类、多学科的研究方法，将进一步拓展话语研究、社会符号学、社会互动论（social interaction）和电视新闻话语研究的路径与方法。就语类而言，我们将考察电视新闻中的新闻呈现、新闻报道和新闻采访等不同的新闻类型（Montgomery，2007）。就学科而言，本书不仅涉及语言学的理论与方法，还借鉴了传播学（如新闻价值论）、社会互动论（Goffman，1981）、社会学（如社交距离理论）、文化批评（如编码与解码）等相关研究方法和观点。第三，本书从新闻话语文本出发，挖掘新闻背后的社会文化意义和 BBC 新闻的机构属性，将给我们带来新的启示，比如如何识别虚假信息，如何引导舆论的正确走向。这将有利于我们进一步认识以 BBC 为代表的西方新闻媒体的本质属性。第四，本书将为新闻采集、新闻写作、新闻传播等新闻实务提供参考价值，可为新闻制作、新闻传播和新闻运营等新闻实践提供理论支撑。

1.5　研究数据与研究方法

　　本书的数据主要来源于 BBC《十点新闻》节目播出的完整版视频素材，该视频素材于 2011～2018 年播出。此外，我们还选取了部分 BBC《十点新闻》以外的其他新闻报道作为补充或参考。这些材料主要包括 BBC《周末新闻》(*Weekend News*)、BBC《针锋相对》(*HARDtalk*)、BBC《世界新闻》(*World News*)、BBC《新闻之夜》等节目播出的，以及美国有线新闻网（Cable News Network，CNN）发布的新闻报道。为了深入揭示 BBC《十点新闻》的话语规律，本书从上述语料中集中选取了2011 年、2012 年、2013 年的部分新闻节目的视频材料作为本书重点考察的对象。我们采用会话分析的转写规则，对上述视频材料进行翔实的转写、整理。根据不同的新闻语类，我们将上述视频材料分成不同的类型，主要包括新闻标题、新闻核心、新闻报道以及各种新闻采访片段、出镜报道、画外音和原声摘录。然后，根据不同的新闻语类，选择适当的话语分析方法，对所收集的语料进行文本细读、分析和比较。转写规则详见第 x 页的"转写规则"。

从 BBC 新闻的发展历史看，我们选择的数据只是其中的一小部分。不过，从所选新闻的视频长度和转写后的文字字数看，这些数据足以反映 BBC《十点新闻》的整体话语特点和播报风格。每期节目平均时长 25 分钟，涵盖 10 条左右的新闻报道。每期视频材料转写后的字数均在 6 000 个英文单词以上，加上对语言和视觉图片的说明部分，字数则更多。所选新闻节目的时长均在正常范围内，不涉及重大突发事件。因此，每期节目不会因为此类新闻的报道而变得比平时更长。当然，每期节目也不会因为仅包含日常报道而显得很短。从这个意义上说，本书所选节目在 BBC《十点新闻》节目中具有较强的代表性和典型性。此外，为了深入探讨 BBC《十点新闻》的话语结构和话语实践特征，我们还选取了 2011 年 6 月 16 日、2011 年 7 月 29 日播报的《十点新闻》（两期节目播出当天均无重大突发新闻，节目时长均在正常范围内），并以 BBC《世界新闻》、BBC《周末新闻》、BBC《针锋相对》、BBC《新闻之夜》等节目及 CNN 新闻作为补充，对其中的话语形式和话语策略进行观察、比较、分析，探索 BBC 新闻的一般规律。最后，本书主要以会话分析理念为基础，即以"相信文本"为出发点（Bell，2011；Scannell，1998；Sinclair，1994），通过对话语现象进行微观的文本细读，揭示新闻话语中隐含的社会文化意义（社会结构、社会关系和社会秩序）。文本细读是话语分析（尤其是会话分析）区别于量化研究的本质特征。如果说宏观社会研究侧重于海量数据的统计分析，那么话语分析则侧重于对微观话语现象的仔细描述和客观解读。其数据主要来源于日常生活中习以为常的话语，比如日常交谈、医患对话、新闻采访、新闻报道等。对于话语分析来说，虽然不能说只关注几分钟到几十个小时的对话就足够了，但对看似不起眼的简短日常话语现象进行深入细致的分析便能充分有力地解释相关话语背后的一般规律及其反映的社会文化秩序。从这个意义上说，我们所选取的数据（大约 5 万~6 万字的 BBC 新闻文本材料和时长约 300 分钟的新闻视频材料）足以支撑我们的研究结论，且对同类研究具有参考价值和启示意义。①

---

① 当然，我们也可以采用宏观研究方法，借助语料库方法分析大量的数据。然而，语料库方法的劣势在于无法深入、细致地分析话语的动态变化和局部特征，尤其面对互动话语时，语料库方法更无法进行细微分析，而新闻中的互动话语正是本书关注的重点。

所有的数据都以可识别的播报类型量化为不同的新闻片段，以便从总体上对其中的话语结构和话语实践进行分析（见第 3 章）。这些新闻片段将作为本书的主要分析对象，分散在书中各个章节。具体而言，本书以蒙哥马利的广播电视新闻话语分析模型（Montgomery，2007）为基本框架，针对 BBC 新闻的新闻语类分章节进行考察。这些语类可大致分为新闻呈现（news presentation）、新闻报道（news reporting）和新闻采访（news interview）三大类。第一类主要包括新闻标题（第 4 章）和新闻核心（第 5 章）两个部分。第二类为来自新闻现场的记者话语，主要包括出镜报道、画外音、直播连线、原声摘录、结束语、报道中的图文关系等（第 3、6、8 章）。第三类主要为新闻采访片段，比如经验采访片段、专家采访片段、问责采访片段及主持人和记者之间的同行采访片段（第 7、8 章）。

　　一般而言，电视新闻话语研究应以文本为着眼点，在充分信任文本的基础上对新闻话语的形式和意义进行分析与解读（Bell，2011；Scannell，1998；Sinclair，1994）。换言之，我们在做任何文本解读之前，都应针对新闻文本进行全面、系统、充分的描述与分析，而不应将分析者的想法先入为主地强加于文本之上。这就要求我们在开始分析时，要采用相对宽松灵活的分析框架，从不同角度观察文本，先从文本中发现有意义的特征或现象，然后在此基础上构建相应的分析框架对文本进行系统、全面的分析，直到最终凝练出有价值的结论和观点（Sinclair，1994）。上述话语研究的理念与蒙哥马利的广播电视新闻话语分析模型（Montgomery，2007）不谋而合。蒙哥马利（Montgomery，2007）指出，广播电视新闻节目包含宏观和微观两个层次的话语结构。宏观上，一档广播电视新闻节目大致由片头语（opening）、新闻标题（news headline）、问候语（greeting）、新闻条目（news item）、片尾语（closing）等部分构成。微观上，其中的每一个部分都包含更细小的话语行为、话语实践和话语结构。以其中的新闻条目为例。一般而言，新闻条目是新闻节目的主体部分，也是占用时间最长的部分，由多条类似的新闻或"新闻报道"构成。每条新闻由新闻核心（news kernel）和新闻辅助（news subsidiary）两个部分构成。新闻核心是每则新闻报道的开场白和总起段，起着概括整条新闻报道的作用。该部分是新闻的必要构件。新闻辅助是新闻的具体报道内容，是对新闻核心的进一步补充与说明。该部分有时可以省略，因此属于辅助成分——尽管通常比新闻核心占用的时间更长。新闻辅助可以进一步划分为直播连线、采访片段、现场报道、画外音等播报类型。上述各个层级的话语结构（主要包括节目的总体结构和新闻条目的结构）的相互融合则构成新闻呈现、新闻报道和新闻采访三种新闻语类：新闻呈现是基于演播室的新闻播报话语，主要包括新闻标题、新闻核心、结束语等部分的呈现；新闻报道则是基于新闻现场的新闻报道，由记者通过演播室向电视机前的观众进行报道，主要包括出镜报道（stand upper）、原声摘录（soundbite）、画外音（voice-over）、结束语（sign-off）等报道形式；新闻采访是记者和受访者（如目击者、专家、记者和政府官员）之间的言语互动，一般包括经验采访（experiential interview）、专家采访（expert interview）、问责采访（accountability interview）、同行采访（affiliated interview）四种类型。上述语类均通过话语行为、话语实践和话语结构实现。话语行为即言语行为，表示说话者通过运用语言或非语言符号表达出来的各种动作或行为，如请求、告知、威胁（Austin，1962；Searle，1976）。话语行为通过一定的、有规律的组合形成话语实践。无论是话语行为还是话语实践，均通过话语结构即话语的形式表现出来。不过，话语行为、话语实践和话语结构之间并没有明确的界限。在实际的话语中，它们相互交织、相互反映、相辅相成（详见1.6节）。

　　以上广播电视新闻话语分析模型（Montgomery，2007）完全适用于BBC《十点新闻》中的话语。不过，因为蒙哥马利的研究主要聚焦于语言层面，且以口头话语（spoken discourse）为主，因而不能充分解释不同类型的新闻话语，比如独白式的新闻呈现。更重要的是，口头话语不能充分涵盖电视新闻中的视觉或其他多模态符号信息。因此，我们有必要将话语分析理论的不同方法和范式整合到上述广播电视新闻话语分析模型中，为电视新闻中不同新闻语类的考察提供一个可操作的分析框架。我们将首先从整体上考察BBC新闻节目的播报类型。在此基础上分别以新闻标题、新闻核心、新闻报道、新闻采访等播报类型为研究对象，选择相应的话语分析方法和范式，对不同播报类型进行考察。我们将各个播报类型看作是相对独立的分析单元，对各个类型的话语结构和话语实践进行分析与阐释。具体来说，针对新闻标题、新闻核心、新闻采访等话语类型，我们将采用会话分析和系统功能语言学的分析工具；针对新闻报道的话语类型，我们将在借鉴其他话语分析工具的基础上，主要从多模态话语分析的角度考察其中的图文关系及其表征意义。对于新闻标题、新闻核心等具体的新闻语类，我们将首先从总体上梳理它们的一般特征，找出各自新闻类型的焦点问题。再针对这些焦点问题，我们将采用相应的话语分析工具进行分析，比如：针对新闻呈现类话语，我们将主要采用（批评）话语分析的框架；针对新闻采访类话语，我们将主要采用会话分析的方法；针对图文意义的分析，我们将主要采用多模态话语分析的方法（详见2.7节）。

1.6 术语解释

在对数据进行分析之前，有必要对本书涉及的关键术语作进一步的界定与说明。这些术语包括话语行为、话语实践、话语结构和机构话语。根据德鲁和赫里蒂奇（Drew & Heritage, 1992a）的论述，电视新闻话语属于一种典型的机构话语。所谓机构话语，是指发生在工作场景下的、为了达成机构任务或目标而开展的言语活动。言语活动中的参与者拥有机构赋予的权利，但同时也受到机构规则和机构语境的限制。活动本身则具有与机构语境相一致的"内在逻辑"或"运行程序"（Drew & Heritage, 1992a：22）。本书所指的机构话语主要是新闻传播语境下的新闻话语，即以新闻的制作、播报、传递和接收为中心的一系列言语活动。一般来说，话语参与者应具有新闻机构或其他机构的身份特征，执行各自机构的行动、任务和目标。例如，在针对政府官员的新闻采访中，采访者具有新闻机构的身份，代表新闻机构说话；受访者则具有政府机构的身份，代表政府机构说话。本书中的电视新闻主要指公告类新闻节目（news bulletin program）中的新闻。这类新闻的机构特征主要体现在以下三个方面。第一，电视新闻是一种有组织的信息传播活动。在该活动中，话语参与者（如主持人、记者、受访者等）通过新闻话语建构自己的机构身份与角色（比如来自新闻机构的"记者"或接受采访的"政府官员"），实现机构的目标和任务（比如，对记者而言，其任务之一可能是"传递信息"；对受访政府官员而言，其任务可能是"代表政府部门向民众澄清误解"）。第二，电视新闻是一种社会互动活动。之所以称为互动活动，是因为每条新闻的形成，都需新闻来源、新闻记者和电视机前的观众相互交流、沟通、协作，共同完成新闻的生成、传播与接收过程。这同时涉及电视新闻机构话语的第三个特征，即电视新闻体现的是社会行为过程。一条新闻的形成，需要经过采集、拍摄、写作、剪辑、编辑、传播、接收等一系列的行为过程，其中每一个环节都会受到社会文化规范以及政治、经济、新闻价值、意识形态等因素的影响和制约（详见第2章的论述）。

话语的机构属性是"行为、文本、话语"与"机构"之间互动的结果（Phillips et al., 2004）。机构话语通过话语行为、话语结构和话语实践来实现。一般来说，我们很难将语言与行为区分开来，因为语言本身就是一种言语行为。在著名语言哲学家约翰·奥斯汀（John Austin）看来，言说便是做事，这表示我们说出的每一句话都是在执行某种行为，即言语行为（Austin，1962）。这与传统的语言研究有着根本的区别。传统的语言研究仅强调语言的概念功能，认为语言是对现实世界的言说或表达。然而，当语言被视为一种行为时，言说的现实便成为人们行为的一部分。正如韩礼德（Michael A. K. Halliday）所言，语言既是概念的，也是人际的（Halliday，1978，1985；Halliday & Matthiessen，2014）。说话不仅是简单地传递信息或描述事实，它还涉及诸如赞美、感谢、威胁、承诺、侮辱、问候、宣布、自夸等一系列的话语行为，即奥斯汀所说的言语行为。生活中有许多行为并不会涉及话语行为（或言说），如打球、种地、砌墙、射击等。但是我们仍然有许多行为需要通过言语（即说话）来表达，例如感谢、邀请、命令、赞美、呼救等。我们将这些与语言符号相关的、需要通过话语来实现的行为统称为话语行为（discourse action）。①然而，单靠语言文字并不能表达话语行为的全部意涵。它还需要通过特定的语境和社会环境表达出来。一方面，话语行为受制于话语发生的上下文语境。同样的话语在不同的语境中可能表达不同的话语行为，实现不同的交际目的。另一方面，话语行为和非话语行为一样，受到社会环境的制约。在什么样的情况下说什么样的话、做什么样的事，均受到特定的社会文化制度或惯例的影响与限制。

电视新闻话语不仅包含宣布、报告、问候、承诺等各种以言行事的话语行为，还包括一些用于管理和控制电视新闻话语进程的行为，如引入话题，介绍记者，介绍嘉宾，结束采访，转换话题，转述言论等。这些话语行为具有高度的自反性和互文性等元话语特征。它们之所以在电视新闻中得到广泛使用，与电视新闻话语的自身特征及其所受到的严格限制不无关系。电视新闻尤其是公告类新闻节目需要遵守严格的时间表。电视新闻话语的表达必须充分有效地契合时间表的安排。因此，新闻人员特别注重各种具有管理性质的话语行为的应用，例如"今天节目的主要内容是……"。为了遵守时间安排，主持人也许会使用一些比较武断的话语行为来打断受访者的话语，例如"对不起，我不得不打断你……"。而且，部分有关自反性特征的话语行为可能还会触及比较敏感或有争议的话题，

---

① 这并非说只能用语言来表达上述行为。实际上我们还可以用很多非语言手段来表达，例如，通过送锦旗来表达感谢，通过做手势来表达赞扬或侮辱，等等。但是，语言却是众多选项中最普遍使用的交际手段。

例如，在电视新闻采访中，记者往往会毫不客气地打断受访者或向受访者发难——即使受访者是位高权重的公众人物。以下例子充分说明了这一特征。BBC著名记者杰里米·帕克斯曼（Jeremy Paxman）曾在1997年5月的一档《新闻之夜》节目中主持并采访时任英国内政大臣迈克尔·霍华德（Michael Howard）。为了迫使霍华德直面（而非回避）记者的提问，主持人帕克斯曼连续12次以完全相同的问题（即"Did you threaten to overrule him?"）向霍华德提问，"拷问"他是否曾经就监狱局局长德里克·刘易斯（Derek Lewis）有争议的解职事件进行过威胁或施压。这次采访很快便引起了轩然大波，并对霍华德的职业生涯产生了很大影响，可以说在某种程度上削弱了霍华德达到其政治生涯巅峰的可能性。[①]这段采访也成为研究人员引用的经典案例（如Clayman & Heritage, 2002a, 2002b）。

一般来说，孤立的话语行为还算不上完整的话语或语篇。它们需要和其他话语行为一起组成有意义的、连贯的话语实践（discourse practice）。所谓话语实践，表示一连串以语言或非语言形式构成的、目的明确的话语（或言语）行为序列（speech act sequence）。话语实践可以通过一定的规则与其他话语行为或话语实践结合，生成意义完整的文本（text）。文本源自话语，而话语则是机构属性的具体反映。相反地，机构属性则约束或促成话语行为，进而促进文本和话语实践的形成。在话语实践中，每个话语行为的意义都是以该行为的前、后话语行为为基础而生成的。行为与行为之间既相互独立又相互依存。相应地，电视新闻中的话语实践以话语行为为基础，以表达不同含义的话语行为序列为最终形式，如新闻采访中的"提问-回答"序列、新闻呈现中的"话题引入"序列、新闻报道中的"因果"序列和"结束语"序列等。和其他社会实践活动一样（如教学、酒驾测试、日常事务处理等），电视新闻的话语实践具有显著的机构性特征。总体上，新闻话语在时间轴上总是通过新闻当事人、新闻制作者、新闻传播者和新闻接收者即观众之间的互动与合作反复出现，且不断更新。任何一个时间点上的话语都是独一无二的。话语的演进与变化既是可预测的，也是不可预测的。以新闻制作为例，每天的新闻故事从定义上来说都是"最近发生的""随时更新的"的事件。但从另一个角度看，电视新闻话语和任何机构话语一样，都会按照日常的、规范化的轨迹向前推进。这一特

---

① 霍华德尽管在2003年最终成为英国保守党的党魁，但在接下来的英国大选中由他领导的保守党败给了托尼·布莱尔（Tony Blair）领导的工党，因此与英国首相宝座失之交臂。

征表明，电视新闻的某些话语行为或话语实践会一次又一次地重复出现。例如，公告类新闻节目的开始部分一般包括片头曲、新闻标题和问候语，且日复一日；新闻记者几乎总是在诸如 Mark Mardell (.) BBC news (.) Washington 这样的话语中结束一则新闻报道；主持人总是以类似的话语介绍记者：Our business editor Robert Peston is here with me. 上述话语行为看上去并无实质内容，它们更像是新闻话语中的常规动作，毕竟，谁会去真正在乎记者是谁以及他们拥有什么样的职业头衔呢？观众关注的是新闻资讯本身而不是这些常规信息。但是，正是这些例行的、公式化的语言，构成了新闻报道中必不可少的部分。也正是这些例行的、公式化的表达，反映并建构了新闻话语的机构意义。换言之，任何一条新闻或一档新闻节目，都有其特有的、机构化的话语范式和结构。如果一条新闻没有开场白和结束语，我们很难想象这是一则完整的新闻报道。如果一次新闻采访没有受访者的介绍和话题的引入，我们很难想象这是一次成功的新闻采访。这些话语行为也许看起来并不是什么重要的信息，但它们是一系列相互影响的话语行为的必不可少的部分，它们在新闻话语中起到了管理话语的作用，例如，协调会话者之间的互动，在前后报道之间进行过渡，在报道与采访之间来回转换，等等。有些话语实践是显性的，例如介绍受访者的话语、直播连线中的采访主题介绍、受访者介绍，以及访谈结束时的致谢和告别。当然，还有很多话语看上去是自然而然的、毫不起眼的信息，它们往往是默认的、让人难以察觉的，因而是隐性的。例如，通过第三方归因（third-party attribution）策略如命题式腹语（propositional ventriloquism）（Montgomery，2007），记者可以保持自身态度的客观中立（Clayman，1988；Montgomery，2007）。又如，在采访中，采访者为了保持超然的姿态，往往会在应对受访者的回答时通过"接收标记语"（receipt token）来保留自己的态度，进而拉开与受访者的距离（Clayman，1992；Greatbatch，1998；Heritage & Greatbatch，1991；Montgomery，2007）。

　　话语实践通过话语结构实现。话语结构（discourse structure）是不同的话语单元如话语行为、话语实践、话语语类、话语文本等"内在的、连贯的话语集合"（Montgomery，2007：25）。一期完整的电视新闻节目一般包括新闻标题、新闻条目等要件，而新闻标题一般由核心（heading）和补充（supplement）两部分构成，补充部分又可以进一步划分为详述（specification）、聚焦（highlighting）、结束（closing）、过渡（transition）等话语行为（详见第 4 章）。从这种意义上讲，话语结构是一系列较小单元按照一定的规则相互作用而形成的连贯一致的、更大的话语单元。反过来说，较大的话语单元由一系列相互影响、相互依存的较小的话语单元有机组合而成。因此，在电视新闻中，新闻呈现或新闻报道可以被视为由一系列话语实践（比如新闻标题和新闻条目的播报）构成的较大的话语单元，即新闻语类（Montgomery，2007）。新闻呈现和新闻报道组合在一起则构成整个电视新闻节目。总之，从话语结构看，新闻话语是一系列大小元素的有机结合。这些元素可能是话语行为，也可能是话语实践、话语文本或话语语类。这些元素弥漫在新闻话语的各个环节之中，与其他成分相互渗透、相互融合而又不失自身特征。以直播连线为例。当直播即将结束时，所有参与者——主持人、受访记者和电视机前的观众——一般都能够感知到结束的信号。因此，他们能够有意识地调整各自的参与方式，为直播连线的结束做好准备。这种即将结束的信号可能来自参与者对节目时间安排表的心理暗示。但大多数时候则是主持人和其他参与者通过感知各方的话语行为和立场转换（footing shift）而获取的。例如，主持人向受访者表达感谢、从受访者转向观众、对谈话内容再次提及等，都可能预示主持人打算结束当前的采访（Schegloff & Sacks，1973）。总之，电视新闻好比一座大楼，大楼中分布着大大小小不同的话语单元，这些单元构成大楼的各个部分，有的是砖块，有的是基石，有的是墙面，有的是房间，有的是楼层，等等。它们各自独立而又相互依存，通过衔接和连贯"黏合剂"，组合成有机的整体。

1.7 本书结构

本书共分 9 章：第 1 章为概论。第 2 章论述电视新闻与机构话语之间的关系，为主体部分的分析提供理论基础和分析框架。第 3~8 章为主体部分，其中第 3 章以播报类型为基础，描述了 BBC 新闻的总体播报结构及其与声音呈现之间的关系。第 4~8 章详细讨论了新闻的话语结构、话语实践及其与机构语境的关系。第 9 章总结全书，讨论了 BBC 新闻话语的机构特征，指出本书的学术价值和启示意义。

第 1 章为全书的概论，包括导论、BBC《十点新闻》简介和新闻话语研究简述，以及研究问题与研究意义、研究数据与研究方法、术语解释和本书结构。第 2 章通过梳理（电视）新闻的早期研究，提出将话语分析方法纳入蒙哥马利的广播电视新闻话语分析模型（Montgomery，2007），建立本书的研究框架。第 3 章探讨了 BBC《十点新闻》节目的播报类型及其与声音呈现和机构属性的关系。第 4 章考察了 BBC《十点新闻》的新闻标题，着重探析新闻标题的话语形式、话语结构和话语策略，揭示新闻标题话语中蕴含的新闻机构身份。第 5 章探讨了 BBC《十点新闻》中新闻报道的开场白即新闻核心的话语结构与实践特征，主要涵盖新闻核心的播报方式、组织结构，以及主持人的话语行为在新闻核心中的体现。第 6 章讨论了电视新闻中的指称关系。该章首先以系统功能语言学的指称理论为基础，建构电视新闻图文指称关系的分析模型，接着将此模型应用于 BBC《十点新闻》的案例分析之中，揭示 BBC 新闻的报道方式与传播理念。第 7 章考察了 BBC《十点新闻》的采访片段话语，主要分析了"经验采访""专家采访""问责采访"等新闻采访片段，指出了采访双方如何通过话语资源的选择与运用，实现参与者角色与身份的转换，有效完成各自的机构任务和交际目的。第 8 章考察了电视新闻中的同行采访。该章首先将 BBC《十点新闻》中的主持人与记者的直播连线界定为新闻采访的次范畴，即同行采访。接着以此为基础，分别从采访者和受访者的角度，对采访双方的话轮设计和话语管理进行探讨，并在此基础上探析了同行采访所具有的独特属性，即直播性和新闻价值。第 9 章总结全书，回顾了本书的主要观点和发现，提出了"话语真实"的概念，讨论了这些研究发现与电视新闻话语变化的关系及其对新闻真实性建构的影响，以及对电视新闻传播、舆论引导、虚假信息识别等方面的启示意义。本章还对本书的局限及电视新闻话语研究的前景进行了讨论与展望。

第 2 章 作为机构话语的电视新闻

2.1 介 绍

本章旨在通过文献梳理，建立本书的分析框架。首先对电视新闻的机构属性进行了界定，其次从宏观和微观两个层面对电视新闻的机构属性研究进行梳理。通过梳理新闻价值、新闻制作、新闻与政治经济的关系、新闻与意识形态的关系等，指出了对电视新闻话语进行宏观研究的局限性以及微观研究的必要性。最后，从微观层面回顾了不同话语研究的范式（包括批评话语分析、多模态话语分析和会话分析）及其研究对象、方法和优缺点，指出了将不同的分析方法融入蒙哥马利（Montgomery，2007）的广播电视新闻话语分析模型的必要性，从而形成了针对本书的综合性电视新闻话语分析框架。

2.2 电视新闻的机构属性

所谓机构属性，表示公共社会组织（即机构）所具有的一种"反复出现的""稳定的""有价值的""非个人的"行为模式（Huntington，1965：394）。公共社会组织的机构属性不仅是社会学、人类学和政治学关注的焦点，也是会话分析和社会互动研究领域探讨的主要话题之一，经常出现在法庭辩论（Atkinson，1992；Atkinson & Drew，1979）、课堂互动（McHoul，1978）、急救电话互动（Zimmerman，1984，1992）、新闻采访（Clayman & Heritage，2002a；Greatbatch，1988；Heritage & Clayman，2010）等研究领域。德鲁和赫里蒂奇（Drew & Heritage，1992b：22）明确提出了"机构话语"（institutional talk）的概念，并对机构话语的三个主要特征进行了阐释。它们分别是：①机构属性，即机构话语涉及至少一名话语参与者的机构特征，如机构目的、任务或身份。简言之，机构话语通常以实现机构目的为导向。②机构语境，即机构话语常常受限于特定的机构语境及其规范，即一名或多名话语参与者如何在机构允许的范围内行事。③推理框架，即机构话语与特定环境下的推理框架和运作程序相关。

以上观点与索恩博罗有关于采访新闻机构属性的论述十分相似。她认为，采访新闻作为一种机构话语至少具有以下四种特征（Thornborrow，2002）。

第一，话语参与者的角色和身份具有区分性（differentiation）、预制性（pre-inscribedness）、规约性（conventionality）等特征。区分性表示采访双方的角色和身份具有显性的区别特征，例如：采访者为提问者，具有记者身份；受访者为回答者，往往为非新闻机构人员。预制性表示采访双方都预先设定了各自在互动中的身份和角色，无须特别说明，双方便能感知对方可能执行的行为，如提问、驳斥或回避等。规约性表示采访双方默认对方能够根据采访给定的角色和身份进行互动，例如，受访者默认采访者为提问者，采访者默认受访者为回答者（Clayman & Heritage，2002a，2002b；Thornborrow，2002）。

第二，采访双方的话轮分配不对称（asymmetrically distributed turns），即采访者为提问者，受访者为回答者。一般来说，提问者的话语比较简短，回答者的话语会根据不同的问题和上下文语境而长短不一。

第三，采访双方的权利和义务不对称，即采访者拥有管理、控制话语的权利，因此比受访者拥有更多的话语选择权；受访者是信息的拥有者，但具有回答问题的义务等。一般而言，采访者作为提问者拥有更多权利。受访者需要根据采访者的提问（即议程）作出回答。但是，就知识权利而言，受访者则拥有更多权利，例如，在对医学专家的采访中，受访者即医学专家在医学知识方面拥有更多的权利。就身份权利而言，受访者则可能拥有更多权利，例如，在对行政长官的采访中，受访者在社会地位即身份方面拥有更多权利。这可能导致形成两种采访方式，即问责采访和顺从采访。问责采访是指记者以问责式的方式对受访者提问而进行的采访，其目的在于要求受访者（或受访者所属机构）为自身的所作所为承担负责（Montgomery，2007）。顺从采访是指记者惮于受访者的官方身份而采取的顺从式采访，其目的在于维护受访者（或受访者所属机构）的立场或利益（Clayman & Heritage，2002a，2002b）。

第四，采访双方可利用的资源与身份随其机构身份的不同而不同。简言之，无论是采访新闻话语还是其他类型的机构话语，话语参与者的话语行为均受到参与者的机构角色、机构身份和机构环境的制约，例如：在新闻发布会上，发言人的权限是回答记者提问，向其提供新信息；记者的权限则是提出问题，向发言人获取新信息，而不是相反。

以新闻发布会为例。我们可以根据以上论述，将新闻发布会中涉及的互动话语的机构属性归纳如下。

（一）沟通目标与机构身份相关：
（1）沟通目标：发布新信息或获取新信息；
（2）机构身份：参与者包括发言人、记者、译员等。
（二）参与新闻发布会的限制条件：
（1）记者仅限于提问；
（2）发言人仅限于回答问题；
（3）译员仅限于翻译记者和发言人的话语；
（4）提问、回答和翻译均遵守严格的规定。
（三）推理框架及机构话语的运行程序：
（1）有价值的、最新的信息将被公布；
（2）邀请记者提问，发言人回答提问；
（3）记者对提问负责，发言人对回答负责。

　　根据上述讨论，机构话语可被视为一种特定类型的言语活动。通过该言语活动，话语参与者呈现自己的机构身份和言语行为，并试图通过言语行为实现机构的使命和目标。就电视新闻而言，其机构属性主要体现在以下几个方面。首先，电视新闻是一种新闻活动。新闻的主要目的是向观众提供（新的、有价值的）信息。活动的对象为新闻事件，活动的参与者为信息提供者、新闻工作者（如播音员、新闻现场的记者等）和新闻接受者（即电视观众）。新闻工作者主要扮演信息传递的角色，遵守新闻制作和传播的规范。其次，电视新闻是社会组织的产物。换句话说，这是新闻机构、信源、记者和受众在新闻传播这一语境下合作和互动的结果。为了新闻的成功传播，新闻机构需要组织新闻工作者参与新闻信息的收集、撰写、编辑与传播。信源即信息提供者，需要根据个人认知和所在机构的规定，向记者提供有价值的信息。记者是新闻制作和传播的主体，是新闻采写、编辑、传播的主要参与者。受众则根据个人或机构的立场，通过阅读或观看新闻来获取信息。最后，电视新闻还是一种社会行为过程。电视新闻经历了事件的发生和新闻的制作、传播与接收过程。在这一过程中，每一个环节都会受到个体认知水平、社会文化规范、政治和经济等因素的制约（Makki，2019）。例如，一则政治类新闻报道可能会传递出如下信息：如何报道政治活动（比如议会辩论）将会受到特定政治议程和制度的限制，如有些信息可以公开，有些信息属于国家机密，等等。因此，记者需要根据相关规定进行采写、编辑和报道。

在埃克斯特伦看来，新闻是建立在一系列新闻惯例、行为规范和互动实践基础上的知识传递过程（Ekström，2002）。电视新闻是记者为获取和传播信息/知识而与信源、相关机构、政府部门和公众进行协商和互动的结果（Schudson，2005）。就 BBC 新闻而言，新闻工作者（如主持人、播音员、记者、编辑等）必须遵守英国的法律、法规，以及 BBC 新闻传播的规章制度，并根据 BBC 新闻制作过程中例行的"节拍式"文化（"beat" culture）（Schlesinger，1987）推进新闻的采集、撰写、编辑和传播。同时，他们还肩负着新闻行业所赋予的社会期待与责任。例如，在西方，新闻界经常被视为继贵族、僧侣和平民之后的第四阶级。这是西方社会赋予新闻媒体和新闻工作者的一种特殊的社会责任，即新闻工作者是公共利益的守护者和政府行为的监督者（Schultz，1998）。除此之外，新闻工作者还需要与掌握消息来源的非新闻机构人员交流，以获取新闻事件的相关资讯，例如对事件当事人或见证者的采访。这意味着：新闻话语的机构属性不仅包括新闻机构特有的属性，还涵盖非新闻机构的机构或非机构属性。例如，当采访政府官员时，采访话语中不仅涉及记者的新闻机构信息，还包含来自政府部门的机构属性；当进行街边采访时，除记者的新闻机构身份外，采访话语中还有来自受访者的个人身份或公众身份信息。

电视新闻的运作始终处于一个比较复杂的机构环境之中。首先，它是一种新闻生产活动，不但涉及活动的参与者（如主持人、记者、制作人、摄影师、受访者、专家等），而且包括活动的场所（如演播室、新闻现场等）、时间（如现场直播即"现在"、预先录制即"过去"）等。新闻的制作和传播需严格遵守公认的新闻规范，如规则、目标、任务、权限等。此外，新闻的播报还受到工作环境的限制。例如，演播室播报会受到演播室灯光、色彩、音效和布局等的影响；来自新闻现场的报道则会受到当地自然环境（如在台风中出镜报道）和人文环境（如针对土著人的采访）的影响。除上述因素外，新闻的选择与制作还会受到外部同行组织的影响。新闻报道的素材不仅来自现场记者的收集，还可能来自其他地方或国际新闻机构（Bell，1991）。获取信息和传播信息的途径及方式都需要新闻人员进行精心准备和决策，并调动各种可利用的资源。迈克尔·舒德森（Michael Schudson）甚至认为，新闻的制作与传播需要动用各种人力和社会资源，且受到国家、政党、意识形态和文化传统的影响，整个过程好比一场政治活动（Schudson，2002）。正如舒德森所说："在新闻采写过程中，新闻工作者常常会无意识地在新闻文本中嵌入社会的主流意识形态、信仰和假设体系。"（Schudson，2002：249）不仅如此，具有不同的社会和文化背景的新闻机构还代表着不同的社会文化实践方式（Aharoni & Lissitsa，2022；Benham，2020）。例如，一家商业性质的新闻机构可能首先需要满足的是赞助商的要求，在新闻播报中会有意无意地体现赞助商的要求与意图。受制于不同党派的新闻机构则会为各自支持的党派发声。例如，美国的CNN倾向美国民主党，福克斯新闻（Fox News）则偏向美国共和党。

由于电视新闻传播属于严格意义上的机构活动，所有新闻必须在新闻机构的环境下发生。在该环境下，关于"谁在什么情况下，在什么时间和什么地点，说了什么"的问题，都有着严格的限制和规定。电视新闻的主要参与者是赋予其专业权限的新闻人员。他们是被新闻机构认可的公众人物或信息来源者（如事件的亲历者或见证者）。他们将在电视新闻传播中直接或间接地参与新闻的制作、播送或报道，会被赋予专业的、机构化的角色或身份，从而使他们能够在新闻播报中行使角色或身份赋予的权利并履行义务。其中，新闻主持人[①]（或主播）的身份和角色最为显著。他们仅限于执行新闻节目所赋予的播报、呈现新闻的权利，通常表现为大声朗读新闻，但也有权利、有义务对新闻话语的进程进行管理和调控。例如，他们需要在播报过程中不断应对以下问题：新闻何时开始、何时结束，何时进行现场报道，何时加入访谈片段，何时进行演播室呈现，以及如何在不同播报方式之间转换与过渡等。在某些节目中，如在娱乐新闻节目中，新闻主持人和播音员的角色一般是彼此分离的，即新闻主持人是对整个节目进行掌控的新闻参与者，播音员则仅是呈现新闻内容的朗读者。不过在BBC《十点新闻》中，新闻主持人的角色通常被赋予了播音员和主持人的双重身份。在中国，新闻主持人和播音员也有一定的区别：新闻主持人一般在节目中对新闻话语和整个节目进行管理、控制，大多出现在互动类新闻节目中，例如新闻访谈类节目；播音员一般指对新闻进行播报/朗读的新闻人员，通常出现在比较严肃的公告类新闻节目中。播音员只拥有少量的管理话语或调节整个节目的权限，例如节目开始和节目结束。在美国，"新闻主播"的说法比"主持人"的说法更加常见，但二者之间并非能够完全等同。实际上，美国许多新闻主播除了对节目进行主持外，还要参与新闻故事的撰写和编辑。本书所指的新闻主持人主要是在演播室通过电视屏幕面向观众进行新闻呈现的新闻人员。他不仅扮演新闻播音

---

① 为避免用词冗余，在不会出现歧义的情况下，我们将"新闻主持人"简称为"主持人"。

员、新闻朗读者和新闻主播的角色，还承担着主持和管理新闻话语进程的任务。

电视新闻话语的另一主要参与者是参与新闻报道的记者，他们包括现场记者、通讯记者和新闻编辑。他们均为新闻机构的职员，有义务在电视新闻报道中发出机构的声音，比如评论新闻。实际上，他们是在演播室、新闻事件和新闻现场之间进行沟通的桥梁，不仅需要具备娴熟的新闻报道技能，还需要熟悉所负责区域或领域的专业知识。也就是说，作为记者，除了具备新闻伦理所要求的专业技能和职业道德外，还需要具备相关专业领域的知识（例如，负责财经新闻的记者需要具备一定的财经专业知识），能够有效地编辑和报道该领域的新闻事件，最终成为不同领域或区域的专业记者，例如财经记者、政治记者、苏格兰记者等（Schlesinger, 1987）。BBC 新闻还通常使用 editor 一词来称谓比较资深的记者。这些记者能够为某一领域提供比较权威、专业的解读，比如世界事务编辑（world affairs editor）、外交事务编辑（foreign affairs editor）、政治编辑（political editor）、资深内政编辑（senior home affairs editor）、经济编辑（economic editor）等。被称为"编辑"的记者不仅可以对新闻事件进行报道，还可以就新闻事件发表评论。他们与普通记者或通讯记者的区别在于，他们拥有更大的发挥空间，可以更加自由地对新闻事件进行解读与评论（详见第 8 章）。

不同的职业角色或身份在新闻话语中占据不同的位置，并拥有不同的话语权限。新闻主持人的话语类型或风格不同于新闻编辑或记者的话语类型或风格。前者在播报新闻时倾向于使用无标记的情态语气，即断言式的话语，例如：High winds and record temperatures are driving more than 130 fires in south-eastern Australia（大风和创纪录的高温在澳大利亚东南部引发了 130 多起火灾）。后者则倾向于带标记的情态语气。例如：Experts say that fires breaking out in that region are likely to be uncontrollable（专家表示，该地区爆发的火灾可能无法控制）。这里的"likely/可能"属于情态标记语，表达了专家（包括新闻主持人）对"火灾无法控制"这一信息的不确定性。从这个意义上讲，电视新闻的机构角色或身份（如主持人或记者）和话语行为、话语实践（如"呈现新闻"或"报道新闻"）之间有着高度的匹配性，即不同的机构角色执行不同的话语行为和话语实践。新闻主持人可以"呈现"或"再现"新闻事件，但很少拥有"解读"或"评论"新闻的权利。记者或编辑则可以对新闻事件作出解读和评论。尽管如此，值得注意的是，新闻人员的角色可能会因为话语情景的变化而变化，这要求新闻人员在记者、新闻主持人、采访者、受访者和评论员之间进行转换。例如，记者在新闻现场报道时执行的是现场记者的角色，承担着新闻报道的任务。但是，当他们接受新闻主持人采访时，则扮演的是受访者的角色，承担着回答新闻主持人提问、评论或解释新闻事件的任务。但是，不管何种情况，新的机构角色必须严格履行新的话语情景所赋予他们的话语行为和任务（Drew & Heritage, 1992a; Thornborrow, 2002）。

参与者的话语行为和话语实践会随着话语生成方式和话语参与框架的改变而变化（Goffman, 1981）。例如，对新闻的呈现基本上通过照本宣科式的朗诵。主持人与记者之间的直播连线则是发生在主持人和受访记者之间的实时互动。因此，主持人是否和记者或观众保持一致（to align with journalist or audience）会随着话语的推进而不断变化。一致性（alignment）指的是说话者根据话语生成方式或话语参与框架的变化而做出的顺应话语情景的行为或姿态（Goffman, 1981）。例如，当主持人朗读新闻稿时，履行的是新闻呈现的角色［即话语内容的发声者（animator）］。新闻内容很大程度上并非由主持人采集或撰写［因此，主持人不是话语内容的创作者（author）］。主持人也无须对新闻内容或观点负责［因此，主持人不是话语内容的责任人（principal）］。然而，当主持人对受访者提问时，履行的则是采访者的角色，其中，主持人很大程度上是"提问"这一话语的创作者、发声者和责任人，即由主持人本人决定如何提问，提问需要通过主持人之口表达出来，主持人还需要对自己的提问负责。因此，我们对新闻话语进行分析时，需要根据话语生成方式和话语参与框架，充分辨析话语参与者的话语身份、角色定位及立场转换，并以此为基础厘清他们所拥有的权利和承担的话语责任（详见第3、5、7、8章）。

2.3 新 闻 价 值

为了提高新闻的收视率和影响力，新闻记者总是想方设法地选择和制作能够吸引观众的新闻故事。为了达到这一目标，他们会有意无意地遵守一些标准，以便于他们能够根据这些标准选择合适的新闻素材，制作出具有吸引力的新闻。我们称这些标准为选择或制作新闻故事的新闻价值（news value）抑或事件的新闻价值（newsworthiness）。新闻价值是决定一个事件能否引起观众注意力的标准（或要素），是新闻工作者选择、制作和传播新闻事件的标准和依据。新闻价值解释了为什么有的事件会引起人们的广泛关注，而有的却无人问津。

新闻价值的概念可以追溯至 19 世纪 30 年代初期。当时正值美国报业蓬勃发展，市场上出现了大量廉价的报纸，如《纽约太阳报》(*The New York Sun*)（1833 年创刊）、《纽约先驱报》(*The New York Herald*)（1835 年创刊）和《纽约论坛报》(*The New York Tribune*)（1841 年创刊）等。这些报纸为了吸引读者，大量刊登一些社会新闻或黑幕新闻，并编造哗众取宠的假消息以吸引读者的注意。他们鼓吹新闻独立于政府，提倡以读者为中心的办报原则。其终极目标则是如何最大化地获取商业收益。因此，新闻编辑和记者特别注重新闻故事的选择与采写，并逐渐形成了决定新闻采编和发行的一些准则。这些准则就是新闻价值的早期形态，并逐渐引发学者们对新闻价值的关注，其中，具有划时代意义的相关研究要数约翰·加尔通（Johan Galtung）和玛丽·H. 卢格（Mary H. Ruge）于 1965 年发表的《国外新闻的结构》("The structure of foreign news") 一文。在该文中，两位作者总结了影响新闻采编的 12 种因素，即早期比较完整且大多数沿用至今的新闻价值（Galtung & Ruge，1965：71）。这些因素如下所示。

（1）频率（frequency）——与新闻制作同步的事件更有可能被报道。

（2）准入门槛（threshold）——具有更大强度和影响力的事件更有可能被报道。

（3）清晰度（unambiguity）——事件的脉络越清晰明了，就越有可能被报道。

（4）意义相关性（meaningfulness）——以受众为中心，文化上越接近、越相关的事件越有可能被报道。

（5）一致性（consonance）——与记者的期望相符的事件更有可能被报道。

（6）突发性（unexpectedness）——出乎意料或极少发生的事件更有可能被报道。

（7）接续性（continuity）——与前期新闻相关的事件更有可能被报道。

（8）综合性（composition）——越具有组合特征的事件越有可能被报道。

（9）大国效应（elite nation）——与大国、强国相关的事件更有可能被报道。

（10）精英人士（elite people）——与社会精英人士相关的事件更有可能被报道。

（11）人格化（personification）——涉及人为因素的事件更有可能被报道。

（12）负面性（negativity）——越负面的事件越有可能被报道。

上述准则长期以来受到新闻从业人员和研究人员的广泛认同，引发了从业者和学者们的大量讨论。几乎所有上述准则都是记者在选择和制作新闻时所遵循的标准，如新闻是否新颖、及时、负面，是否注重时空、认知、地理上的接近性、相关性和重要性，是否突出人的因素和精英效应，是否具有清晰性、突发性、规模化效应等（冯德兵、高萍，2014）。随着时间的推移，人们对新闻的认知逐渐发生了一些变化。这些变化也影响了人们对新闻的选择、生产和接收。于是，学者们开始在原有准则的基础上做出相应的修改和补充。范·戴克（van Dijk，1988b）认为，新闻价值还应考虑经济、认知和意识形态等因素，因为这些因素会在一定程度上限制人们对新闻的选择（又见 Fowler，1991：19-24）。例如，从认知角度看，诸如预知性（presupposition）、一致性（consonance）、相关性（relevance）、异常性（deviance）、邻近性（proximity）等因素也会影响记者对新闻的采写和观众对新闻的阅读（van Dijk，1988b）。除此之外，艾伦·贝尔（Allan Bell）还在加尔通和卢格（Galtung & Ruge，1965）的基础上增加了"竞争性"（competition）（即"独家新闻"事件更可能被报道）、"连续性"（co-option）（即连续性的新闻故事更可能被报道）、"可预测性"（predictability）（即可预测的事件更可能被报道）和"预制性"（prefabrication）（即具有现成文本的新闻更可能被选择）等，进一步丰富了新闻事件的选择标准（Bell，1991：159）。其他的标准还包括与日常生活相关的一些因素，如"名人效应"、"娱乐性"和"好消息"（Harcup & O'Neill，2001），以及与事件性质相关的因素，如"规模/范围"（scale/scope）、"突显性"（prominence）、"冲突性"（conflict）、"超强度"（superlativeness）（Bednarek & Caple，2012，2017；Caple et al.，2020；Montgomery，2007）、"积极性"（positivity）等（Caple et al.，

2020）。

　　徐宝璜被誉为我国新闻传播研究的第一人。他早在《新闻学》（徐宝璜，2016）一书中就专列"新闻的价值"一章阐述了新闻价值的概念。在他看来，新闻价值与事件的重要性、传播的及时性和地理的接近性等因素密切相关，并对其进行了详细的论述。令人印象深刻的观点包括：最近发生的事件和较重要的事件与新闻价值成正比，即事件愈重要，新闻价值愈大；事件发生的时间与新闻刊登的时间成反比，即相隔时间愈短，则新闻价值愈大；新闻价值与事件发生的距离成反比，即相隔距离愈近，新闻价值愈大（徐宝璜，2016）。这些观点逐渐演化为我国新闻价值的六要素，即事实的重要性、事件的显著性、传播的时效性、地理的接近性、事件的趣味性和事件的真实性（童兵、陈绚，2014）。杨保军（2002，2003a，2003b）将上述六要素看作新闻事实本体所具有的价值，强调在此基础上，新闻文本也应体现出新闻价值的一些特征，如再现事件的及时性、再现内容的针对性、再现方式的亲和性等。陈力丹（2008）则提出了新闻价值不得与"宣传"和"舆论"混淆的观点。

　　这些研究一定程度上拓展了新闻价值的选择空间，细化了新闻价值的评判标准，促进了新闻理论的发展与完善。尽管如此，这些理论仍存在一些需要不断改进的地方。首先，由于研究的角度不同，不同学者对新闻价值的界定也不相同，导致了新闻价值各要素之间出现重叠的现象。例如，贝尔提出的"连续性"与加尔通和卢格提出的"接续性"重叠，加尔通和卢格提出的"突发性"和范·戴克提出的"异常性"也比较相似。有些要素之间还相互矛盾，比如，"负面性"与托尼·哈尔卡普（Tony Harcup）和迪尔德丽·奥尼尔（Deirdre O'Neill）提出的"好消息"标准不一致，"负面性"与卡普尔等提出的"积极性"则正好相反。其次，新闻价值只能部分影响新闻的选择、制作和传播。除新闻价值外，还有许多影响新闻制作的其他因素。例如，由于意识形态的偏见、人力物力的限制或节目时间/新闻篇幅的限制等缘故，许多具有新闻价值的事件在报道中往往被有意无意地忽略。更重要的是，新闻价值并不能完全解释所有的新闻实践活动，更别说新闻话语中惯习化、机构化的做法。

　　我们还需要认识到，新闻价值并非一成不变。它会随着社会文化语境和人类发展阶段的变化而变化。正如哈尔卡普和奥尼尔（Harcup & O'Neill，2017）指出的，没有一种新闻价值的分类方法可以解释所有的新闻现象。相反，我们应当不断修正和更新新闻价值的要素，以适应不同时期主流社会对新闻的认知和判断。总之，无论何时何地，新闻价值都是新闻报道选择、制作和传播的主要标准之一（Tourangeau，2018）。

2.4 新闻编辑室的新闻制作

早期有关新闻制作的研究主要来自对新闻编辑室活动的民族志考察。民族志研究要求研究人员以参与者的身份深入新闻编辑室，观察、探究新闻的制作过程。在英国，这一领域的学者以菲利普·埃利奥特（Philip Elliott）（Elliott，1972）和施莱辛格（Schlesinger，1987）为代表。埃利奥特花四个月左右的时间跟踪记录了一些纪录片的制作过程，施莱辛格则针对 BBC 新闻的采写和编辑过程进行了长时间的民族志考察，提出了许多有见地的观点。塔奇曼是美国这一领域的著名学者。她花了近十年的时间跟踪调查记者的活动，详细地记录了他们如何采集、撰写、编辑、审核新闻，揭示了新闻制作的一些"常规性"（routine，即行为的机构化特征）的特征，并从行为的仪式化（ritual）角度论证了保持新闻客观性的方法与策略（Tuchman，1972，1978），如强调对立、列举证据、直接引用等。塔奇曼的研究，尤其"常规性""仪式化"等概念，在新闻研究领域中具有里程碑式的意义，也对本书探讨电视新闻话语的机构属性具有启发意义。

赫伯特·甘斯（Herbert Gans）是另一位来自美国传播学界的知名学者。他以大量的新闻报道为考察对象，从多个角度探讨了 20 世纪 60 年代和 20 世纪 70 年代发生在美国新闻编辑室的新闻制作活动，包括新闻故事的选择与组织、新闻中意识形态意义的建构、信源与记者的关系，以及新闻的审查制度及方式（Gans，1980）。研究发现，记者倾向于将自己的偏好或意识形态植入新闻故事或新闻话语中。在他看来，新闻编辑室好比检测个人信仰、价值观念和做事风格的实验室。新闻制作过程就是不同的意识形态和价值观念相互协商和碰撞的过程。甘斯（Gans，1980）还认为，尽管记者试图尽量做到客观、公正，如避开"极端的"意识形态偏见，但他们总会存在一些隐含的价值观念。一些观念有意无意地渗透到新闻的采编过程中，成为与新闻内容不可分割的一部分。正是因为这一点，记者在选择新闻故事、获取消息来源，或向受访者提问等各个环节时，都不可避免地受到机构语境的制约和意识形态偏见的影响。这种制约和影响导致新闻话语在不同的新闻机构语境下呈现出不同的新闻样态和语体风格。

美国传播学者菲什曼的《制作新闻》(*Manufacturing the News*)(Fishman,1980)也可以被看作是编辑室制作新闻的经典论著之一。该书系统地考察了新闻的日常生产、组织和采写过程,揭示了新闻中潜在的意识形态特征。菲什曼采用民族志研究方法,用长达两年的时间考察了坐落在美国加利福尼亚州的一家报纸,揭示了新闻日常制作过程中的一种显著性特征,即记者倾向于通过固定的、面向官僚机构的信息收集和采编过程。他将这种周而复始的新闻制作现象称为新闻的"节拍式"(beat)生产。"节拍式"的新闻制作倾向于促使记者仅通过政府机构和企业官僚机构去收集新闻素材。例如,有关犯罪的新闻往往是记者以警察局和法院等官僚机构提供的信息为蓝本制作的。对于每天都有截稿日期限制的记者来说,最可靠、最可预测的信息往往来自最权威的官僚机构及其权威人士(Fishman,1980)。这些信息通常是一些程序上明晰的"事件"或"案例",是官僚机构根据自己的意愿或意图从复杂的事项(如政策、决议等)中遴选而来的。因此,新闻反映的是官僚机构倾向于公布的信息或言论。从这一点上看,新闻的制作过程与官僚主义的理想化(bureaucratic idealization)密不可分,以至于新闻不可避免地反映出以官僚机构为主导的社会主流意识形态特征。

我国有关民族志的研究主要集中在场域、惯习等理论框架之下(Bourdieu,1986)。比如,张志安(2010)以《南方都市报》为例,分析了该报业在新闻运作中如何进行知识资本的转换,提出了"创造性遵从主义"这一新闻实践惯习。所谓"创造性遵从主义",表示将"政治正确性"的外部规则内化为知识场域本身的规则。"创造性遵从主义"并非"盲从"或"效忠",而是依靠敏感性、创造性、智慧和策略等来争取政治资本,从而获得新闻生产的"自主性"(张志安,2010:54-55)。王敏(2016a,2016b,2018)则致力于网络民族志研究,并将其看作"第二波民族志研究浪潮"[①]。她走进《布里斯班时报》(*Brisbane Times*)的新闻编辑室,开展了为期两周的新闻的网络民族志研究,考察了新媒体环境下新技术如何嵌入、改造传统的新闻生产实践。她指出,在互联网时代,新旧媒体融合已经成为新闻生产实践的主要形态:一方面,新媒体技术给新闻的生产方式带来了巨大的机遇与挑战;另一方面,传统的新闻惯习仍然主宰着新闻的生产过程(钱进、尹谜眉,2014;白红义,2017)。白红义

---

① 根据王敏(2016a,2016b,2018)的划分,第一波民族志研究浪潮主要来自早期的新闻编辑室民族志研究,其中以塔奇曼、菲什曼、甘斯等人的研究为代表。

（2017）对新闻民族志的研究文献进行了系统的回顾。他指出，随着互联网技术的发展，新闻编辑室作为核心场所的地位正在逐渐减弱。新闻记者不再局限于新闻编辑室，新闻的生产也从有形的编辑室空间逐渐转换到无形的网络空间。传统的编辑室制作尽管仍影响着新闻的生产过程，但明显受到来自互联网技术的巨大挑战。因此，新闻的制作不得不在遵守传统的新闻规则和实践的基础上适应互联网技术的不断革新。民族志研究因而从传统的新闻编辑室民族志转向网络民族志。此外，部分学者还比较分析了国内外新闻的生产实践方式，指出了国内外在新闻生产和新闻传播方面的差异和相似之处，探讨了我国新闻制作的社会文化背景或改进之道（周小普、黄伟，2003），或以民生新闻为切入点，对此类新闻的传播方式、舆论导向等功能进行剖析，提出了一些具有启发意义的观点（毕一鸣，2009；董天策，2007；周小普，2005）。

上述研究展示了新闻生产过程的普遍特征，即无论是传统的新闻编辑室考察还是信息化时代的网络民族志，都离不开新闻机构的主导和新闻人员的参与。然而，这些研究的普遍性仍然存在一些争议。毕竟，并非每条新闻都必须经由记者之手才能称其为新闻。许多新闻也许会直接来自网络或用户生成内容（user-generated content，UGC）。尽管如此，民族志研究仍然深刻影响着当今的新闻传播实践和研究现状。比如，在西方，新闻制作过程的"节拍""官僚化""仪式化"等做法和实践仍然是新闻制作和传播的重要特征。更重要的是，上述研究（如机构环境）——特别是新闻编辑室与新闻价值、新闻规范和新闻惯习之间关系的论述——为系统地考察电视新闻的机构属性奠定了基础（Tourangeau，2018）。

2.5 机构、意识形态和新闻

随着新闻业的不断发展，学者们开始将新闻看作社会文化体系的重要组成部分，并将其与政治、经济、科技等其他领域关联起来，掀起了人们对新闻机构特征进行研究的热潮（McNair，1998；Schudson，2002，2005；Schultz，1998）。与民族志研究不同的是，机构研究旨在"将新闻制度、惯例、实践和文本与机构语境联系起来"（Zelizer，2004：70）。民族志学者认为，新闻很大程度上受到新闻机构和非新闻机构的影响——尽管相关研究并未描绘出新闻与新闻机构之间的完整图景。对新闻机构特征的兴趣可以追溯到 20 世纪 60 年代中期（Breton，1964；Gerbner，1965）。随后十年内，大量的研究开始不断涌现。这些研究主要涵盖了政治和经济两个方面。例如，麦克奈尔在《新闻社会学》一书中用五个章节论述了影响新闻生产的一些因素，如职业道德、艺术规范、日常实践、政治、经济、技术、信息来源等（McNair，1998）。在麦克奈尔看来，新闻具有真实性、时效性、事实性、记者主体性、意识形态等特征（McNair，1998）。新闻通过提供公共讨论的空间，不仅可以传播知识，还可以监督公权力。实际上，新闻并不为个人服务，也不为群体服务，而是服务于社会中占主导地位的利益集团。蒂莫西·E. 库克（Timothy E. Cook）进一步论证了这种权力与媒介的关系（Cook，1998）。在他看来，新闻媒体总是以机构身份和机构化的行为来行使集体权利，成为影响和鼓动政治行动的隐性工具。有关新闻与经济之间关系的研究包括本·H. 巴格迪基安（Ben H. Bagdikian）（Bagdikian，2004）、罗伯特·W. 麦克切斯尼（Robert W. McChesney）（McChesney，1999）、约翰·H. 麦克马纳斯（John H. McManus）（McManus，1994）、马克斯·韦伯（Max Weber）（Weber，1978）等。巴格迪基安（Bagdikian，2004）探讨了美国的新闻业被大公司垄断的现象。麦克切斯尼（McChesney，1999）也持类似观点。他认为，新闻业未能提供人们想要的东西，因为它总是受制于企业的垄断，为占社会主导地位的大集团、大资本服务。

尽管上述研究对新闻业的发展产生了深远的影响，但由于研究范围局限于新闻业与其他社会行业之间的关系，结论往往趋于单一、片面。鉴于此，人们逐渐将注意力转向新闻的意识形态领域。"意识形态"早期被用于指涉知识和思想的体系。马克思和恩格斯称之为"维护统治阶级利益"的思想工具（Zelizer，2004：72）。雷蒙德·威廉斯（Raymond Williams）认为，马克思和恩格斯的意识形态概念包含至少两种不太一致的含义。一方面，意识形态被认为是社会主导力量的理想的表达体系。它不是事实的真相，而是对真相的颠倒、幻觉或虚假意识。另一方面，意识形态被视为一种反映经济生产条件的表述体系。在这种体系中，经济生产条件的变化可能引起不可调和的冲突，从而在人们的意识中形成一种系统的价值观念体系或思想体系，如剥削与被剥削（制度）、无产阶级、资产阶级等（Williams，1983）。在威廉斯（Williams，1983）看来，上述两种概念很难相互融合，因为第二种意识形态指的是真实存在的价值观念或思想体系，而第一种意识形态指的则是一种虚幻的、具有欺骗性质的、可操控的思想系统。后马克思主义意识形态理论研究以20世纪70年代英国的"当代文化研究中心"（The Centre for Contemporary Cultural Studies，CCCS）为代表。作为CCCS的主要学者之一，霍尔将意识形态解释为"符号化的政治",即一种"对现实进行编码的系统"(Hall,1982:71)。电视则是建构这种意识形态的主要媒介之一。电视通过视觉和语言符号的表征,将自身塑造为"通向现实世界的窗口"(Hall,1982:75)。但是电视中的现实并非既定事实,而是事实的再表征。霍尔视其为"具有现实效应"的意识形态。这种意识形态将所指称的现实(如"当代西方社会的排外主义"[①])自然化(naturalization),以不露痕迹的方式在公众中传播、宣传与教化(吕新雨,2006)。

特别值得一提的是,格拉斯哥大学媒介研究小组(Glasgow University Media Group, GUMG)通过考察英国的电视新闻报道,对新闻中包含的意识形态意义进行了详尽的研究(Glasgow University Media Group, 1976, 1980)。他们分析了20世纪70年代英国煤矿工人罢工的新闻报道。研究发现,几乎所有的新闻报道都倾向于通过一些新闻实践手段——比如采访技巧、镜头和文字的选择、图像拍摄的视角等——向受众传递一种带倾向性的意识形态意义,即新闻媒体偏向于强调社会的强力集团如矿产集团管理层的利益,而压制社会的弱势群体如参与罢工的煤矿工人的声音。根据该媒介研究小组的结论,煤矿工人因社会地位低下,他们的诉求在新闻中往往被表述为"比管理层的观点更加不可信任"。比如,媒体往往将煤矿工人们描述为"暴民"(mob)(Glasgow University Media Group, 1976, 1980)。

综上所述,对新闻的考察在社会学科各领域得到了广泛的关注,产生了大量具有深远影响的观点、理论和框架。尽管如此,多数研究仅从宏观角度探讨了新闻的制作过程及其机构化、仪式化、官僚化等属性,忽略了微观角度的新闻可能产生的话语意义和社会文化意义,如新闻文本对意义的表征与建构。此外,除了霍尔(Hall, 1980)的电视符号学分析,极少有研究涉及视觉、图像、颜色等非语言符号资源在新闻话语中的形式与功能。事实上,没有细致的文本分析和对语言与非语言符号的全面考量,我们不可能充分揭示新闻中蕴含的社会文化意义,更无法深刻理解这些意义在新闻中的话语表达机制和运行逻辑。

2.6 话语、意义和新闻

在文化批评的影响下,以批评语言学家为代表的许多语言学家逐渐

---

① 详见沃达克(Wodak, 2020)、赵燕丽(2021)。

将注意力转向新闻话语及其意识形态意义的建构。批评语言学发端于英国东英吉利大学（University of East Anglia，UEA）的一批语言学家（如 Fowler，1991；Fowler et al.，1979；Hodge & Kress，1993）。传统语言学家一般仅从事语言的本体研究，而批评语言学家则将视野从语言转向社会层面，探索语言使用中的社会现实意义。作为这一领域的主要代表，罗杰·福勒（Roger Fowler）提出了一整套进行语言分析的工具，如选词（lexical choice）、情态（modality）、及物性（transitivity）、名词化（nominalization）等，以此来揭示语言使用中蕴含的社会不平等关系和意识形态意义（Fowler，1991）。在福勒看来，及物性是分析表征意义和意识形态意义的主要工具，因为"及物性能够对意义进行选择"（Fowler，1991：70）。他精辟地指出："人们总会在压制某些可能意义的同时选择另外一些含义……以彰显处于霸权地位的意识形态。"（Fowler，1991：71）转换（transformation）也是新闻话语惯用的意识形态建构工具（Fowler，1991；Hodge & Kress，1993）。转换表示句子的语法结构变化，如从主动句转换成被动句，即被动化（passivization），或从动词（过程）转换成名词，即名词化等（Fowler，1991；Hodge & Kress，1993）。以被动化为例，转换后的被动句可以隐藏行为过程的施动者，使施动者背景化。例如，当报道矿工罢工时，当责任应归咎于警察或雇主等强势组织时，BBC 新闻倾向于选择使用删除责任人即施动者的被动句（参见 Montgomery，2008b）。名词化表示将行为动作或过程转换成名词表达式（王振华、王冬燕，2020）。名词化既可能会使事件变得更加神秘，即神秘化（mystification）（如通过名词化，许多信息被浓缩在名词之中，因而不易被凸显出来），也可能会使行为过程变得更加具象化（如抽象的过程和质量可以通过名词表达，使其变得更加具体、形象）。福勒（Fowler，1991）进一步指出，指称意义和词义关系可以对事物进行范畴化（categorization），即鲍勃·霍奇（Bob Hodge）和克雷斯所说的"类别化"（classification）（Hodge & Kress，1993）。例如，我们可以用不同的词语指称同一女性，以区别她所具有的不同身份即类别或范畴，如"母亲"（表示家庭成员）、"教师"（表示职业身份）、"理事"（表示协会成员或专家身份）等。批评语言学家还借助人际关系表达（如情态）探索新闻中的意识形态意义。通过对情态表达的分析，探析新闻的意识形态意义，如通过 perhaps、likely 传递说话者对话语内容的不确定性，通过"it is said/reported…"等表达说话者的客观、超然的态度，等等（参见 Fairclough，1992）。

批评语言学主要关注词汇和句子层面的话语特征，很少将范围扩展到句子以上的层面。批评话语分析则有效地克服了这一问题，因为它不仅关注语言中的词素、选词、句型转换等，而且强调整个语篇的结构、组织、衔接和连贯（Fairclough，1992，1995a，2003；Montgomery，2005，2009；van Dijk，1988a，1988b，2011b）。范·戴克和费尔克劳夫是批评话语分析的主要代表。范·戴克（van Dijk，1988b，2011a）主要探索了报刊新闻的表征或建构意义，研究话题涉及种族歧视、贫富差距、移民排斥等各种社会不平等的现象。他注意到，新闻话语通常存在一个不平等分布的意识形态矩阵。在该矩阵中，新闻记者倾向于强调"我们的"积极面，忽略"我们的"消极面，同时强调"他们的"消极面，淡化"他们的"积极面（van Dijk，2011a）。范·戴克认为，针对这种意识形态偏见，我们不仅需要分析新闻文本本身，还需要将其与特定的心理和社会认知语境联系起来（van Dijk，1988a，1988b，1992，2011）。费尔克劳夫（Fairclough，1992，1995a）主要从文本、话语实践、社会实践三个维度对新闻话语进行分析，探讨话语中的权力关系和意识形态意义。他认为，批评话语分析不仅应该对文本进行分析（即语言形式和功能的分析），还应该对话语实践进行分析（即在文本分析的基础上对话语意义和交际目的进行解读），并从社会文化的角度对分析结果进行阐释（即话语意义与社会文化语境之间关系的解释）（Fairclough，1992，1995a，1995b）。同时，他还在前人研究的基础上提出了"互文性"（intertextuality）这一概念，认为新闻话语是不同文本类型、话语、风格相互融合的结果。通过互文性，新闻话语可以操纵不同的语类、语篇和声音，从而创造出不可察觉的、"霸权式的"意识形态意义。沃达克的研究在批评话语分析领域也极具代表性。沃达克（Wodak，2001，2015）提出了话语-历史分析方法（discourse-historical approach，DHA）。她认为，话语研究应将话语的发展历程纳入分析之中，从话语的发展轨迹出发，考察话语形成的前因后果。话语-历史分析方法不但注意借鉴其他话语分析的成果，还在以下两个方面独树一帜：一是研究兴趣，即话语-历史分析方法十分强调弱势群体身份的构建和社会歧视现象；二是研究取向，即话语-历史分析方法主要聚焦话语形成的历史维度，特别强调认识论基础（赵林静，2009；杨敏、符小丽，2018）。研究范式主要追随法兰克福学派的社会批评研究，比如尤尔根·哈贝马斯（Jürgen Habermas）的语言哲学观（哈贝马斯，1999，2003；Habermas，1979，1990）。

我国有关（批评）话语分析的研究主要遵循了系统功能语言学的传

统。这主要得益于国内学者对系统功能语言学及其相关理论的大力引介。例如，黄国文（1988，1999，2001a，2001b）根据系统功能语言学的理论，对篇章语言学的内容、目标等做了界定。胡壮麟等根据韩礼德和韩茹凯（Ruqaiya Hasan）提出的英语衔接理论（Halliday & Hasan，1976），讨论了英汉语篇的衔接与连贯现象（胡壮麟，1994，2002；李战子，2002；彭宣维，2000；张德禄、刘汝山，2003；朱永生、严世清，2001）。刘辰诞等则从教学的角度对篇章语言学进行了系统梳理（刘辰诞，1999；刘辰诞、赵秀凤，2011）。正因为系统功能语言学在我国的蓬勃发展，与该理论相关的话语分析研究呈现出百花齐放、百家争鸣的景象。相关的研究方法或范式不断涌现，如多模态话语分析（陈新仁、钱永红，2011；冯德正，2015；冯德正、邢春燕，2011；冯德正、Low，2015；郭亚东、陈新仁，2020；胡壮麟，2007，2014；张德禄，2009，2017；张德禄、胡瑞云，2019；张德禄、穆志刚，2012；张德禄、王正，2016；朱永生，2007）、批评话语分析（丁建新、廖益清，2001；廖益清，1999；施旭，2010，2015；田海龙，2006，2008；辛斌，1996，2005，2013a，2013b，2020）。此外，李战子、王振华等学者还从评价理论视角探析了话语中的社会关系、权力、身份和态度等（李战子，2004，2005；王振华，2001；王振华、李佳音，2021；王振华、马玉蕾，2007）。除系统功能语言学的研究范式外，部分学者还从语用学的角度探讨了新闻话语的特征。比如，何自然等借助语用学相关分析工具，分析了人们在中国语境下的日常生活语言的使用（何自然，1988，1997，2005；何自然、冉永平，1999；冉永平、范琳琳，2020；冉永平、黄旭，2020；冉永平、刘平，2021）。陈新仁等从语用学的角度探析了语篇中的话语形式、话语功能、话语策略、语用身份等（陈新仁，2002a，2002b，2013；陈新仁、钱永红，2011；郭亚东、陈新仁，2020）。冉永平等则通过语用分析，探讨了话语标记的使用、冲突话语形态及冲突话语中的参与者身份建构等语用现象（何自然、冉永平，1999；李成团、冉永平，2017；冉永平，2003，2010；杨娜、冉永平，2017；冉永平、黄旭，2020；冉永平、刘平，2021）。

尽管批评语言学和批评话语分析可以对文本形式及其反映的意识形态意义进行分析与解读，但是，这些研究还无法解释电视新闻中的图像信息及其他非语言符号在新闻中的意义建构作用。针对此问题，克雷斯等学者（如Kress & van Leeuwen，2001，2006；van Leeuwen，2005）在韩礼德的系统功能语言学（Halliday，1978）的基础上提出了社会符号学理论。社会符号学起源于费迪南德·德·索绪尔（Ferdinand de Saussure）

提出的符号学（de Saussure，2001）。索绪尔认为，符号学就是"研究社会生活中符号的科学"（de Saussure，2001：15）。该定义为语言研究和符号意义研究奠定了基础。索绪尔认为，符号意义的表达是一种指称过程。在这一过程中，符号（即能指）通过查尔斯·S.皮尔斯（Charles S. Peirce）提出的象征性、相似性或指示性指向所指事物（即所指）（Peirce，1958）。符号和意义之间通过能指和所指联系起来，并指向现实生活中的具体（或抽象）事物（冯德兵，2015）。罗兰·巴特（Roland Barthes）进一步发展了符号学理论，认为符号信息一般包含两层意义：外延（denotation）和内涵（connotation）（Barthes，1972，1977）。外延意义表示符号对所指事物的直接指称，内涵意义表示在直接指称的基础上通过文化编码而生成的引申意义。这一论述为我们解释社会生活中的符号化（即神秘化）现象提供了理论依据，也为社会符号学的发展奠定了基础。韩礼德认为，语言是一种"意义潜势"（meaning potential）系统（Halliday，1978：39）。意义潜势表示意义存在于语言符号之中，需要通过符号的选择才能实现。这些意义可以概括为语言的三大元功能（metafunction），即概念功能（ideational metafunction，表示语言所具有的经验和逻辑意义）、人际功能（interpersonal function，表示语言所表达的身份意义和人际关系）和语篇功能（textual function，表示语言所具有的衔接与连贯意义）（Halliday，1978）。

随着读图时代的来临，社会符号学得到了长足的发展（如 Kress & van Leeuwen，2006；O'Halloran，1999）。相关理论被广泛应用到各种符号模态的文本分析之中，并最终形成了多模态话语分析的范式。克雷斯和范·勒文是多模态话语分析领域无可争议的代表。他们以系统功能语言学的三大元功能为依托，勾勒出了基于视觉文本的图像语法（Kress & van Leeuwen，2006）。该语法由对应的三个子系统组成，即表征（representation）系统、互动（interaction）系统和构图（composition）系统。表征系统指通过视觉图像来描述参与者、事实、思想及行为过程，主要包括动态的叙事结构（narrative structure）、静态的分类结构（classificatory structure）、分析结构（analytical structure）和象征结构（symbolic structure）。互动系统表示图像设计者、参与者和读者/观众之间的关系，主要包括接触（contact）、情态、角度（angle）、定位（positioning）、距离（distance）等。构图系统表示视觉图像的组织结构，一般包括图像的凸显性（salience）、框架（frame）和信息连接（information link）。这些研究引发了学界对多模态研究的巨大热情，相关理论层出不穷（如 Ehrlich，2021；Marsh & White，2003；Martinec，1998，2013；Martinec & Salway，2005；Royce，1998，2006；Tseng，2012，2013；O'Halloran，1999，2005；van Leeuwen，1991，2005，2006）。有的以图像语法为基础，探索多模态文本的语义关系（Kong，2006；Marsh & White，2003；Martinec，1998，2013；Martinec & Salway，2005）；有的以系统功能语法的指称与连接为基础，探讨文本中的图文互动和视觉语义连接关系（O'Halloran，1999，2005；van Leeuwen，1991，2005）；有的则以衔接理论为基础，探讨图文的衔接和互补关系（Liu & O'Halloran，2009；Royce，1998，2006；Tseng，2012，2013；Tseng & Bateman，2012）。国内学者也对多模态话语分析给予了足够的关注，如前文提到的冯德正、张德禄、胡壮麟、朱永生等学者。特别是最近几年，我国学者不仅积极参与到国际前沿的多模态话语研究之中，还不断开拓、发展适应中国语境的多模态话语分析框架。例如，张德禄等从文化、语境、意义、形式、媒体等层面探讨了多模态话语分析的理论框架、研究对象及实施步骤（张德禄，2009，2017；张德禄、穆志刚，2012；张德禄、王正，2016；张德禄、赵静，2021）。

除上述研究外，会话分析也是话语研究领域的一个重要分支。会话分析主要聚焦日常交谈中的话轮转换（turn-taking）、序列组织（sequence organization）、修补组织（repair organization）和话轮设计（turn design）等（ten Have，2007）。话轮转换表示在会话中互动各方交替充当讲话者和听众的过程。话轮转换受到"一人一次"（one speaker at a time）这一基本规则的约束（Sacks et al.，1974；Schegloff & Sacks，1973）。换句话说，在会话中，话语参与者只能轮流"说"话或"听"话，而不能多人同时"说"话。序列组织关注的是参与者在对话中的话轮秩序，主要包括相邻对、预先序列和偏好组织等。相邻对表示两个相邻话轮的组合，它们属于话轮序列的最小单位。每个相邻对由两部分即两个话轮构成，比如"提问—回答""问候—问候""提供—接受/拒绝"（Schegloff & Sacks，1973）。以"提问—回答"为例，其中提问为一个话轮，属于第一部分，回答为一个话轮，属于第二部分。通常，一个完整的序列不仅包括相邻对，还包含一些附加、镶嵌或者扩展的序列（Schegloff，2007b）。除此之外，话轮序列还涉及话轮的偏好组织（preference organization）。所谓偏好，表示在参与者回应前一话轮时的一种偏好。安妮塔·波梅兰茨（Anita Pomerantz）认为，话语参与者在回应评价性话语时倾向于做出同意或接受的行为，而非反对或拒绝（Pomerantz，1975）。这种倾向性行为反映到会话中,就会构成一种优先行为。修补组织关注的是参与者如何处理会话中出现的各种错误,一般包括谁发起了修补行为(自我或别人)、谁解决了错误(自我或别人),以及修补是如何在一个回合或序列中展开的(Schegloff et al., 1977)。最后,话轮设计关注的是会话的交际目的如何实现,一般包括行为的选择以及实现这一行为的语言表达形式(Drew & Heritage, 1992b)。譬如,当回答记者提问时,受访者首先需要对接受提问还是拒绝回答进行选择,如接受提问,则需要对回答行为做出选择,如赞扬、驳斥、硬刚、迂回等。对回答行为做出选择后,还需要针对这一行为选择正确的语言表达形式,用恰当的话语实现这一行为,例如,可以用一个词表示赞美(如"Terrific!"),也可以用感叹句表达(如"What a terrific speech!"),还可以通过自我贬低来实现这一行为(如"If I were you, I would wake up laughing.")。在新闻采访中,采访者一般都会遵循受众设计原则(principle of audience/recipient design),即尽量使话语清楚明了,以便于听话者能够轻松理解(Clayman, 1991);抑或,在谈话中尽量考虑受众的感受,以便于他们能够接受说话者提出的观点(Bell, 1984)。

对新闻话语的会话分析主要集中在新闻采访话语上。这主要体现在以下四个方面。一是电视新闻采访话语中的话轮预分配规则(pre-allocation of turn)。学者们发现,在电视新闻采访中,会话双方默认都会遵守话轮预分配规则,即采访者提问,受访者回答,而不是相反(Clayman, 1992; Clayman & Heritage, 2002a; Thornborrow, 2002)。之所以如此,是因为新闻采访作为一种机构话语,规定了采访双方的话语角色:采访者是寻求信息方,外加记者身份,因此一般只能提问,不能回答;受访者是信息提供方,一般只能回答,不能提问(Clayman, 1992; Clayman & Heritage, 2002a; Greatbatch, 1988; Heritage & Clayman, 2010; Heritage & Greatbatch, 1991)。二是电视新闻的受众导向研究。大量研究发现,电视新闻话语的呈现(或"表演")不只是为直接的参与者(即受访者、采访者)设计的,还是为电视机前的观众播报的(broadcasting for the overhearing audience)(Drew & Heritage, 1992a; Heritage, 1985; Heritage & Greatbatch, 1991; Hutchby, 2005, 2006; Tolson, 2001, 2006)。这就要求采访双方充分注意自己的言行,不能仅仅为采访双方提问或回答问题(即采访双方互为说话者和听话者),还要为电视机前旁观的观众呈现他们的一举一动(即采访者/受访者为说话者,电视机前的观众为间接受话者),从而形成一种双重发声行为(Scannell, 1991a)。三是新闻的中立（neutralism）立场研究。在新闻采访中，记者（一般充当采访者①）总是试图使用各种话语策略来维护新闻话语的客观性和中立性（Clayman，1988，1992；Clayman & Heritage，2002a；Greatbatch，1998；Heritage & Clayman，2010）。四是采访话语的新闻价值研究。采访话语与一般的新闻报道一样，同样需要彰显被提及事件的新闻价值及其可读性（Clayman，1991；Montgomery，2006，2007，2010），以便使话语本身有效地吸引受众的关注。此外，部分学者还对新闻采访话语的类型进行了考察。例如，克莱曼（Clayman，1991）以交际目的为标准，将新闻采访区分为"信息类采访"和"争辩类采访"。前者表示采访内容以"受访者[向采访者]提供信息"为主。后者体现为采访者与受访者在互动中以言语冲突为突出特征，如"受访者针对有争议的话题发表具有争议的观点"，导致采访者不满意受访者的回答，进一步通过提问诘问对方（Clayman，1991：63）。蒙哥马利（Montgomery，2007，2008a）则根据参与者角色及其交际目的将新闻采访划分为以下四类：一是同行采访，表示记者与记者之间的相互采访，采访者一般为演播室的主持人，受访者一般为在新闻现场的记者；二是经验采访，表示受访者为事件的亲历者或见证者，他们通过采访来谈论其个人经历或所见所闻；三是专家采访，表示受访者为相关话题的专家，他们通过采访来提供专业的知识或评论；四是问责采访，表示受访者为公众人物，他们在采访中代表其机构发声，其言行需为机构和自身负责（详见第7、8章）。上述分类为我们研究电视新闻中的新闻采访话语及其意义建构奠定了基础。

2.7 分析框架

针对电视新闻话语的结构研究可以追溯到范·戴克和贝尔对新闻故事结构的研究。范·戴克（van Dijk，1988a，1988b）认为，新闻故事结构包括微观和宏观两个层面。微观上，新闻故事由语素、词、短语、小句、句子和句子以上的段落与篇章构成。对微观结构的分析应包括语音、词语、句子的形式和功能，以及更大语段的特征，如词序、句型、连贯和衔接。其中，句子层面的分析不仅要关注常规的、无标记的话语结构，更要关注"有标记的"、典型的结构，如名词化和被动化（van Dijk，1988b）。新闻的宏观结构关涉新闻故事的主题和语篇整体的一致性（van

---

① 只有在同行采访中，记者才有可能是受访者（详见下文或第8章；又如 Feng，2022）。

Dijk，1988b）。宏观结构通过对话题的选择和组织来实现。宏观结构不仅反映了新闻的生产过程，也反映了新闻工作者对受众接受程度的假设。采用何种宏观结构取决于新闻工作者和目标受众潜在的意识形态。范·戴克（van Dijk，1988a，1988b）认为，新闻文本借助"超结构"（superstructure）或"新闻图式"（news schemata）组合而成。超结构是指新闻故事的主题以及围绕该主题展开的连贯话语的结构组织，范·戴克称其为新闻文本的故事语法（van Dijk，1988b）。故事语法表示故事的结构框架，一般包含新闻故事的概述（summary）和新闻故事（news story）两个部分。其中，概述由新闻标题和新闻导语（news lead）构成。新闻导语一般包括主要事件、背景、后果、言语反应、评论等。每个组成部分又可以进一步细分为更小的成分。例如，背景可能包括新闻故事的语境和历史，评论可能包括对新闻故事的评价。贝尔（Bell，1991，1998）在范·戴克的基础上进一步细化了故事语法的结构，勾勒了一个更加详细的新闻故事结构网络。在他看来，新闻故事一般由摘要（abstract）、信源（source）和故事（story）组成。摘要包括新闻标题和导语，信源包括信息的提供者，以及信息的来源地和时间，故事属于主体部分，由一系列事件（event）组成。事件包括信源、角色、环境（例如地点和时间）、行动、后果（如结果、反映）、评论（如评价、期望）和背景（如原因、历史）等。

虽然范·戴克和贝尔的研究极具开创性，但是他们的研究对象主要来自报刊新闻。报刊新闻一般呈现的是过去发生的新闻事件，很难像电视新闻那样展现新闻播报和观众之间的"共现"（co-presence）情形（Allan，2010；Corner，1991；Montgomery，1986，2007；Scannell，1991a）。报刊新闻只是静态的、固定的故事，电视新闻则可以传达"动态的""瞬变变化的"事件或行为（Ekström，2002：266；Montgomery，2007：3）。报刊新闻一般以文字为主，较少同时、同步提供文字信息和视听信息。因此，报刊新闻不可能像电视新闻那样为观众带来"身临其境"的观看体验。不仅如此，报刊新闻主要通过讲故事的方式传播信息，形式上更注重新闻的叙事结构（如 Bell，1991；van Dijk，1988b）；电视新闻也讲故事，但主要由各种具有凸显性、典型性的言论、行为和事件的高光时刻等构成，一般不仅包括记者的报道，还包括别人的述说与评价（如采访片段、出镜报道、原声摘录等），一定程度上更类似于评论性话语（Montgomery，2007）。总之，除了具有报刊等新闻类型的共同特征外，电视新闻还具有其独特的话语特征和属性。

蒙哥马利（Montgomery，2007）可能算是第一位从话语分析角度系统地考察电视新闻节目的语言学家。他秉持会话分析的理念，从话语现象出发，对来自英国、美国等国家的广播电视新闻进行了系统分析，并最终形成了针对广播或电视新闻的广播电视新闻话语分析模型。该模型将广播或电视新闻节目划分为节目的总体结构和新闻条目的结构两个层级。其中，新闻节目有相对比较固定的结构，大体表现为：片头曲+新闻标题+问候语+新闻条目+片尾语。片头曲与节目的开场顺序有关，一般由视频+音乐导入（Montgomery，2007）。开始序列（即新闻节目的片头语）一般由片头曲、问候语和新闻标题构成。新闻标题是对后续新闻报道的总体预告，主要以简洁的文字呈现。新闻条目是新闻节目的主体部分。蒙哥马利（Montgomery，2007）认为，新闻条目可以细分为新闻核心和新闻辅助两个部分。新闻核心是对新闻内容的扼要介绍，通常以新闻呈现的方式实现。新闻辅助关注新闻报道本身，一般通过现场报道、直播连线和采访片段等方式实现。片尾语指整个节目的结束部分，一般包括预结束序列、重述、预告、结束、告别等环节。就新闻类型而言，蒙哥马利（Montgomery，2007）将电视新闻划分为新闻呈现、新闻报道和新闻采访三种类型。新闻呈现指主持人在演播室对新闻故事进行播报，主要包括新闻标题、新闻核心、片头语、片尾语等内容。新闻报道指来自新闻的现场记者报道，一般包括出镜报道、原声摘录、现场画外音、结束语等。新闻采访涉及记者和受访者（如目击者、专家和公众人物等）之间的互动交流，或者主持人和记者之间的互动交流。

我们可以将蒙哥马利（Montgomery，2007）的广播电视新闻话语分析模型应用到电视新闻的研究之中，建立针对BBC《十点新闻》的分析框架。不过，他的研究主要依赖于会话分析，研究的焦点是广播电视新闻中的互动话语或口播新闻，对新闻呈现和非语言符号资源涉及较少。①为此，我们在蒙哥马利（Montgomery，2007）这一研究框架的基础上，针对不同的新闻语类引入不同的话语分析工具（如批评话语分析、多模态话语分析），建构了一个更加全面综合的电视新闻话语分析框架（图2.1）。

---

① 虽然蒙哥马利在论述电视新闻的呈现方式（Montgomery，2007：74-77，106-110）和电视新闻的可读性原则时，的确论及了图像的呈现及其意义（Montgomery，2007：94-108），但他并没有就图像符号在电视新闻中的形式及意义的建构作深入分析。

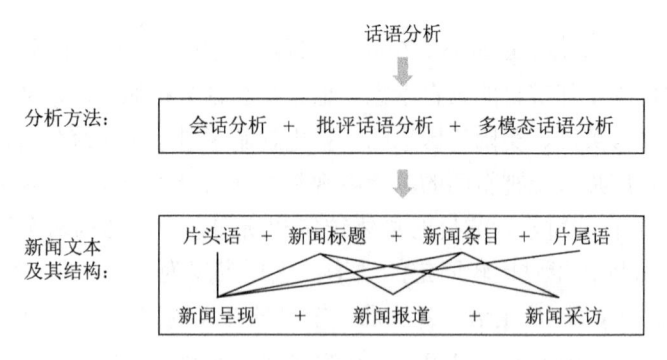

```
                          话语分析
                            ↓
分析方法：    会话分析 + 批评话语分析 + 多模态话语分析
                            ↓
             ┌─────────────────────────────────────┐
新闻文本     │  片头语 + 新闻标题 + 新闻条目 + 片尾语  │
及其结构：   │                                     │
             │  新闻呈现 + 新闻报道 + 新闻采访       │
             └─────────────────────────────────────┘
```

图 2.1　电视新闻话语分析框架

在该框架中，会话分析的概念和分析工具（如话轮设计、序列组织、话轮转换等）主要用于考察互动类新闻话语，如新闻的片头语、片尾语、新闻标题、新闻核心和新闻采访等新闻类型；批评话语分析的工具（如及物性、情态、名词化、转换、指称和词汇选择等）将用于考察新闻话语中隐性或明示的话语功能、意义和交际目的（见第 4、5、6 章）；多模态话语分析的工具（如视觉表征、视觉情态、阅读路径、视觉指称等）主要用于考察新闻报道中非语言符号的形式和功能，以及语言和非语言符号之间的关系（见第 3、6 章）。整体上，我们将以"相信文本"为出发点，遵循从现象到本质及自下而上的研究路径，对 BBC 新闻中的话语行为、话语结构、话语实践以及参与者的身份和关系等方面进行深入细致的考察，涉及的内容主要包括：电视新闻的播报类型和声音呈现、电视新闻中的新闻标题、电视新闻报道的开场白，以及电视新闻中的指称关系和采访片段等。

第 3 章　电视新闻的播报类型与声音呈现

3.1　介　　绍

电视新闻自问世以来，给我们的社会、文化、政治、经济和日常生活带来了广泛而深远的影响。随之而来的电视新闻研究也如潮水般不断涌现，出现了许多重要的研究成果。其中，来自社会学、传播学、政治学和语言学领域的成就尤为突出（如 Clayman & Heritage，2002a；Fiske & Hartley，2003；Hall，1980；Lorenzo-Dus，2009；Morley，1980；Scannell，2014；蔡骐、欧阳菁，2006；段业辉、杨娟，2006；黄匡宇，2000；吕新雨，2006；魏伟，2011）。然而，纵观以往研究，很少有人关注电视新闻的播报方式及其机构属性。本章拟以 BBC《十点新闻》为研究对象，为这一问题寻找可能的答案，并为本书接下来的章节廓清方向。具体而言，本章将以蒙哥马利（Montgomery，2007）的广播电视新闻话语分析模型为出发点，从播报结构和呈现方式两个方面探讨 BBC 新闻节目的组织结构及机构属性意义，主要关注 BBC 新闻节目的整体结构和新闻条目的话语结构，以及新闻中的播报类型及其与声音呈现之间的关系。本章的主要内容包括：播报类型的形式和作用，播报类型中的声音呈现方式，以及播报类型的使用对新闻机构属性的影响。

3.2　电视新闻话语研究综述

电视新闻话语长期以来都是语言学者们关注的主要话题之一。早在 20 世纪 70 年代初期，便在批评语言学领域出现了大批具有影响力的语言学家，比如福勒、克雷斯、霍奇、托尼·特鲁（Tony Trew）。他们通过一整套语言分析工具，如情态表达、及物性结构、被动化、名词化、句型转换等，对新闻中展现出来的种族歧视、性别偏见、阶层挤压等社会不平等现象给予了极大的关注（Fowler，1991；Fowler et al.，1979；Hodge & Kress，1993）。在批评语言学的推动下，研究的范围和内容不断拓宽，逐渐形成了批评话语分析和多模态话语分析两大范式。在新的范式下，对新闻话语的研究不再局限于词汇和句子层面的分析，而是将新闻看作一种话语实践置于上下文和社会环境中进行考察（Fairclough，1995a；李娜，2017；李娜、张琦，2015；邵斌、回志明，2014）。例如，许多学者将新闻话语置于社会文化语境之中，从社会文化的角度对电视新闻话语的形式、结构和表征意义进行探讨，揭示电视新闻话语的机构属性和意识形态意义（如 Aharoni & Lissitsa，2022；Benham，2020；Fiske & Hartley，2003；Grabe et al.，2001；Lorenzo-Dus，2009；Scannell，1996，2014；Scannell & Cardiff，1991）。随着多模态话语分析的快速发展，人们不再满足于单一的语言文字，而是将图像、颜色、声音等非语言符号资源纳入对新闻语篇的整体分析之中（如 Feng，2016a，2016b；Kress & van Leeuwen，1998；van Leeuwen，1991，2005）。与此同时，电视新闻采访的出现为会话分析提供了绝佳的素材。其方法和理念被广泛应用于电视新闻采访话语的分析。这种结合不但检验了会话分析方法的强大解释力，还极大地推动了电视新闻采访话语研究的进程。大量令人印象深刻的观点的提出便是明证，如新闻话语的中立性、话语双重表达、话轮预设置、受众设计、立场转换等（如 Clayman，1992；Clayman & Heritage，2002a；Greatbatch，1988；Heritage & Clayman，2010；Heritage & Greatbatch，1991）。总体上，这些研究以新闻语言（及符号语言）为对象，从各个层面探讨了新闻话语的形式、功能及其实现策略。例如，批评话语分析从分析文本的语言形式和功能着手，探讨新闻语言如何反映、建构社会文化现实；多模态话语分析则将不同的非语言模态作为考察的优先选项，探讨新闻文本中不同符号资源的形式和意义，如对报刊新闻中页面布局的考察（Kress & van Leeuwen，1998）、对图像意义及其与文字关系的考察（Caple，2013；Feng，2016a；Martinec & Salway，2005），以及对新闻纪录片中图文连接的考察（van Leeuwen，1991）等。

尽管如此，有关电视新闻播报结构的研究却极少提及。诚然，从语言角度聚焦新闻话语的形式和结构对理解电视新闻话语的结构和实践特征显然是必须且十分重要的，甚至被广泛认为是唯一正确的途径。然而，就新闻话语的机构属性而言，记者在新闻播报时选择什么样的呈现方式以及如何进行呈现等问题同样不可忽视。例如，蒙哥马利（Montgomery，2007）通过对西方电视新闻节目的考察揭示了电视新闻中存在的不同新闻话语类型及其实践方式和语体风格，如新闻呈现倾向正式的表达，新闻报道倾向口语化表达，新闻采访倾向实时互动等。事实上，正是话语呈现方式的不同，才反映了话语背后不同的意义和社会文化意涵。例如，我们可以采用戈夫曼（Goffman，1981）所说的朗读（reading aloud）、背诵（recitation）或鲜活话语（fresh talk）来呈现相同的话语，但每一种方法所传达的意义或效果明显不同。大声朗读或背诵新闻可能意味着新闻信息非常重要，不得出现任何错误。但这种呈现方式除了体现出严肃、庄重的气氛外，同时也会给观众留下呆板、沉闷的印象。与此相反，通过鲜活话语传递的新闻从风格看比较随意而不够严肃，但这种呈现方式传递出的是一种轻松愉悦的氛围。那么，BBC《十点新闻》是如何呈现新闻的？它有哪些表现形式？它具有哪些显著特征？它如何影响意义的传递？它如何体现 BBC 新闻的机构属性？本章接下来将对上述问题进行逐一回答。

3.3 新闻中的播报类型

蒙哥马利（Montgomery，2007）在对广播电视新闻话语考察时，提出了按话语结构和话语实践对广播电视新闻话语进行研究的思想。他认为，广播电视新闻话语可从节目的总体结构（the overall structure of a news programme）和新闻条目的结构（the structure of news item）两个层级进行考察。第一层级（即节目的总体结构）指构成整个节目的组成部分，一般包含片头曲、新闻标题、问候语、新闻条目、片尾语等构件。新闻条目的结构属于节目总体结构中的主体部分。一般而言，每期节目均由若干新闻条目构成。第二层级（即新闻条目的结构）指构成一则新闻的组成部分，一般由新闻核心和新闻辅助两个部分构成（Montgomery，2007）。新闻核心是一则新闻报道的开始部分，也是该新闻最重要的部分。新闻核心既是对整个新闻故事的总结，又是对紧随其后的新闻辅助的引介，主要信息一般包括新闻故事的时间、地点、人物、事件，以及记者的介绍。新闻辅助是每一则新闻（即新闻条目）的主体部分，是对新闻核心的延展和具体说明。但就一些新闻简讯而言（如一句话新闻），新闻辅助可有可无。总体上，新闻辅助包括新闻报道、直播连线/新闻采访、出镜报道、原声摘录、结束语等。新闻条目的播报结构可概括为图 3.1。

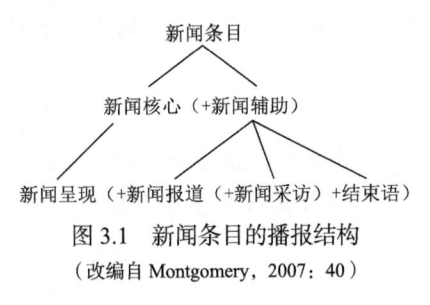

新闻条目
　　│
新闻核心（+新闻辅助）
　　│
新闻呈现（+新闻报道（+新闻采访）+结束语）

图 3.1　新闻条目的播报结构
（改编自 Montgomery，2007：40）

"核心-辅助"的结构模式与范·戴克（van Dijk，1988b）和贝尔（Bell，1991）提出的"导语-故事"的新闻结构类似。两者都体现了新闻"倒金字塔"型的结构模式，即重要信息优先报道，次要信息延后呈现；信息的重要性随着话语的展开而逐渐递减（Tuchman，1972）。不过电视新闻的"核心-辅助"结构不同于报刊新闻的"导语-故事"结构。前者主要通过包括语言在内的多种模态实现，后者则主要通过语言手段实现。例如，在电视新闻中，呈现新闻核心的方式主要包括直接视频呈现和演播室画外音两种。呈现新闻辅助的方式则更多，主要包括现场画外音、演播室画外音、出镜报道、直播连线/演播室采访、原声摘录、结束语等。

从语言学角度看，所有话语类型都需要通过话语行为和话语实践实现（Montgomery，2007）。话语行为和话语实践则需要通过一系列有序排列的播报方式（或呈现方式）实现。播报方式即电视新闻话语的生成方式（production format）（Goffman，1981）。通过话语生成方式，新闻得以呈现、传播。不同的播报方式反映了不同的话语生成方式。丹尼尔·钱德勒（Daniel Chandler）认为，采用何种话语生成方式取决于话语双方的身份、地位和权力关系（Chandler，2007）。说话者进行交谈时需要针对不同的目标受众，按照话语的说话方式（mode of address）、正式程度（formality）和叙事视角（point of view）采用恰当的话语生成方式（Chandler，2007）。说话方式表示说话者针对听话者的表达方式。说话方式可以是直接表达（如面对面交流），也可以是间接表达（如第三人称叙述）。正式程度表示新闻文本的话语风格。话语风格可以是正式的（如公开演讲），也可以是随意的、非正式的（如日常交谈）。从叙事视角看，新闻故事可以通过第三人称视角叙述，也可以通过第一人称视角叙述。第三人称视角可能来自无所不知的叙述者，也可能来自某一指定的人物。无所不知的叙述者可能是介入式的（如《老人与海》中的主角圣地亚哥），也可能是不出现在故事中的人物。按照上述标准和我们数据中呈现出来的新闻播报特征，我们可以将播报方式大致归纳为以下几种类别（又见冯德兵、高萍，2014）。

直接视频呈现（direct visual address）：主持人/播音员在演播室直接面对镜头，对新闻进行口播或念稿。

演播室画外音（studio-based voice-over）：主持人/播音员在演播室通过画外音播报，观众只闻其声，不见其人。

现场画外音（field-based voice-over）：记者不出现在画面中，仅通过画外音从现场报道。

出镜报道（stand upper）：记者直接面对镜头对新闻进行报道。

直播连线（live two-ways）/演播室采访（studio-based interview）：属于直播类新闻采访，包括主持人与现场记者、专家或公众人物的连线互动，或主持人在演播室与专家、记者或公众人物进行面对面交谈（Montgomery，2007）。

原声摘录（soundbite）/采访片段（interview fragment）：从事先录制好的采访中截取的视频片段。原声摘录是从较长的视频采访或口头话语中截取的精彩片段，内容为说话者的只言片语，一般比"采访片段"简短。

结束语（sign-off）：报道结束时记者的告别话语或主持人用于结束报道的话语，可分别表示为现场结束语和演播室结束语。结束语的模式比较固定，大致为：×××电台×××来自×××的报道等。

不同的播报方式按照一定的规则组合起来，构成新闻节目的各个组成部分及整个节目的总体结构。例如，片头曲、问候语和新闻标题等一般通过视觉音乐引入，接着通过主持人的直接视频呈现实现；新闻核心可以通过直接视频呈现或演播室画外音来实现；新闻辅助则可以通过现场的画外音、出镜报道、直播连线、原声摘录、结束语等实现。

3.4　新闻话语中的声音

电视新闻中充满了各种不同的声音。这些声音不仅来自主持人和记者，还可能来自受访者、当事人、见证者、公众人物或行政当局。它们或各行其是，或相互交织，在同一文本中表现出彼此不同，甚至对抗的立场和观点，从而形成一种多声性话语（heteroglossia）。米哈伊尔·巴赫金（Mikhail Bakhtin）把多声性话语定义为"他者语言中的他者话语"（Bakhtin，1981，1986）。它以"折射的方式，表达作者（或说话者）的意图"（Bakhtin，1981：324）。多声性不仅指语言的多样性，还指语言中不同意识形态的相互碰撞。在多声性话语中，自我被看作客观的社会存在，与自我对话的声音可能来自职业、地位、年龄、社群、阶层、地域、身份、背景、信仰、种族等各方面截然不同的个人或团体。"我"的话语可能反映了不同语境下的另一个自我——尽管这的的确确来自"我"的声音，因而形成"我"和另一个自我进行"对话"的情形（Bakhtin，1981，1986）。巴赫金指出：

> [声音]同时为两个说话者服务，同时表达两种不同的意图，即说话者的直接意图和反射意图。因此，话语中始终有两种声音、两种意义和两种表达。它们相互关联，可以说是相互知晓，就好像它们在真正对话一般，彼此了解又相互促进。（Bakhtin，1981：324）

巴赫金将对话与多声性应用到文学作品的分析之中，认为从形式主义视角看，小说中不但包含作者的声音和叙述者的声音，还包括小说故事中各类人物的声音。小说通过这些声音的相互协调或相互冲突而获得意义。例如，叙述者的声音可能传递的是故事人物的内心世界，从而造成叙述者的声音和故事人物的声音的重合。

电视新闻也是一种多声性话语，至少有三类不同的声音会同时出现在新闻之中。它们是新闻机构的声音、记者个人的声音和非新闻机构的声音。新闻机构的声音代表新闻机构的立场，主要通过新闻主持人的直接视频呈现或演播室画外音表现出来，或通过新闻现场的记者之声实现。记者个人的声音可能来自任何一位新闻编辑或新闻记者，一般以新闻编辑或新闻记者的出镜报道或画外音的方式表达出来，其话语传递的是新闻编辑或新闻记者的个人立场与观点。非新闻机构的声音来自非新闻人员（如见证人、专家或公众人物），他们代表各自的机构或个人，以个人发声的方式表达所属机构或个人的立场与观点。

新闻中声音的呈现或直接，或间接。就报刊新闻而言，直接声音呈现一般"以引号的方式出现"，即直接引语，其中，"时态、直示语等均来自原始话语"（Fairclough，1992：107）。间接声音呈现一般采用间接引语的形式。在间接声音呈现中，记者的声音和被报道的人物的声音不太容易区分。比如，"用以指代被报道人物的声音可能实际上来自记者的声音"，而非被报道人物本人的声音（Fairclough，1992：107），从而为新闻中嵌入记者个人或新闻机构的观点提供了契机。不过就电视新闻而言，直接或间接声音呈现并不取决于引号、时态或直示语的运用，而是不同的播报方式对不同声音呈现的结果。这可以通过戈夫曼（Goffman，1981）提出的话语生成方式得到验证。根据戈夫曼的说法，话语交谈不只是一个说话的过程，而且关涉到细微的话语生成方式。在这个机制中，说话者可以同时扮演三个不同的角色，即发声者、创作者、责任人。发声者指的是"话语声音的发出者"，创作者指的是"话语的组织者、制作者和写作者"，而责任人则指的是"为该话语的内容、立场、信仰和后果负责的人"（Goffman，1981：226）。在新闻报道中，记者可以通过插入采访片段来创造实时直播，以此直接呈现来自受访者的话语。其中，受访者极有可能既是采访片段的发声者，也是该话语的创作者和责任人。不过有时新闻参与者的声音是以"反射"（间接）的方式呈现的，即通过主持人的出镜播报或画外音呈现。尽管这些声音最初是非新闻人员创作的（即非新闻人员为创作者），但是这些声音往往通过主持人之口发出（主持人为发声者）。因此，该声音不仅属于主持人（因为他传递了该声音），而且属于非新闻人员（因为他们是该声音的原始来源）。记者对非新闻人员的内心描述则既可能属于记者的声音，也可能属于非新闻人员的声音。同样地，记者的声音可能来自对非新闻人员的"命题式腹语"即声音仿拟（Montgomery，2007），比如政府公告类新闻内容的演播室播报。对于此类新闻，记者仅仅是发声者，并非创作者或责任人。

综上所述，我们可以将声音呈现与和播报类型之间的关系归纳如下（表 3.1）。

表 3.1 声音呈现与播报类型之间的关系

播报类型	说话者	说话方式	声音来源
直接视频呈现	主持人	直接、有脚本	新闻机构
	主持人	直接、即兴	记者个人
演播室画外音/现场画外音	主持人/记者	间接、有脚本	新闻机构
	主持人/记者	间接、即兴	记者个人
采访片段	采访者	直接、即兴	新闻机构
	受访者	直接、即兴	非新闻机构
直播连线	采访者	直接、即兴	新闻机构
	受访者	直接、即兴	新闻机构
原声摘录	受访者、讲话者等	直接、即兴/有脚本	非新闻机构

续表

播报类型	说话者	说话方式	声音来源
出镜报道	记者	直接、有脚本	新闻机构
	记者	直接、即兴	个人或机构
结束语	记者	直接、即兴	新闻机构

就演播室新闻播报而言，主持人一般以脚本或即兴的方式进行直接视频呈现。有脚本的呈现表示主持人以新闻机构的身份提供信息，主持人只是新闻机构的代言人，因而声音主要来自新闻机构。即兴呈现表示主持人的即兴发挥，因此其声音主要来自主持人个人，而非新闻机构。（演播室/现场）画外音可能来自主持人，抑或来自新闻现场的记者，因此既可能属于新闻机构的声音，也可能属于记者个人的声音。来自演播室或现场的采访片段一般同时涉及采访者（通常是记者）和受访者（通常是专家或公众人物）的声音，一般以直接的、即兴的方式表达观点。采访者一般代表新闻机构发声，属于新闻机构的声音。受访者则代表个人或所属机构发声，因此属于非新闻机构的声音。这里的直播连线是主持人和现场记者之间的直播互动（Montgomery，2007，2008a）。尽管采访者和受访者经常以即兴的方式发表观点，但他们均代表新闻机构对新闻事件进行报道、评论，因此多数情况下属于新闻机构的声音。原声摘录可被看作非新闻人员的讲话片段，讲话者以直接的、即兴的方式发表看法（比如采访片段）或以直接的、脚本的方式讲话（比如公开演说片段），因此属于非新闻机构的声音。出镜报道是记者面对镜头的现场报道，通常属于记者即兴或带脚本的新闻呈现或评论，记者一般代表新闻机构发声，尽管他们偶尔也会加入自己的观点（即非机构声音）。结束语通常来自记者，他们以一种直接的、即兴的方式结束故事，一般属于新闻机构的声音。

3.5 数据描述

接下来我们以 BBC《十点新闻》在 2012 年 1 月 9 日至 13 日期间播出的新闻为例，探讨 BBC 新闻中播报类型和声音呈现之间的关系。首先，我们根据 3.3 节对播报类型的划分，以各种播报类型在节目中出现的时长和出现的频次为依据，对它们在节目中的分布情况进行了分析。对 BBC 新闻的播报类型时长和频次的识别过程如表 3.2 所示。

表 3.2　BBC 新闻的播报类型时长和频次的识别过程

(以 2012 年 1 月 9 日 BBC《十点新闻》第一条新闻为例)

起止时点	播报类型	时长（秒）
01:51–02:18	（新闻核心）直接视频呈现	27
02:18–02:51	（新闻辅助）现场画外音	33
02:51–03:10	（新闻辅助）采访片段	19
03:10–03:25	（新闻辅助）现场画外音	15
03:25–03:43	（新闻辅助）出镜报道	18
03:43–03:53	（新闻辅助）现场画外音	10
03:53–04:08	（新闻辅助）采访片段	15
04:08–04:38	（新闻辅助）现场画外音	30
04:38–04:57	（新闻辅助）采访片段	19
04:57–05:11	（新闻辅助）现场画外音	14
05:11–05:29	（新闻辅助）采访片段	18
05:29–05:38	（新闻辅助）现场画外音	9
05:38–05:40	（新闻辅助）结束语	2

以下主要从播报类型的编排、组合及其和声音呈现的关系来考察 BBC《十点新闻》的播报特征。

3.6　BBC《十点新闻》的总体结构

BBC《十点新闻》的总体结构可概括为：片头曲+新闻标题 $_{(1\sim n)}$ +问候语+新闻条目 $_{(1\sim n)}$ +新闻标题 $_{(1\sim n)}$ +新闻条目 $_{(1\sim n)}$ +片尾语，其中片头曲、第一阶段的新闻标题 $_{(1\sim n)}$ 和问候语共同构成 BBC《十点新闻》的开始序列即片头语。

BBC《十点新闻》以深沉、响亮的鼓点声和急迫而有节奏的片头曲开始。其间，主持人以中景特写镜头出现在屏幕上，采用直接视频呈现的方式面向电视机前的观众，与观众形成一种面对面交流的假象。鼓点声之后，主持人开始以画外音的方式播报新闻标题，每条新闻标题之间都以鼓点声为界形成自然的过渡。总体上，整个新闻播报的片头语部分都笼罩在急促、紧迫的氛围之中，给人营造一种"正在发生重大事件"的氛围，以此彰显"新闻及新闻主持人的权威性和庄严性"（Allan，2010：114）。

呈现新闻标题之后，主持人再次出现在屏幕上，面向观众，以 Good night 向观众打招呼。开始时，主持人以全镜头远景的站立姿势出现在屏幕上。然后，画面逐渐拉近，直到变成中景镜头。整个过程仿佛主持人正缓慢步入观众的视线，向观众靠近一般，从而拉近了主持人与观众之间的心理距离。在此期间，主持人轻松自然地向观众问候，然后直接过渡到新闻条目的播报环节。

新闻条目是整个节目的主体部分，由若干条新闻组成。每条新闻都包括新闻核心（以主持人的出镜播报为主）和新闻辅助（由多样化的播报类型实现，比如记者画外音、出镜报道、原声摘录、采访片段、结束语等）两个部分。需要指出的是，BBC《十点新闻》还在新闻条目的中间环节匀出了一小段新闻标题播报的时间，对后续新闻进行预告。在节目的片尾语阶段，主持人一般以直接视频呈现的方式出现在屏幕上，向观众告别并结束节目。在此期间，主持人代表新闻机构，或对即将播出的后续节目进行预报（比如 there's more on BBC news channel），或用 BBC One 等词表明其机构身份，最后以 Good night 等问候语向观众告别，结束节目的放送。

3.7 播报类型的编排与组合

如上文所述，新闻条目由新闻核心和新闻辅助两部分构成。新闻核心可以通过主持人出镜播报或画外音的方式实现。新闻辅助包括主持人的画外音和记者的出镜报道、画外音、原声摘录、采访片段和结束语等。表 3.3 是上述各新闻播报类型在 BBC《十点新闻》中的分布情况。数据来自 BBC《十点新闻》从 2012 年 1 月 9 日至 13 日期间播出的节目（又见 Feng，2016c）。总体上，该节目以播报类型丰富多样为特色，同时兼顾演播室播报和现场报道之间的平衡。具体来说，该节目主要有以下四方面的特征。

（1）新闻核心部分以直接视频呈现为主，以演播室画外音为辅。BBC 新闻的核心部分均为直接视频呈现的播报方式。表 3.3 显示，直接视频呈现所占比例平均为整个节目时长的 14.37%，是演播室画外音（仅 2.36%）的 6 倍，说明 BBC 新闻在新闻事件报道之前，主要采用了主持人和观众的模拟互动，以此形成一种准社交互动（parasocial interaction），从而达到吸引观众的目的（Feng，2020）。

（2）与演播室画外音相比，新闻辅助部分的画外音主要来自现场记者的声音。从上文可知，画外音既可以来自演播室，也可以来自新闻现场。基于现场的画外音一般由记者在新闻现场完成。基于演播室的画外音则主要来自主持人的声音。因为播放画外音时，画面中不会出现记者的身影，因此很难判断新闻播报声音的真正来源。不过，我们仍然可以从声音的变化和说话者画面的转换来辨别。例如，通过比对主持人的出镜播报和现场记者的出镜报道时的声音差异，可以区分出主持人的声音和现场记者的声音。以此为依据，我们识别并分析了 BBC 新闻在演播室画外音和现场画外音之间的异同。结果发现，在新闻辅助部分，BBC 新闻全部采用了现场画外音的播报方式，平均约占整个节目时长的 39.45%，而演播室画外音的时长为 0（表 3.3）。分析结果表明，该节目为了凸显新闻的现场感和即时性，将大部分的时间留给了来自新闻现场的报道。

表 3.3　BBC 新闻播报类型的分布情况

节目档期	新闻条数(n)	项目	新闻核心		新闻辅助						现场结束语	演播室结束语	合计
			直接视频呈现	演播室画外音	现场画外音	出镜报道	直播连线	出镜播报	演播室画外音	原声摘录/采访片段			
1	13	时长（秒）	233	47	628	77	137	0	0	319	20	5	1 466
		占比（%）	15.89	3.21	42.84	5.25	9.35	0	0	21.76	1.36	0.34	100
2	9	时长（秒）	195	7	558	145	167	0	0	336	23	4	1 435
		占比（%）	13.59	0.49	38.89	10.10	11.64	0	0	23.41	1.60	0.28	100
3	12	时长（秒）	191	49	481	89	258	24	0	284	13	10	1 399
		占比（%）	13.65	3.50	34.38	6.36	18.44	1.72	0	20.30	0.93	0.71	99.99
4	11	时长（秒）	206	55	595	105	77	0	0	343	15	3	1 399
		占比（%）	14.72	3.93	42.53	7.51	5.50	0	0	24.52	1.07	0.21	99.99
5	9	时长（秒）	196	10	541	94	150	24	0	371	13	8	1 407
		占比（%）	13.93	0.71	38.45	6.68	10.66	1.71	0	26.37	0.92	0.57	100
合计	54	时长（秒）	1 021	168	2 803	510	789	48	0	1 653	84	30	7 106
		占比（%）	14.37	2.36	39.45	7.18	11.10	0.68	0	23.26	1.18	0.42	100

（3）新闻辅助倾向于采用原声摘录/采访片段、直播连线和出镜报道。针对原声摘录等播报类型，我们主要从频次和时长两个方面进行了分

析。首先，我们以"是与否"的判断方式从总体上分析了原声摘录/采访片段、直播连线和出镜报道在每条新闻报道中的使用情况。分析发现，BBC《十点新闻》进行新闻报道时倾向于使用原声摘录/采访片段和出镜报道两种播报类型。具体而言，每10条新闻中超过7条使用原声摘录/采访片段（约占70%以上）（参见表7.4关于采访片段的分析）。从出镜报道看，每10条新闻约有6条使用出镜报道（且均为记者而非主持人的出镜报道）（约占60%）。接着，我们对原声摘录/采访片段、直播连线和出镜报道在整个节目中的使用时长进行统计，并计算出各自在整个节目时长中的比例。结果发现，直播连线约占节目总时长的11.10%。出镜报道占整个节目时长的7.18%，原声摘录/采访片段为23.26%（表3.3）。原声摘录/采访片段、直播连线和出镜报道的共同特征是说话者的直接视频呈现。这种呈现方式不但凸显了新闻的真实性，还拉近了新闻事件与观众的距离，使观众具有身临其境的感受。直播连线则具有实时性和现场性，使得新闻事件能够以最快的速度传递给观众，因此更具时效性（详见第8章有关直播连线类采访的分析）。

（4）广泛使用结束语。我们主要从两个方面对结束语的使用情况进行了考察。首先，我们对结束语的使用次数进行了统计。使用次数的统计只需考察每条新闻是否使用结束语这一播报类型。如每条新闻都使用结束语，则为百分之百使用；反之，则为部分使用或未使用。根据分析结果，BBC《十点新闻》的所有新闻条目都包含结束语部分，因此其出现频率可标记为100%。接着，我们从时长角度分别对现场结束语和演播室结束语的使用时长进行统计，并计算出二者在整个节目时长中所占的比例。结果发现，现场结束语和演播室结束语分别占到节目总时长的1.18%和0.42%（表3.3）。蒙哥马利（Montgomery，2007）认为，新闻内容能否吸引观众并获得观众的认可，很大程度上取决于新闻中声画双通道的图文共指（visual-verbal co-reference）关系。所谓图文共指，表示声音通道的意义与画面通道的意义具有高度的关联度和共同指涉性（即声画双通道的文字和图像同时指向同一事物）。能否实现图文共指取决于以下几种策略的运用，即时态、直示语、声画同步和结束语（Montgomery，2007）。其中，结束语是BBC新闻实现图文共指、吸引观众的常用手段之一。使用结束语，不但体现了新闻话语的连贯性，还向观众传递了新闻人员目前正在新闻现场这一信息，有助于增强新闻的真实性和客观性（Montgomery，2007；Tuchman，1972）。在这一点上看，结束语的使用已经成为BBC新闻节目的一种仪式化、机构化的行为。

3.8 声音的呈现

本节着重分析 2012 年 1 月 12 日播出的一则新闻报道。通过举例分析，探讨 BBC 新闻话语中各种声音的呈现方式。这是一则关于美国海军官兵辱尸事件的报道。2012 年 1 月，一段有关美国海军陆战队队员针对塔利班武装分子辱尸的视频被发布到网上。该视频很快便通过社交媒体传播到世界各地，在阿富汗和中东地区激起了极大的反响。有关官方机构和非政府组织对美军羞辱尸体的行为表达了强烈的愤慨和谴责。BBC 新闻于 2012 年 1 月 12 日报道了这一事件。该报道主要呈现了三类不同的声音，分别通过不同的播报类型实现，如表 3.4 所示。

表 3.4　BBC 新闻中不同声音的呈现

播报类型	声音	说话方式
（1）新闻核心：直接视频呈现	（a）主持人的新闻机构声音	直接、有脚本
	（b）阿富汗民众和政府的声音	间接、有脚本
	（c）希拉里·克林顿（Hilary Clinton）的声音	间接、有脚本
	（d）一位美国前军事官员的声音	间接、有脚本
（2）新闻辅助：现场画外音	（a）记者的个人声音	直接、即兴
	（b）记者的新闻机构声音	直接、有脚本
（3）新闻辅助：采访片段	（a）希拉里代表美国政府的声音	直接、即兴
（4）新闻辅助：现场画外音	（a）记者的个人声音	直接、即兴
	（b）记者的新闻机构声音	直接、有脚本
（5）新闻辅助：采访片段	（a）美国前军事官员的个人声音	直接、即兴
	（b）美国前军事官员为美国军队发声	直接、即兴
（6）新闻辅助：出镜报道	（a）记者代表新闻机构发表评论	直接、有脚本/即兴
（7）新闻辅助：现场结束语	（a）记者的新闻机构声音	直接、即兴

从表 3.4 可知，这则报道首先采用了主持人的演播室出镜播报即直接视频呈现的方式，传递了四种不同渠道的声音，它们分别是：（a）主持人的新闻机构声音；（b）阿富汗民众和阿富汗当局的谴责声音；（c）美国时任国务卿希拉里的评论；（d）美国前军事官员詹姆斯·乔伊斯（James Joyce）的评论。除主持人的声音外，其他三种声音均通过主持人之口，以间接的、带脚本的方式呈现。另外，主持人以直接视频呈现的方式对上

述三种非新闻机构声音进行转述，是面向观众对新闻信息的传递，因此带有新闻机构声音的色彩。第二阶段是记者的现场画外音。其间，记者既发表了个人的观点（例如，记者对美军在塔利班士兵尸体上撒尿的行为进行评价，称此为"骇人听闻的侵犯"和"令人不快的行为"），也代表新闻机构向观众对该事件进行了详细报道（因此具有新闻机构声音的色彩）。第三阶段是采访片段。在采访中，受访者希拉里批评了美国海军陆战队的行为。但她同时以美国国务卿的身份试图为美国和美国军队辩护，希望以此捍卫美国及其军队的正面形象和价值观，因此属于典型的非新闻机构的声音（即美国政府的声音）。第四阶段是记者的现场画外音。在该片段中，记者首先以即兴发言的方式表达了自己的个人观点，然后回顾了美国军队面对该事件的行为方式，最后代表新闻机构引入下一个采访片段。因此，该片段包含了记者个人的声音和其所属新闻机构的声音。第五阶段是美国前军事官员乔伊斯的受访片段。该官员在采访中谈到了海军陆战队队员的非人道行为。同时，他还试图通过诉诸战争的残酷性来为美军士兵的不当行为辩护。因此，这段视频既包括了军官本人的声音，也包括他所代表的美国军方的声音。第六阶段是记者的出镜报道。在该片段中，记者对该事件可能造成的后果发表了自己的看法。虽然该看法是由记者之口说出，但他代表的是新闻机构的声音。最后阶段是结束语部分。由于结束语主要用于记者向观众告别，并提醒观众新闻已经结束，结束语部分属于新闻机构的声音。

上述分析表明，BBC《十点新闻》倾向于通过多样化的播报类型，向观众呈现新闻事件中不同乃至对立的声音。例如，希拉里为美国海军陆战队的辩护与阿富汗政府的谴责和阿富汗人民的愤怒便形成一种立场上的对立和冲突。这些声音不仅来自新闻机构（如主持人和记者的声音），还来自持不同观点的事件关联方，从而形成了多声性的对话式话语。通过使用不同的播报类型——尤其是出镜报道、采访片段/原声摘录——整条新闻总体上给人一种直观、即兴表达的印象，一定程度上趋向于戈夫曼（Goffman，1981）所说的鲜活话语。如前文所述，话语涉及的不仅仅是说话者的角色，说话者可能同时分担发声者、创作者和责任人的角色。这三个角色的共现或分离决定了"三种不同的说话方式"，即"背诵"、"朗读"和"鲜活话语"（Goffman，1981：171）。鲜活话语是自发的、没有脚本的、自然发生的谈话。在鲜活话语中，"发声者、创作者和责任人高度一致"（Goffman，1981：229），鲜活话语是发自说话者内心的真实话语（Montgomery，2001a，2001b）。无可否认，我们不能简单地将上述采访片段或出镜报道看作鲜活话语。因为在这些话语中,说话者可能不是真正的创作者或责任人。例如,出镜报道的话语可能来自新闻团队集体的行为,而不是单纯来自新闻现场报道的某个记者的单独行为。尽管如此,这些话语被设计成了好似"鲜活话语"的形态,因而听起来自然、真实、即兴,犹如记者或受访者自发的表达。正如戈夫曼(Goffman,1981:138)在《谈话形式》(*Forms of Talk*)一书中指出的:

> 许多广播和电视话语并非像公共演说那样面向台前可见的人群呈现。它是针对想象中的接受者传播的。事实上,广播公司面临如下压力:它们需要将话语打造成犹如面对个人讲话一般。广播话语应该听起来尽可能口语化。当然,这只是一种模拟性的表达。

这种模拟的"鲜活话语"一定程度上增强了话语的真实性——至少在形式上如此。因为它听起来自然、真实、即兴。更重要的是,它属于直播呈现,话语的生成和接收几乎同时发生,以至于能够在说话者和观众之间形成一定程度的共现。因此,在电视新闻中使用模拟的"鲜活话语"逐渐成为一种普遍的做法,成为当代公共话语会话化趋势的主要特征之一。用费尔克劳夫(Fairclough,1992,1995a,1995b)的话说,模拟的"鲜活话语"是现代公共话语中合成个性化(synthetic personalization)现象的典型特征。

3.9 小　　结

本书以巴赫金(Bakhtin,1981,1986)的多声性和戈夫曼(Goffman,1981)的话语生成方式为理论基础,研究了 BBC《十点新闻》的播报类型,分析了电视新闻播报类型的一些典型形式及其与声音呈现之间的关系。分析显示,BBC 新闻倾向于以多样化的播报方式呈现新闻。通过多种播报类型的运用,BBC 新闻不但传递了新闻事件的相关信息,还呈现了不同的声音(和立场)。

克雷斯和范·勒文将视觉元素的组织(如布局、阅读路径、框架和显著性)看作视觉图像的意义表达(Kress & van Leeuwen,2006)。这些元素可以有效地解释静态多模态文本的结构,比如报刊新闻,但它们不能充分有效地分析动态文本,比如电视新闻。报刊新闻中有头版头条的页面布局（Kress & van Leeuwen，1998，2006），而电视新闻则没有。不过，电视新闻的布局同样离不开话语结构的组织，如片头语、新闻标题、新闻条目和片尾语（Montgomery，2007）。尤其是，电视新闻需要根据播报类型的组合进行编排。编排的顺序不仅体现了新闻报道或新闻节目的阅读路径，还反映了不同新闻媒体或新闻节目的价值取向和传播理念。BBC《十点新闻》以多样化的播报类型编排节目，不仅包括以主持人播报为主的演播室呈现（如直接视频呈现和演播室画外音），还采用了丰富多样的以现场为背景的播报方式，如采访片段、出镜报道、原声摘录等。这种播报类型的选择和编排，不仅兼顾了新闻与观众的互动，而且强调了新闻的在场感和真实性，反映了 BBC 新闻对接近性、即时性、事实性、冲突性等新闻价值的重视。

以前的研究倾向于关注新闻的语言形式，而忽略新闻的播报类型和呈现方式。无可非议，语言本身可以反映事件的意义和事件发展的来龙去脉，以及文本中可能包含的社会文化意义（Fairclough，1992；Fowler，1991；Fowler et al.，1979；Scannell，1996；Sinclair，1994；van Dijk，1988a，1988b，1998；Wodak，2001；陈新仁，2009；廖益清，1999；施旭，2010；田海龙，2006；辛斌，2005；张秀敏，2011）。但是，电视新闻的播报类型和呈现方式同样具有重要的意义表达和建构作用。比如，BBC 新闻倾向于通过主持人的直接视频呈现保持与观众的互动，或以采访片段、出镜报道、原声摘录的方式呈现一种看似鲜活话语的播报风格，从而形成一种记者/新闻人物与观众的准社交互动。这种形式明显体现了以受众为导向的新闻传播理念。而且，电视的声画双通道属性赋予了电视新闻更加灵活的新闻传播方式。对于记者来说，他们可以选择单一的新闻类型进行新闻播送，也可以采用多种类型并存的方式播报。前者往往采取基于演播室的新闻呈现方式。这种方式尽管能够通过直接视频呈现反映新闻的即时性和接近性特征。但是，在大多数情况下，为了呈现尽可能多的新闻现场的画面，新闻信息只能通过画外音来传达。但是，画外音播报容易导致新闻节目的单调乏味，给观众带来疲劳、倦怠的感受。BBC 新闻显然试图避免过多的画外音播报，即使无法避免，也是尽量采用在新闻现场的记者的画外音，而非来自演播室的主持人的画外音。不仅如此，BBC 新闻还倾向于使用多样化的播报类型呈现不同的声音。各种声音以"对话的"、交互式的方式呈现出来，形成一种多声性话语，从而达到易于接受的新闻传播效果。

第 4 章 电视新闻中的新闻标题

4.1 介 绍

本章讨论 BBC《十点新闻》中的新闻标题。新闻标题属于电视新闻中新闻呈现的一部分,在新闻中起着概述或预告后续新闻报道的作用。一般而言,新闻标题出现在新闻节目的开始部分,通常对当天发生的主要新闻事件进行简明扼要的呈现。长期以来,电视新闻标题一直是新闻传播学和社会学关注的焦点(如刘路,2002;王鑫、陈新仁,2015;辛斌,2013a,2013b,2020;Baskette et al.,1982;Bell,1991;Cappon,1982;Montgomery,2007;Seo,2013;van Dijk,1988b)。尽管如此,多数研究只是关注新闻标题的语言特征,缺乏对新闻标题中话语结构及其功能的系统性考察(如林纲,2006,2010;尚媛媛,2001)。且大多数研究仅仅集中在报刊新闻和网络新闻方面,对电视新闻标题的研究则较少(如 Baskette et al.,1982;Bell,1991;Dor,2003;Seo,2013;van Dijk,1988a,1988b;黄楚新、任芳言,2015;林纲,2010;王鑫、陈新仁,2015;辛斌,2013a,2013b,2020;张秀敏,2011)。为此,本章将以 BBC《十点新闻》为例,集中讨论电视新闻标题的话语结构及其功能。本章的主要内容包括新闻标题的话语结构及其分布和电视新闻标题的话语实践及其功能。[1]

4.2 新闻标题研究综述

新闻标题又名"头版头条"。所谓头版头条,表示新闻标题是位于印刷媒体新闻的头版和顶部,处于最重要的位置。这也间接说明,新闻标题起源于报刊新闻,起初是为报刊新闻量身打造的。事实上,新闻标题大致出现在 19 世纪末期,是出现相对较晚的一种新闻话语形态。当时,由于新闻机构之间争夺报刊读者的竞争日益激烈,各类报刊便开始采用头版头

---

[1] 本章部分内容来自笔者与蒙哥马利于 2016 年共同发表在期刊 *Discourse & Communication* 上的论文(Montgomery & Feng,2016)。

条，通过报刊首页的排版布局、字体大小、字体色彩等手段，最大限度地提高报刊的吸引力和发行量，影响并吸引更多潜在的读者（Montgomery & Feng，2016）。现有研究从不同角度探讨了新闻标题的语言特征，包括新闻标题的语言形式、用途（Bell，1991；Dor，2003；van Dijk，1988b）、语用机制（Perfetti et al.，1987；王鑫、陈新仁，2015）等。学者们普遍认为，新闻标题是对后续新闻报道的总结、概括或转述（van Dijk，1988b；辛斌，2013a，2013b，2020）。或借用贝尔（Bell，1991）的说法，新闻标题就是新闻故事的"摘要"。从受众角度看，新闻标题还被看作是吸引受众的重要手段，因为标题可以引导受众关注接下来将要报道的内容，并引导他们继续观看（Montgomery，2007）。就报刊新闻而言，比起新闻标题的概述功能，人们似乎更加关注新闻标题对受众的吸引力。这是因为，有经验的读者一般都很少完整地看完刊登在报纸上的新闻报道（Dor，2003）。恰恰相反，他们总是先读新闻的标题，然后再决定是否去仔细阅读某一条新闻。他们甚至可能认为，标题本身就包含了足够多的信息，没必要花时间去详细阅读标题以下的内容。

新闻标题可以指引读者翻阅更多、更丰富的新闻资讯，让他们拥有更多的选择自由。例如，面对大量报纸杂志的涌入，读者一般会根据新闻标题来决定读什么样的故事，以及如何读，从而选择最吸引人、最合适的报刊和新闻阅读。特别值得一提的是，随着社交媒体平台和网络媒体技术的蓬勃发展，各种形态的新闻如潮水般涌入我们的日常生活，令人应接不暇。面对海量的新闻信息，一方面，读者或新闻消费者需要具备更强的新闻辨析能力，从中筛选有趣且又有价值的新闻信息；另一方面，新闻制作者则需要不断了解观众的阅读兴趣，调整新闻的制作理念和策略，最大限度地吸引观众。因此，新闻标题的设计和编辑自然成为新闻生产过程中最常见且极具价值的一个环节。

尽管"标题"一词意味着新闻的编排与布局（详见第 3 章），但新闻标题的功能远远超过了编排布局所能赋予的意义。在电视新闻中，新闻标题一般出现在节目的开始或中间位置，其最直接的目的就是为即将到来的新闻报道做简短的引介。但是，电视新闻标题的作用远不止引介这么简单，它还具有引导观众从众多新闻报道中进行选择的作用。电视新闻是一种不断更新变化的信息流（information flow）（Williams，1990）。它好比流水一般无法被割开或截断，除非我们调换电视频道或直接关机。更重要的是，电视新闻的新闻标题与后续新闻故事并非像报刊新闻那样无缝衔接，而是彼此间隔的（一般间隔时间从几分钟到十几分钟不等）。这些特征表明，电视新闻的新闻标题就像一道选择阀门，它承担了辅助我们做出是否花时间观看后续新闻的选择和决定。当新闻标题呈现的信息具有足够吸引力或其内容足够重要时，我们就可以守在电视机前，继续观看节目接下来的内容。否则，我们便可选择调换频道。因此，电视新闻标题的作用不再只是对新闻故事作出总结与概述。更多的则是，它对后续新闻报道的"预告"，以及它对潜在观众吸引与诱导（Feng，2020；Montgomery & Feng，2016）。

4.3 研究方法

本章主要依托两种研究范式。首先，我们的分析主要借鉴了戈夫曼（Goffman，1983）的社会互动论方法和会话分析的相关理念和做法（如 Sacks，1984，1992；Sacks et al.，1974；Schegloff et al.，1977；Schegloff & Sacks，1973），特别借用了会话分析应用于特定机构语境的一些做法，比如法庭辩论（Atkinson，1992；Atkinson & Drew，1979；张丽萍，2004；张玥，2007）、医患会话（Heritage & Maynard，2006；Maynard & Heritage，2005；于国栋，2009）、新闻采访（Clayman & Heritage，2002a；Greatbatch，1986；Heritage & Clayman，2010；Hutchby，2006；Montgomery，2008a）等。以新闻采访为例，会话分析经常被用来讨论采访双方的互动行为，尤其话轮之间话语行为的相互制约或相互触发（比如，采访者的质疑可能引发受访者对质疑的解释或回避，受访者的回避可能引发采访者进一步的质问），以及话轮内部话语行为和话语策略的选择与设计（比如采访者在提问之前的预设、受访者在反驳之前的回避等）（Clayman & Heritage，2002a；Heritage & Clayman，2010；Hutchby，2006）。这些分析方法（尤其针对话轮内部话语行为的分析）同样适用于电视新闻标题中话语行为和话语策略的分析（详见4.5节和4.6节）。

其次，我们的分析很大程度上借鉴了系统功能语言学理论的一些分析工具。系统功能语言学中的及物性系统，以及语言的被动化和名词化等语法隐喻（grammatical metaphor）概念对新闻标题中意义的探索和理解同样适用（Halliday，1976，1994；Halliday & Matthiessen，2014；常晨光，2004；胡壮麟，2000；王振华、王冬燕，2020；朱永生、严世清，2000）。根据系统功能语言学的观点，语言是一种"意义潜势"系统，是人们在社会交往中所依赖和使用的主要符号资源（Halliday，1978）。"意义潜势"通过三大元功能实现。它们分别是概念功能（表达事实、经验和逻辑意义)、人际功能(表达社会关系和人际关系)、语篇功能(表达文本的衔接和连贯意义)(Halliday, 1978)。概念功能由及物结构实现。及物结构表示"用于表达行为或过程"的小句,一般由"过程"、"参与者"和"环境"组成(Halliday, 1976:159)。及物结构一般包含六种及物过程,它们是物质过程、心理过程、言语过程、行为过程、关系过程和存在过程(Halliday, 1994)。以物质过程为例,一个小句一般包括施动者(doer/agent)、过程(process)、目标(goal)和环境(circumstance)。语法隐喻表示用一种语法形式或结构替代另一种语法形式或结构。这和修辞意义上的隐喻不同。从修辞手法看,隐喻表示用一个表达(指涉的意义)映射另一个表达(被指涉的意义),二词之间通过共同特征形成隐喻。语法隐喻则表示具有相同语义的两种结构之间的转换。比如,动词短语可以转换成名词短语,这样,动态的行为或过程就变成了静态的、抽象的状态。他将这种转换叫作过程或行为的"名词化"(Halliday, 1994; Halliday & Matthiessen, 2014)。同样地,主动结构的句子可以转换成被动结构。转换后的被动语句在语义上没有实质性的改变。但是,其句式结构的改变,导致该被动结构传递的引申意义也大相径庭。韩礼德将这种转换过程叫作话语的"被动化"(Halliday, 1994; Halliday & Matthiessen, 2014)。新闻标题的语言简洁明快,因此倾向于通过名词化或被动化等语法隐喻手段建构新的意义(详见4.5节)。

  本书主要收集了 BBC《十点新闻》在两个时间段播出的新闻标题,包括2012年1月9日至13日(即第1时段)和2013年1月7日至11日(即第2时段)。每期节目大约涵盖10条新闻、6条新闻标题。此外,每期节目都包含片头的标题序列(即发生在节目开始阶段的新闻标题,可称之为片头新闻标题)和片中的标题序列(即发生在节目中的新闻标题,可称之为片中新闻标题)(表4.1)。

表 4.1 BBC《十点新闻》中新闻标题的分布 (单位:条)

时段	日期	片头新闻标题	片中新闻标题	新闻条目
第1时段	2012年1月9日	4	1	12
	2012年1月10日	4	1	9
	2012年1月11日	4	1	11
	2012年1月12日	5	1	11
	2012年1月13日	5	1	8
	合计	22	5	51

续表

时段	日期	片头新闻标题	片中新闻标题	新闻条目
第2时段	2013年1月7日	5	1	12
	2013年1月8日	5	1	9
	2013年1月9日	5	1	12
	2013年1月10日	5	1	10
	2013年1月11日	5	1	11
	合计	25	5	54

首先，我们对上述新闻标题的话语结构进行了定量分析，勾勒出了新闻标题在 BBC《十点新闻》中的整体分布图景。其次，我们详细分析了新闻标题中的话语特征，主要关注了话语的组织结构和构成一些话语结构的话语行为序列和语言表达形式。从话语结构看，我们可以大致将 BBC 新闻的标题分解成标题的核心和补充两个部分。从交际功能看，我们可以大致将 BBC 新闻的标题划分为概述类和预告类。以下将从上述两个方面详细论述。

4.4 电视新闻标题的话语结构

电视新闻标题的形式多样。有些由一到两个独立小句组成，有些则可能仅仅是几个词语、词组或非限定小句，有些可能还包括视频片段。不过，这些差异的背后有一个相对比较固定的结构支撑，即核心+补充。根据蒙哥马利（Montgomery，2007）的论述，新闻标题通常由核心和补充两个部分组成。核心是对新闻事件最笼统、最简要的概括，是新闻标题的必要成分。补充则是对必要成分即核心的扩展或限定，属于附加成分。

4.4.1 电视新闻标题的核心

一般而言，新闻标题的核心呈现的是新闻事件最具新闻价值的高光点信息，主要通过三种结构形式实现，即词组、非限定小句、限定小句。系统功能语言学认为，英语的句法单位可分为词（word）、词组（group）和小句（clause）。词组类似于短语，但又不同于短语。前者相当于词的扩展，后者则相当于小句的缩写（Halliday & Matthiessen，2014）。非限定小句（non-finite clause）表示以非限定成分为中心组合而成的、在语法上不完整的小句。例如，measuring the coalitions performance so far 的中心词是 measuring，其他成分则充当中心词的补语（即 the coalitions performance）和附加语（即 so far）。限定小句（finite clause）属于语法结构完整的句子，具有一个完整句子所具备的基本要素，如主语、谓语、宾语。例如，Three Kurdish activists are shot dead in Paris 就是一个限定小句，其中，主语为 three Kurdish activists，谓语为 are shot，dead 为主语补足语，in Paris 为附加语。表 4.2 展示了上述三类结构在 BBC 新闻标题核心部分的频率分布。

表 4.2　BBC《十点新闻》新闻标题核心部分的频率分布

时段		词组	非限定小句	限定小句	新闻标题数
第1时段	频次（次）	9	2	16	27
	占比（%）	33.3	7.4	59.3	100
第2时段	频次（次）	9	4	17	30
	占比（%）	30.0	13.3	56.7	100
合计	频次（次）	18	6	33	57
	占比（%）	31.6	10.5	57.9	100

表 4.2 显示，BBC《十点新闻》中新闻标题的核心主要采用了限定小句（57.9%）和词组（31.6%）两种话语结构，非限定小句的使用频次仅占一小部分（10.5%）。尽管在第 1 时段期间 BBC 新闻使用非限定小句的情况略低于第 2 时段（第 1 时段为 7.4%，第 2 时段为 13.3%），但两个时段的话语结构在频率分布上没有显著性差异。因此，我们可以大致上得出以下结论：词组、非限定小句和限定小句在 BBC 新闻中得到了广泛使用，其中，限定小句的使用频率最高，词组次之，非限定小句最低。尽管如此，BBC 新闻中的不完整句式（包括非限定小句和词组）的使用频次仍然占据了整个新闻标题 40%以上的比例。换句话说，在 BBC 新闻中，新闻标题的核心部分不仅会使用完整小句，还会大量使用不完整的句式结构，如名词词组、动名词词组、分词词组、介词词组等。之所以如此，与 BBC 新闻试图吸引观众的交际目的不无关系。从随后的分析可知，BBC 新闻标题总是想尽各种办法来引起观众的注意，以此提升新闻的吸引力和收视率。这些策略包括设置悬念、强调冲突、诗意化表达、原声摘录等。选用非限定小句和词组则是 BBC 新闻实现上述话语策略的普遍做法（详见 4.5 节和 4.6 节）。

1. 词组

BBC 新闻中部分标题的核心仅由词组构成。这些词组大致包括三类，即名词词组、动词词组和介词词组。名词词组以名词化的表达为主，名词是其中的中心词，围绕该名词的是一长串修饰语或附加语成分，它们主要用于明示中心词无法涵盖的新闻事件的关键信息。请看例 4.1 和例 4.2。

例 4.1 （BBC《十点新闻》，2012 年 1 月 11 日）

| 1 | PR(vo): | A series of defeats for the Government in the Lords (.) on |
| 2 | | welfare changes for the disabled (.) and long-term sick (.) |

例 4.2 （BBC《十点新闻》，2018 年 11 月 9 日）

| 1 | PR(vo): | In Belgium (.) the latest efforts to stop the human traffickers |
| 2 | | trying to transport refugees and migrants to the UK. |

例 4.1 中，新闻标题的核心部分为 a series of defeats for the Government in the Lords，其中 defeats 是中心词。为了限定该名词，记者用了一连串的修饰语成分，包括参与者（the Government）、地点（in the Lords）、话题（on welfare changes for the disabled and long-term sick），以及数量（a series of）。整个标题几乎只有核心成分。补充部分被巧妙地融入到了该名词词组之中，以修饰语或附加语的方式补充中心词 defeats 的信息。尽管例 4.2 包括了不定式小句（"to stop the human traffickers trying to transport…"），但核心部分仍然由名词词组充当，即 the latest efforts，其中，中心词是 efforts，修饰成分同样被用来补充中心词的信息，如作为定语的 the latest 和作为补足语的不定式结构（to stop…migrants to the UK）。

少数新闻标题使用介词词组作为核心部分，如例 4.3 所示。例 4.3 中，中心词为介词 behind，其他成分作为补充信息来延伸 behind 的信息，如 the scenes of a major new exhibition 充当 behind 的补语成分，by the man 作为附加语进一步修饰前面的名词短语，"dubbed…"则以过去分词的形式作为 the man 的后置定语。这样环环相扣，使新闻听起来既紧凑紧张又充满力量。

例 4.3 （BBC《十点新闻》，2012 年 1 月 13 日）

| 1 | PR(vo): | And behind the scenes of a major new exhibition by the man |
| 2 | | dubbed "Britains greatest living artist" (.) |

上述分析表明，以词组为主的新闻标题核心几乎均删除或遮蔽了新闻事件的行为者和行为过程。删除或遮蔽部分除了可能存在的意识形态意涵外（如 Fairclough，1995b；Fowler，1991；Hodge & Kress，1993；Montgomery，2008b），还可能使新闻本身形成一定的悬念，以激起观众观看新闻的兴趣。正如蒙哥马利（Montgomery，2007：82）指出，词组类标题具有"下指特征，能够指引观众留意紧随其后的具体信息"。比如，例 4.1 的标题核心是一个名词词组 a series of defeats for the Government in the Lords，其中的中心词（defeats）表达的并非名词本身，而是一系列的事件。一般来说，对事件的完整描述应该包含事件的行为者和行为本身。但是，由于这里的新闻标题核心由单个名词词组实现（即"a series of defeats…"），单凭名词词组显然无法涵盖事件的行为者和其他相关信息。诸如"谁是失败的发起者""谁是受害者"等这些问题则成为暂时的悬念或诱饵（Montgomery，2007），促使观众继续观看接下来的新闻，以了解事件的原委。此外，名词词组听起来简短有力，能够给人一种紧迫或紧张之感，以营造新闻节目"紧张""威严""庄重"的氛围（Allan，2010：114）。不过，多数词组类标题都借助了视频信息来凸显核心部分的信息。在可读性方面，视频信息与文字信息的叠加明显加强了意义的表达和传递。譬如，例 4.3 中标题核心的文字信息仅通过介词词组传递，即 behind the scenes of a major new exhibition。如果没有画面中相应的视觉镜头（画面展示为"一个大型的美术展览"和"一位温文尔雅的老人"），我们很难理解核心部分的文字信息。不过在观看电视新闻时，人们不只聆听文字信息，还会不自觉地将视频信息和文字信息结合起来，以此获得完整、连贯的解读。就例 4.3 而言，视频信息和文字信息明显起到了相互照应的作用。文字信息指引观众关注画面中的信息，即美术展览；视频信息帮助观众理解文字信息中没有提到的信息，如画面中的老人。

2. 非限定小句

非限定小句也通常被用来作为 BBC 新闻标题的核心。例 4.4 中，标题的核心是一个非限定的被动句，其中省略了助动词 were。还原后，该结构应为 Lives were torn apart in seconds。因此，整个小句属于无时态、无情态的非限定表达。这种省略策略在新闻标题中非常普遍。它不仅发生在电视新闻中，还经常出现在报刊新闻中。省略助词，同时增添一些附加成分（多为定语、状语、补足语等修饰成分，如例 4.4 中的 in seconds），不但能使新闻看/听起来简短、急促，还能够将关键的信息浓缩到一个非完整的小句之中（详见 4.5 节）。这种做法一方面节约了报刊新闻的版面或电视新闻的时间，另一方面还为新闻制造了紧张的气氛，从而起到吸引观众注意力的作用。

例 4.4 （BBC《十点新闻》，2018 年 9 月 10 日）

1	PR(vo):	Lives torn apart in seconds—the coroner speaks at the inquest
2		(.) into the deaths of those caught up (.) in the Westminster
3		Bridge attack last year.

实际上，新闻标题使用非限定小句最多的形式是现在分词结构或动名词结构（即 V-ing），例如：

例 4.5 （BBC《十点新闻》，2012 年 1 月 12 日）

| 1 | PR (vo): | Cashing in on bad play (.) the first English cricketer to admit |
| 2 | | spot-fixing during a game (.) |

例 4.6 （BBC《十点新闻》，2012 年 1 月 11 日）

| 1 | PR (vo): | And backing a winner (.) the new debate on priorities for the |
| 2 | | British industry (.) |

例 4.7 （BBC《十点新闻》，2013 年 1 月 9 日）

| 1 | PR (vo): | Measuring the coalitions performance so far (.) a new |
| 2 | | document that shows targets met and targets missed |

现在分词结构或动名词结构一定程度上是行为或过程的名词化表达。名词化不仅使语句变得简短有力，还会遮蔽行为过程中的参与者等信息（王振华、王冬燕，2020）。因此，通过现在分词结构或动名词结构构成的新闻标题不但能够凸显新闻事件的现场感和紧迫感，还有助于增强新闻标题的模糊性，以此设置悬念、吸引观众（详见 4.6 节有关新闻标题的预告策略）。

3. 限定小句

限定小句主要用于表达语言的及物性意义。韩礼德（Halliday，1976，1994）认为，及物性表示参与者在一定环境下的行为过程，如物质、言语、心理、关系、行为、存在等。我们的数据显示，BBC 新闻标题的核心倾向于通过完整的限定小句表达物质和言语两种及物过程。物质过程所涉及的行为或过程主要包括"做（了）什么"或"发生（了）什么"两大类动词。参与者主要包括施动者、目标、受益人（beneficiary）等。在 BBC 新闻中，其中一类物质过程为无标记小句，即行为过程的施动者和小句的语法主语保持一致。另一类是有标记小句，即语法主语与行为过程的施动者不一致，如中动结构。在中动结构中，语法主语不再是施动者，而是行为或过程的目标。例 4.8 中，整个标题就是一个中动小句，表示 Jessops 公司破产的过程，这里的语法主语为 Another High Street name (.) the camera chain Jessops。该主语实际上是过程 goes into administration 的目标，实施破产的参与者并未出现在标题中。

例 4.8　（BBC《十点新闻》，2013 年 1 月 9 日）

1	PR(vo):	Another High Street name (.) the camera chain Jessops (.) goes into
2		administration (.) with 2,000 jobs at risk

不过，多数物质小句为"施动者+目标"的无标记小句，比如：

例 4.9　（BBC《十点新闻》，2013 年 1 月 9 日）

1	PR(vo):	They are still fighting the wildfires in parts of Australia as one
2		family describe their remarkable escape

例 4.9 中，标题核心为表示"做（了）什么"的物质小句。其结构为：施动者（they）+过程（are fighting）+目标（the wildfires），并伴随附加词（still）、环境（in parts of Australia）和时间状语（"as one family describe…"）。该小句不仅完整地再现了新闻的主要行为过程（即大火在澳大利亚肆虐），而且还通过"as…"结构，将大量关联信息压缩成一个句子，使语言紧凑有力，给人以紧迫之感。

部分标题核心由言语过程构成。完整的言语过程由说话者（sayer）+说/讲（process）+言语内容（verbiage）构成。言语过程能够将话语内容归因于记者和观众之外的"第三方"信源，从而营造一种新闻中立的氛围（Clayman, 1988; Montgomery, 2007）。这实际上属于保持新闻客观性和真实性的常用做法——即"引用"（quotation）（Zelizer, 1989）。例 4.10 中的标题是一个被动结构的言语小句。

例 4.10　（BBC《十点新闻》，2013 年 1 月 10 日）

1	PR(vo):	Two senior executives at RBS may be asked to step down
2		because of the Bank's involvement in rigging a key interest rate

其中的言语过程为"要求"（asking）行为，说话者为匿名的第三

方，而言语内容为 to step down。在这一过程中，two senior executives 被预设为行为的目标，暗示他们将受到指控。然而，该行为的言外之力已经被 may 这一模糊性表达抵消或减弱，因此减轻了说话者（即主持人）对言语内容真实性的承诺。更重要的是，将言语内容归因于匿名的第三方，能够使主持人表现出一种超然的姿态，保持了新闻的中立性。

4.4.2 电视新闻标题的补充

电视新闻标题的补充，顾名思义，旨在充实、支撑新闻标题的核心部分。补充一般包括详述、聚焦、结束和过渡四个部分。详述是对标题核心的进一步解释说明，聚焦表示对某一信息的强调，结束表示该标题的告别话语，过渡表示当前标题和下一标题之间的承上启下。表 4.3 显示了 BBC《十点新闻》标题补充部分的频率分布。数据来自 BBC《十点新闻》在 2012 年 1 月 9 日至 13 日（第 1 时段）和 2013 年 1 月 7 日至 11 日（第 2 时段）期间播出的新闻。

表 4.3 BBC《十点新闻》标题补充部分的频率分布

时段		详述	聚焦	结束	过渡	新闻标题数
第 1 时段	频次（次）	14	11	8	10	27
	占比（%）	51.9	40.7	29.6	37.0	—
第 2 时段	频次（次）	18	9	4	10	30
	占比（%）	60.0	30.0	13.3	33.3	—
合计	频次（次）	32	20	12	20	57
	占比（%）	56.1	35.1	21.1	35.1	—

表 4.3 显示，BBC 新闻标题的补充部分主要由详述构成，其使用频次占了总体新闻标题数量的 56.1%。聚焦和过渡并列第二，其使用频次均占比 35.1%。最后是结束行为，占比 21.1%。这种分布表明，BBC 新闻不仅强调信息的传播（例如详述），而且重视新闻对受众的吸引力（例如聚焦、结束和过渡的运用）。结束行为偏少与新闻标题本身的新闻类型有关。毕竟，新闻标题只是对新闻故事简短的概括（通常为一到两句话），还称不上是一篇完整的语篇或叙事，因此，所有的新闻标题不可能也没必要都包含结束这一行分。尽管如此，BBC 新闻仍有较多新闻标题包含结束这一行为（21.1%），和聚焦、过渡一起形成一定意义上的互动话语，展现出与观众模拟互动的假象，以此拉近与他们的距离（Feng, 2020）。

1. 详述

详述主要通过额外的信息体现出来，其目的在于进一步解释或说明标题核心指涉的内容。详述能够使标题核心部分变得更加明了。例 4.11 中，标题核心所透露的信息非常有限，仅告知了事件的大致结果（即一位官员将被定罪）。为了使其具体化，补充部分首先通过 April Casburn（第 3 行，阿普丽尔·卡斯伯恩）明确了核心部分提到的 a senior police officer 这一未知参与者。然后，在第 3~4 行进一步解释了卡斯伯恩将被定罪的原因：向《世界新闻报》提供机密信息。

例 4.11　（BBC《十点新闻》，2013 年 1 月 9 日）

1	PR(dva):	Tonight at ten (.) a senior police officer is the first to be
2		convicted in the wake of the phone hacking scandal (.)
3	PR(vo):	April Casburn offered confidential information on the hacking
4		investigation to the *News of the World* (.)

总体上，新闻记者并不希望在新闻标题部分提供太多的细节。他们通常有意识地压缩或隐藏信息，以便制造悬念，使其成为吸引观众的"诱饵"。

2. 聚焦

聚焦表示新闻标题将关注点集中到新闻事件最具吸引力的一个点上。聚焦至少可以通过三种方式实现。第一种方式是连续镜头（footage）的运用。多数情况下，新闻标题可以通过主持人的画外音和连续镜头进行无缝对接。这些镜头通常用于强调或突出事件的某一方面。第二种方式是使用一些耸人听闻的表达。例 4.12 中，记者使用了 still burning、major emerging threat、swirling (.) vicious winds、soaring temperatures (.) 45 degrees 和 a sudden change in the wind 等词组表达澳大利亚山火的凶猛与可怕。这些表达总体上比较夸张，如通过 burning、swirling、soaring 等描述火势的凶猛，通过 threat、vicious、45 degrees 等强调火势的可怕；still、major、sudden 等小品词则对上述两种特征起到了强调的作用。

第三种方式，视频片段也可以起到聚焦的作用。在 BBC《十点新闻》中，第一个新闻标题通常是当天最重要的新闻，因此会插入一两个视频片段。这些视频片段一般被视为该新闻报道中最重要的信息。例如，在例 4.12 中第 3~5 行是记者的出镜报道，即视频片段。该片段展示了记者在新闻现场面对镜头播报的情形。其身后是熊熊燃烧的山火，以及消防员救火的场景。因此，该视频片段呈现出强烈的现场感和戏剧化色彩，不但体现了新闻的事实性，而且增强了事件的轰动效应。

例 4.12　（BBC《十点新闻》，2013 年 1 月 8 日）

1	PR(vo):	In Australia (.) wildfires are <u>still burning</u> and there is a
2		major <u>emerging threat</u> in New South Wales (.)
3	RR(dva):	The <u>swirling</u> (.) <u>vicious winds</u> (.) the <u>soaring temperatures</u>
4		(.) 45 degrees (.) and at the moment (.) there has been a
5		<u>sudden</u> change in the wind (.)

3. 结束

当我们讲故事时，通常会以总结性话语结束故事，并将听众拉回现场（Labov，1972）。主持人在新闻标题结束时也会采用类似的做法。一方面，他会提醒观众新闻标题的播报已经结束，新闻即将进入下一个环节；另一方面，他会通过结束的话语将观众从新闻标题部分指引到当前的广播时刻（Montgomery，1991），从而在主持人和观众之间架起一座"共现"的桥梁。在 BBC 新闻标题中，结束部分的话语通常由元话语（meta-talk/metadiscorsue）表达构成（Hyland，2005a，2005b；Hyland & Tse，2004；Schiffrin，1980）。其主要目的是将当前提供的信息投射到接下来的新闻报道之中，比如：

例 4.13　We have reactions as the coalition government prepares to set out the legal framework for a referendum

例 4.14　We will have the latest from Westminster and Holyrood as the debate intensifies

例 4.15　We will be asking how damaging the case has been for the Metropolitan Police

例 4.16　We'll be asking where the ultimate responsibility lies–with the clinics or the regulator

例 4.13～例 4.16 均为 BBC《十点新闻》中标题部分的结束话语。这些话语体现出以下几种典型特征。首先，每例都使用了第一人称复数形式 we。we 体现了主持人和新闻记者的机构身份，表示他们均来自 BBC 新闻。同时，we 的使用包含了 you 的存在。即当 we 出现时，必有对应的 you。如果说 we 表示 BBC 新闻人员，you 则代表收看新闻的观众，犹如新闻人员与观众之间形成了一种模拟互动（Feng，2020）。此外，we 在这里属于直示语，在时空上表示"说话者中心"。当主持人使用 we 时，表明他正在将观众作为交流对象，将自己主持人的身份（即呈现新闻标题）切换到与观众进行交流的会话者身份，体现出格雷戈里·贝特森（Gregory Bateson）所说的元传播（meta-communication）（Bateson，1987）。其次，上述话语除例 4.13 外，均使用了将来时态。一般来说，新闻报道的事件属于已经发生的事件，应该使用过去时态。但是，为了突出新闻的"即时性"和"新"的特征，新闻播报大部分都采用了现在时态。将来时态也很少出现在新闻之中。不过，在结束话语中使用将来时态具有将标题中提到的信息投射到后续新闻报道的效果，从而将观众引导到后续的新闻报道之中。再次是问题标记语的使用，如 where、how damaging。问题标记语为观众指明了新闻报道的方向，同时也设置了悬念，诱导观众继续关注新闻。最后，几乎所有表示结束时的话语都采用了类似的话语结构，即"X 将做 Y，当 P 做 Q 时"（Montgomery，2007：82），其中 X 代表新闻人员，Y 表示想要报道的信息，P 表示已经发现或正在发生的事件或事件参与者，Q 表示事件发生的后果或现状。换言之，这一结构包含了新闻事件及其报道的主要的相关信息。该结构不但能够将复杂的信息压缩成简短的话语，还将已经发生的事件和正在发生的事件相匹配，从而产生事件正在发生的假象，增强了新闻的时效性。

4. 过渡

尽管新闻标题提倡言简意赅，不应花过多笔墨在细枝末节上，但我们在分析中发现，BBC《十点新闻》除了精心设计新闻标题的内容和形式外，还关注新闻标题之间及其与新闻条目之间的衔接。至少有四种过渡方式出现在 BBC《十点新闻》的新闻标题中。第一种过渡方式是日常表达 tonight at ten 的使用。该短语几乎出现在所有的 BBC《十点新闻》节目中，是该节目开场白的标志性话语，属于仪式化的节目导入语。它的出现预示着节目的开始。第二种过渡方式是惯用语 also (…) tonight 的使用。和 tonight at ten 类似，also (…) tonight 也几乎出现在每期节目中，且均出现在第一条新闻标题之后。also (…) tonight 的出现是为了告诉观众，在第一条新闻标题之后，还有更多重要的新闻会出现在标题之中。同时，用 also (…) tonight 将第一条新闻标题和后面的新闻标题分开（后面不再使用 tonight 一词），表明第一条新闻标题是当天最重要的新闻，在时长（用时更长）、重要性（排在首位）和播报方式（有视频片段）上均不同于其他新闻标题，因此被单独列出（详见 4.6.3 小节）。第三种过渡方式是在最后一条新闻标题开始前用 and 一词与前面的新闻标题串联起来。因为 and 连接的是最后一条新闻标题，该词的使用不仅标志着前后新闻标题之间的转换，还预示着对新闻标题的播报即将结束。最后一种过渡方式是在各个新闻标题之间出现鼓点声。每一条新闻标题结束后，就会出现一声沉闷但响亮的鼓点声。这可能是 BBC《十点新闻》特有的一种过渡方式。这些鼓点声好比敲钟的声音一般，具有一种严肃、庄重的气氛，渲染了新闻的紧迫感和庄严性。此外，鼓点声还起到区隔的作用，将不同的新闻标题自然地分开。

4.5　电视新闻标题的概述功能

上述分析表明，电视新闻标题尽管千差万别，但都遵循了统一的格式或结构，即每个标题都由核心和补充部分构成。核心可以通过词组、非限定小句和限定小句构成，补充一般包括详述、聚焦、结束和过渡几个部分。这些结构并不是随意构成的，而是根据标题的具体内容和实际情况组合而成的，并为特定的交际功能服务。总体上，我们可以将新闻标题的交际功能分为概述和预告两类。就概述功能而言，新闻标题旨在为受众提供新闻故事中最核心、最重要的信息（Bell，1991；Montgomery，2007；Seo，2013；van Dijk，1988b）。就预告功能而言，新闻标题旨在预先提供部分令人注目的信息以引起受众的关注。本节将主要探讨 BBC 新闻标题中的概述功能，预告功能将在下一节讨论。在概述新闻故事时，报刊新闻的标题一般采用比较复杂的句式（Bell，1991）。相比较而言，电视新闻的标题倾向于采用压缩（condensation）或名词化的方式，将新闻故事中最重要、最核心的信息打包成简单的句型或口语化的表达形式。

4.5.1　压缩

压缩指将两个或多个表达式浓缩成单个表达式的过程。通过压缩，记者可以通过简单的句式或词组表达比较复杂的信息，从而节省新闻标题的篇幅或时间（Bell，1991）。正如前文所述，电视新闻标题虽然包含丰富的信息，但从形式上看，多数属于被压缩的表达，如词组、非限定小句等。例 4.17 中，整个标题仅由一个名词词组构成。但是，该词组却包含着丰富的信息，比如主要事件（violence）、地点（in Belfast）、时间（this evening）、原因（in the continuing row about flying the union flag）等。

例 4.17　（BBC《十点新闻》，2013 年 1 月 7 日）

1	PR(vo):	More violence this evening in Belfast in the continuing row
2		about flying the union flag (.)

由非限定小句构成的新闻标题也采用了压缩策略。例 4.18 中，标题核心（lives torn apart in seconds）通过一个被动小句表达。但是，该结构省略了系动词 were，完整的被动句被简化为非限定小句，这样使句子听起来简短、急促，间接增加了新闻事件的庄严性和紧迫性，从而有效吸引受众的注意。

例 4.18　（BBC《十点新闻》，2018 年 9 月 10 日）

1	PR(vo):	Lives torn apart in seconds—the coroner speaks at the inquest
2		(.) into the deaths of those caught up (.) in the Westminster
3		Bridge attack last year.

被压缩的标题也可能通过完整的小句实现。除必要成分外（如主语、谓语），其他信息都被压缩到小句（即主句）的从句之中，或镶嵌在主句中作为必要成分的修饰语，例如：

例 4.19　（BBC《十点新闻》，2013 年 1 月 7 日）

1	PR(vo):	And Britains oldest man who lived through two world wars and
2		saw 24 Prime Ministers has died (.)

例 4.19 中主句的主语包含两个定语从句（即 who lived through two world wars 和[who] saw 24 Prime Ministers has died）和两个修饰性短语（即 Britains 和 oldest）。通过上述结构的组合，四条各自独立的信息（即国籍、年龄、寿命和结局）被压缩成一句话。压缩后的句子不但节约了篇幅和时间，还因为句子紧凑而营造出紧张、肃穆的气氛。

4.5.2　名词化

名词化表示将动词结构转换成名词结构，从而使行为或过程变成一种状态。名词化可被看作是压缩策略中的一种，一般出现在新闻标题的核心部分或详述部分（详见 4.4.2 小节）。例 4.20 的标题提到了两件事，即奥巴马总统对新的内阁成员的任命，以及共和党人对该任命的反对。前一事件由名词词组实现（即 new appointments by President Obama）。该名词词组的运用有效避免了使用"任命"这一过程的完整小句，从而遮蔽了该过程中的其他必要成分，如参与者（谁被任命？）、结果（是什么职位？）和环境（在什么情况下任命的？）。于是，名词化使标题内容形成一定程度的悬念和谜团，诱导感兴趣的观众继续关注这条新闻（详见4.6.2 小节）。

例 4.20 （BBC《十点新闻》，2013 年 1 月 7 日）

| 1 | PR(vo): | <u>New appointments</u> by President Obama infuriated Republicans |
| 2 | | who say they will try to block them (.) |

名词词组 new appointments 在本句中充当的句法角色同样值得关注。我们看到，记者在遮蔽部分必要信息的同时，还将该名词词组置于句首，充当小句的话题主位和已知信息。正是以该信息为基础，记者引出了述谓部分即"党派冲突"这一新信息（"…infuriated Republicans"）。换句话说，尽管 new appointments 属于新闻事件的核心信息，但记者并没有将重心放在该事件上，而是将重心放在事件导致的"言语反应"上（Montgomery，2007），即 Republicans [who] say they will try to block them。这种微妙的重心迁移进一步凸显了新闻事件潜在的新闻价值，如精英人士（President、Republicans）、权力冲突（Democratic President v.s. Republicans）等。

4.6　电视新闻标题的预告功能

好的新闻标题不仅起到概述新闻故事的作用，还会像电影的宣传片一样起到向观众预告的作用。为了达到预告的目的，记者会想方设法地将标题中的信息投射到后续的报道之中，以便引起观众的注意（Montgomery，2007）。以下是四种比较常见的预告策略，即诗意化表达、设置悬念、原声摘录和强调冲突。

4.6.1　诗意化表达

诗意化表达使语言在韵律上具有诗性的美感。一般来说，诗意化表达容易引起观众的注意，激发他们的审美认知。例 4.21 描述的是澳大利亚猛烈的山火。为了突出该事件的极端影响，主持人和记者采用了一连串押韵的词语，如 still burning、emerging、swirling、soaring、sudden（见下划线部分）。这些词语通过押头韵（如 s 开头的音）和押尾韵（如-ing 结尾的音）等韵律表达，使语言听起来气氛紧张、节奏紧凑但又朗朗上口，给观众带来强烈的听觉冲击。

例 4.21　（BBC《十点新闻》，2013 年 1 月 8 日）

```
1    PR(vo):   In Australia (.) wildfires are still burning and there is a
2              major emerging threat in New South Wales (.)
3    RR(dva):  The swirling (.) vicious winds (.) the soaring temperatures
4              (.) 45 degrees (.) and at the moment (.) there has been a
5              sudden change in the wind (.)
```

诗意化表达也可以在例 4.22 中体现。这主要表现在对偶结构的使用上，即 targets met and targets missed（第 2 行）。该结构由两个句式上对等的主谓句式构成，即名词+动词，其中名词相同、动词相反且押头韵（即 met PK missed）。这种对偶结构能够在语义和读音上产生共振的效果，并能够在一定程度上引起观众对新闻事件的关注。

例 4.22　（BBC《十点新闻》，2013 年 1 月 9 日）

```
1    PR(vo):   Measuring the coalitions performance so far (.) a new
2              document that shows targets met and targets missed
```

当然，诗意化表达并不是新闻话语特别强调的表达方式。毕竟新闻的初衷是通过通俗易懂的话语再现新闻事实，为公众提供身边正在发生的、值得关注的信息（O'Neill，1998；Feng，2022）。不过，新闻标题的首要任务不是向观众传递新闻事实，而是指引他们去关注新闻事实，并引导他们去关注哪些新闻事实。从这一点看，在新闻标题中采用诗意化表达就有了特别的意义。至少，诗意化表达能够通过语言在韵律的节奏、押韵、对偶等特征上引起观众的注意和兴趣，从而在一定程度上吸引他们观看相关报道。

4.6.2　设置悬念

悬念表示有疑问的地方，是说话者在话语表达中有意无意地为观众设置的诱饵。在新闻播报时设置一些悬而未解的问题或谜团，以诱导观众关注新闻。这可以说是电视新闻比较常见的做法。悬念可能是一个问句或一个包含问题的陈述句。例 4.23 是关于英国军情六处面临共谋和酷刑指控的调查。如果我们只看标题信息（第 1~2 行），可能会对部分信息感到困惑不解。例如，谁提出了这些指控？为什么会有这样的指控？军情六处有何反应？调查进展如何？结果怎样？新闻标题本身并没有提供上述问题的答案。恰恰相反，记者在详述部分（第 3~7 行）提供了更多与上述问题偏离的其他信息，进一步推迟了对上述问题的回答。当然，详述部分的确提到了一些相关的信息，比如参与者（we、Two Libyan men、Binyam Mohamed、the British、another terror suspect、MI5 or MI6）、主要事件（"英国人被指控虐待利比亚人"），以及次要事件（"利比亚男子声称被绑架并受到虐待"）（第 3~4 行）。但是，这些信息并没有回答其中的关键问题，即军情六处如何虐待利比亚人？相反地，一些看似相关的信息反而使事件变得更加复杂而疑问重重，如 But in a separate case of Binyam Mohamed and another terror suspect tortured abroad (.) there will be no charges against MI5 or MI6（第 8~10 行）。

例 4.23　（BBC《十点新闻》，2012 年 1 月 12 日）

1	PR(dva):	Tonight at ten (.) MI6 faces police investigation into
2		allegations of complicity and torture (.)
3	PR(vo):	Two Libyan men say they were abducted and flown to
4		Tripoli (.) where they were tortured in Gaddafi's prisons (.)
5	A man:	We don't just have the smoking gun (.) we have the
6		smoking missile in these cases (.) you just can't avoid
7		the fact that the British were deeply involved (.)
8	PR(vo):	But in a separate case of Binyam Mohamed and another
9		terror suspect tortured abroad (.) there will be no
10		charges against MI5 or MI6 (.)
11	PR(dva):	We'll be looking at the investigation for Britains secret
12		service (.) also tonight

如果这些悬疑在标题部分就被解开了，则标题就会失去其应有的功能。这些悬疑并非随机地选择，而是为了引起观众的注意，诱导他们关注更多报道而设置的。

例 4.24 采用了类似的做法。

例 4.24　（BBC《十点新闻》，2013 年 1 月 9 日）

1	PR(vo):	Measuring the coalitions performance so far (.) a new
2		document that shows targets met and targets missed
3	Drumbeats:	(.5)
4	PR(vo):	Another High Street name (.) the camera chain Jessops (.) goes into
5		administration (.) with 2,000 jobs at risk

例 4.24 包含两个各自独立的新闻标题。每个标题都预设了一些悬念。前一个标题至少包含以下悬而未决的问题："完成了哪些目标""错过了哪些目标"（第 1~2 行）。后一个标题则包含："什么问题导致杰索

普（Jessops）破产""破产后会有哪些影响"等（第 4~5 行）。这些问题就像鱼的诱饵一般，吸引着"愿意上钩"的观众进一步关注相关事件。事实也的确如此，对相关新闻感兴趣或好奇的观众就会守在电视机前，直到看完与该事件相关的报道。

4.6.3 原声摘录

如前文所述，原声摘录表示从较长的采访或口头话语呈现中截取一个片段，插入到相应的新闻播报中，与现有播报话语融为一体（详见 3.3 节有关"原声摘录"的界定）。通常，即将上映的电影都会以视频预告片的方式广而告之。电视新闻标题则倾向于在标题播报中插入原声摘录类视频片段来吸引观众，引起他们对相关新闻事件的兴趣。例 4.25 是有关英国政府和苏格兰地方政府在独立问题上的分歧。前者即英国前首相戴维·卡梅伦（David Cameron）通过转述企业的话语表达了英国政府对苏格兰推迟举行独立公投的担忧（第 5~8 行），后者认为英国政府粗暴干涉他们的独立公投（第 11~13 行）。为了让标题更具吸引力，主持人不仅采用了"轰动性"的文字，还借助原声摘录类视频加以强化。此类视频不仅具有直观形象的视觉效果，还可以作为一种"视觉化引用"[①]，将记者与新闻事件分离开来，以此展示记者在新闻报道中客观、超然的姿态。

例 4.25　（BBC《十点新闻》，2012 年 1 月 9 日）

1	PR(dva):	Tonight at ten (.) David Cameron tries to force the pace on
2		the question of Scottish independence (.)
3	PR(vo):	He wants a referendum sooner rather than later (.) based on
4		a simple yes or no to leaving the United Kingdom (.)
5	Cameron:	Businesses are asking (.) er (.) is Scotland gonna be a part
6		of the United Kingdom (.) are they going to stay together
7		(.) should I invest (.) we are beginning to see companies
8		asking those questions (.)
9	PR(vo):	But the Scottish Government says it's blatant interference
10		and Mr. Cameron should back off (.)
11	Sturgeon:	The more a Tory-led Government tries to interfere in
12		Scottish democracy (.) the more support for independence
13		will continue to increase (.) because I think that is the case
14	PR(dva):	We have reactions as the coalition government prepares to
15		set out the legal framework for a referendum (.)
16		also tonight (.)

---

① 如果说书面文字可以通过引号或言据性结构（如 it is said）表达引用，视觉动态话语（如电视新闻话语）的引用则可以通过视频插入等方式实现。

一般来说，采用音频视频信息传递新闻是电视新闻得天独厚的优势，因为电视新闻本身就由声音和图像共同构成。也正因为如此，在电视新闻中播放视频画面便成了新闻节目惯常的做法。如果没有特别提及，很少有人会想到声音和图像在新闻播报中所起的作用，如形象、直观、身临其境等。但是，就 BBC《十点新闻》或大多数其他新闻节目的标题而言，图像部分多数是有关新闻事件的连续镜头，很少呈现像原声摘录这样的视频片段。在这种情况下，当某一个标题使用原声摘录时，它就会起到凸显的作用，能够特别引起观众的注意。不仅如此，原声摘录好比视频文本中的"引用"表达。一方面，它能够起到强调新闻中关键的信息的作用。比如，例 4.25 中英国前首相卡梅伦的原声摘录可看作是对英国政府立场的强调，苏格兰时任副首席大臣妮古拉·斯特金（Nicola Sturgeon）的原声摘录可看作是对苏格兰地方政府立场的强调。另一方面，原声摘录既是一种"引用"手段，也是一种第三方归因策略。它通过在视频（即原声摘录）中引用或呈现他人或第三方的观点，能够使记者保持与新闻事件之间的距离，从而达到增强新闻事实性和客观性的目的（Zelizer，1989；Clayman，1992；Montgomery，2007）。

4.6.4　强调冲突

冲突表示利益或观点不一致的现象，通常被看作新闻价值的一项重要的指标。冲突不仅能够"将新闻事件戏剧化"，还能"为意见不同的解读提供推理框架"（Montgomery，2007：7）。例 4.25 以卡梅伦政府的建议开始，即英国时任首相卡梅伦要求苏格兰尽快举行苏格兰独立公投，并以卡梅伦的原声摘录视频作为支撑（第 5~8 行）。接着，主持人在第 11~13 行插入了来自苏格兰时任副首席大臣斯特金的原声摘录视频片段。在视频中，斯特金表达了对卡梅伦的反对意见，称卡梅伦的言论是对苏格兰地方政府内部事务的"公然干涉"（第 11~13 行）。她认为，英国政府越是试图干涉苏格兰的民主，支持苏格兰独立的人就会越多。两个原声摘录的并置充分展现了英国政府和苏格兰地方政府在独立公投上的冲突，进一步强化了观众对该新闻事件后续报道的期待。

例 4.26 同样以呈现冲突为主。在例 4.26 中，主持人首先评价了即将播报的新闻事件，即聚植入修复体公司（Poly Implant Prothese，PIP）应为向受害者提供有缺陷 PIP 植入物的行为负责（第 1~2 行）。在第 3~4 行，主持人转述了 PIP 公司的观点。他们强调，"由 PIP 公司负责"的观点是错误的。第 5~7 行是 PIP 公司负责人的原声摘录，在视频中他辩称政府机构才应该为此次事件负责。第 8~9 行是主持人的画外音，传递了受害者要求赔偿的声音。接着，第 10~12 行是一位受害者要求赔偿的采访片段。上述三种声音并置在一起，形成三种不同的冲突，即 PIP 公司与政府机构的冲突、PIP 公司与受害者之间的冲突，以及受害者与政府机构之间的冲突。

例 4.26　（BBC《十点新闻》, 2012 年 1 月 11 日）

1	PR(dva):	Tonight at ten (.) more pressure on the private clinics
2		responsible for thousands of breast implants (.)
3	PR(vo):	The providers are told they have a duty to replace defective
4		PIP implants (.) but they say it's not their fault (.)
5	A man:	This is a massive problem created by the Government's
6		agency and they must accept moral responsibility (.) they
7		must do something for patients (.)
8	PR(vo):	Thousands of women are affected and they're warning the
9		private companies they won't give up (.)
10	A woman:	They are gonna lose a lot of money over this (.) but rightly
11		so (.) they should lose a lot of money over it (.) they made
12		a lot of money over it (.) so they should also lose (.)
13	PR(dva):	We'll be asking where the ultimate responsibility lies—with
14		the clinics or the regulator (.)

以上冲突可看作不同实体或政党之间的利益冲突。除此之外，还有一种来自认知上的冲突，即前后观念的冲突。认知上的冲突表示一种被认为出乎意料的新的观念与被普遍接受的已有观念不一致。我们可以通过萨克斯的身份范畴化手段（Membership Categorization Device, MCD）加以解释（Hutchby & Wooffitt, 2008; Montgomery, 2007; Sacks, 1992; Schegloff, 2007a）。身份范畴化手段认为，我们在"描述、识别或引用他人或我们自己的话语或行为"时，会不自觉地将自己或他人按照社会的分工或角色划分成不同的类别（Hutchby & Wooffitt, 2008: 35）。比如，一个人可以根据他所扮演的社会角色被归类为"父亲"或"教师"。无论是"父亲"还是"教师"，都会受到相应角色应执行的（即传统观念要求的）行为的制约。也就是说，A 类中的成员被认为应该从事与 A 相关的活动。父亲应该照顾、监管、教育自己的孩子，教师则应传授、教育、指导学生。然而，新闻标题中的事件并不总是遵守这一规范。事实上很多新闻恰恰反其道而行之。比如，记者常常通过报道一些违背常规的事例来制造新闻。正如蒙哥马利（Montgomery, 2007: 79）所指出的："新闻标题的一个显著特征就是……与某成员相关的活

动或行为不属于该成员正常范畴内的活动或行为。"这一点在例 4.27 中展现得尤为明显。

例 4.27　（BBC《十点新闻》，2018 年 9 月 2 日）

| 1 | PR(vo): | Smuggling into jails (.) new figures reveal how increasing |
| 2 | | numbers of prison staff are involved. |

例 4.27 涉及英国监狱管理人员涉嫌与囚犯串通，走私毒品、枪支等犯罪活动的新闻。根据常识，监狱管理人员的职责是监管囚犯，教化他们洗心革面、重新做人。但是在例 4.27 中，他们却知法犯法，和囚犯一起从事走私活动（第 1 行）。与囚犯串通并走私的行为不仅与监狱管理人员的职责相悖，而且完全是对立的。这一信息完全出乎常人的认知。这种对立不可避免地会给观众带来认知上的冲突，从而引起他们的注意，促使他们在新闻标题的引导下继续观看后续相关报道。

4.7　小　结

上述分析表明，电视新闻标题具有基本的内在结构，即核心（+补充）。该结构并非记者的随意组合。他们需要根据新闻标题的交际目的选择不同的行为序列或话语实践方式。比如，核心部分可能是简单的词组或非限定小句，也可能是完整的小句；补充部分则可能包括对核心部分的详述、聚焦或过渡。无论选择哪种组合，都是为了对后续的新闻报道进行概述或预告。也就是说，电视新闻标题既需要对新闻报道进行概括，也需要将相关信息有效地投射到后续报道中去，以引起观众收看新闻的意愿和兴趣。

与报刊新闻的新闻标题相比，电视新闻的新闻标题大多出现在新闻节目的起始位置。该位置本身有其独特的结构特征，如 BBC《十点新闻》用鼓点声将各个标题隔开。这种声音不只是充当背景音乐，还起着营造紧张、急促、庄严氛围的作用。就新闻布局而言，电视新闻标题与报刊新闻标题也存在很大的不同。在报刊新闻中，新闻标题与正文之间的关系是直接而连续的。但对电视新闻来说，其新闻标题和报道之间是彼此分离的，或者说是暂时错位的。事实上，很多电视新闻的报道根本就没有新闻标题。这意味着电视新闻与报刊新闻相比，提供的是完全不同的传播方式和交际功能。当然，二者也有相同之处。报刊新闻中标题主要起到提示、概括或转述的作用，帮助读者对后续故事进行选择（Bell, 1991；Dor,

2003；van Dijk，1988b；辛斌，2013a，2013b，2020）。无论是网络新闻还是报刊新闻，对读者来说都有这样的选择权利。标题则为这种选择提供了必要的线索，读者仅需关注新闻标题，可以决定是否继续阅读标题下方的新闻故事（Dor，2003）。电视新闻的标题有着类似的功效。电视新闻是声音与画面的结合体。这种结合呈现的是实时变化着的、流动的信息（Allan，2010；Fiske & Hartley，2003；Montgomery，2007；蔡骐、欧阳菁，2006；隋岩，2010；魏伟，2011）。对于这种流动的信息，观众很难做到只关注某一条新闻而不看另一条新闻。新闻标题为整个新闻节目的展开提供了一定程度的关联，这种关联能够引导观众针对后续的新闻报道做出初步的选择。

不过，比"书面/口语"二分法更重要的是，电视新闻标题中主持人的呈现方式更值得关注。在电视新闻标题中，主持人往往都是直接面向观众进行讲话的。正如保罗·弗洛施（Paul Frosh）指出的，记者面对相机（即观众）进行直接视频呈现本身就是电视新闻所独具的特征（这明显不同于电影的视频呈现，电影中的人物不太可能直面镜头或直面观众）（Frosh，2009）。这使得电视新闻标题与新闻机构和观众之间的关系独具一格。报刊新闻不太可能像电视新闻那样实现记者与读者的面对面交流，尽管部分报刊新闻的标题可能会紧随某一特定读者群体的阅读习惯和意愿（Conboy，2006），以迎合他们的品位和需求。对电视新闻而言，当主持人面对镜头时，他完全可以表现得像在与观众面对面交谈一般。尽管主持人不可能和观众直接对话，但至少能够借助视频或画面资源的辅助，展现出一种个性化的、仿佛面对面交谈的景象。正是这种对"面对面交流场景"的模拟互动，在很大程度上提升了人们观看电视新闻的意愿与兴趣（Feng，2020）。

最后，主持人代表的是新闻机构，他的几乎所有的话语都是新闻机构的声音。也就是说，主持人实际上充当了中间人的角色，他将新闻机构对现实世界的表述，通过电视媒介传递给了电视机前的观众，而他自己的态度和立场则极少（或不能）展露出来。按照戈夫曼（Goffman，1981）的说法，主持人实际上充当了发声者的角色，他并不是新闻的创作者，也不是新闻话语的责任人。因此，新闻标题就像新闻本身一样，既是个性化的（personal）（如主持人的个性表达），又非个人的（impersonal）（如主持人的传声筒角色）。正如斯坎内尔（Scannell，2000，2014）所言，电视新闻属于一种"一对多"的公共交流方式。在这种交流中，泛化的"任何人"被当作了具体的、特指的"某一个人"。

第 5 章 电视新闻报道的开场白

5.1 介　　绍

从第 3 章的分析可知，BBC《十点新闻》的播报结构大体表现为：片头曲+新闻标题 (1~n)+问候语+新闻条目 (1~n)+片尾语。其中，新闻条目是新闻节目的主体部分，一般由多个具体的新闻条目组成。每个新闻条目都包含新闻核心和新闻辅助两个部分。从内容上看，新闻辅助占了新闻条目的绝大部分篇幅，一般由记者的新闻报道（如画外音、出镜报道等）、采访片段/原声摘录（如直播连线、专家采访、问责采访等）、结束语等构成（Montgomery，2007）。新闻核心则是新闻条目的起始部分。该部分虽然简短，但却是新闻条目的必要成分（即每条新闻都必须有新闻核心）。新闻核心的作用是简明扼要地概述新闻内容，引导观众进入新闻辅助部分，以吸引他们继续观看新闻，属于新闻报道的开场白。该部分主要通过主持人在演播室的新闻呈现（或播报）实现。本章将主要以 BBC《十点新闻》为例，对节目中新闻核心的话语形式、结构和实践展开分析，以期揭示新闻核心的总体话语结构和实践特征及其话语背后的机构属性。

5.2　早期研究回顾

传统研究将新闻核心称为新闻故事的"导语"（lead），或"引子"（intro）部分，是对新闻故事的高度概括，也是新闻报道中最难写的一部分（Bell，1991：176）。雷内·J.卡彭（René J. Cappon）认为新闻导语的写作是：The agony of square one（万事开头难）(Cappon，1982）。在贝尔（Bell，1991：176）看来，新闻导语和新闻故事一样，本身就是一个"微型故事"，因为新闻导语不但需要强调"新闻的价值"，还要力求"简短"、"清晰"且"引人注目"。范·戴克（van Dijk，1988b）将新闻导语看作新闻故事的概括，是新闻报道的总话题即宏观话题（macro-theme）。我们在第 4 章已经看到，电视新闻标题也是对新闻故事的概述。但是与新闻标题相比，新闻导语部分的总结相对更具体一些。根据贝尔（Bell，

1991）的观点，我们可以将新闻导语看作新闻故事的摘要，即对新闻故事从内容和结构上的概述。将新闻导语看作摘要属于一种指向性解读，表示我们可以通过"摘要"了解新闻故事的主要内容及其价值。从内容看，新闻导语一般包括主要事件、参与者及其身份特征、事件产生的原因或动机、间接或直接的影响、与前期事件的联系、事件发生的时间和地点、目的、语言反应等（van Dijk，1988b）。贝尔持类似的看法，认为新闻导语主要包括行为者、主要事件、事件发生的地点等（即记者关心的三个"W"：who、what、where）（Bell，1991）。

新闻导语一般具有如下特征。首先，新闻导语不同于日常叙事。就后者而言，我们一般会以摘要开头，接着是故事的背景和人物等，然后才是事件本身及事件的发展。新闻导语刚好相反。新闻导语的表述总是由重及轻、自上而下，表现为"倒金字塔"结构（Tuchman，1972）。换句话说，新闻导语总是先讲述最重要的信息，接着讲述次重要的信息，最后讲述不太重要的信息（Bell，1991）。其次，新闻导语的内容受制于信息的相关性特征，即新闻导语提供的信息与新闻故事高度关联（van Dijk，1988b）。简言之，导语部分的内容基本上都是主体部分内容的高度浓缩。再次，新闻导语的结构属于阶段性的、渐进式的发展，即先呈现与主要事件相关的主要行为和主要参与者，然后呈现次要行为和次要参与者，或事件发生的原因、背景和后果等（Bell，1991；van Dijk，1988b）。每个周期都在前一个周期的基础上渐进发展，并根据事件的重要性依次递减（van Dijk，1988b）。最后，新闻导语既可能预示着新闻故事的开始，也可能是对新闻报道的总结。从结构上看，新闻导语是新闻报道的开始部分，通常单独出现在报道和标题之间的位置。但新闻导语也可能和新闻故事合二为一，成为报道的一部分，起着引导报道有序展开的作用（Bell，1991；van Dijk，1988b）。当然，新闻导语的一些特殊标记往往会成为读者识别新闻导语的信号。比如，新闻导语一定会出现在新闻故事之首，字体一般比正文部分的字体更大，且可能会加粗、加黑等（van Dijk，1988b）。

上述有关新闻导语的论述主要针对的是报刊新闻，对电视新闻中的"导语"并不完全适用（如"导语多以粗体字的形式出现"等）。首先，虽然电视新闻的制作和写作实践源于报刊新闻，并延续了报刊新闻的许多做法，但二者属于两种不同的媒介，在话语的形式和表达上存在很多差异。比如，报刊新闻主要呈现的是"过去的"事件，而电视新闻则倾向于通过实时在线的方式播报正在发生的事情。报刊新闻因此很难像电视新闻那样展现与观众实时"共现"的情形（Allan，2010；Corner，1991；Montgomery，1986，2007；Scannell，1991a）。其次，报刊新闻只能静态地呈现过去的事件，文字和图像都是静态的。电视新闻则可以传递动态的、瞬间的信息（Ekström，2002；Montgomery，2007），可以持续跟进事件的发展和变化，如 24 小时新闻。再次，报刊新闻属于对故事的回顾式叙述，主要通过讲故事的形式报道新闻（Bell，1991；van Dijk，1988a，1988b；肖文江，2006）。就新闻事件本身而言，电视新闻更倾向于关注新闻事件的（言语）反应。因此，多数情况下电视新闻是在评论新事，而不是讲述新闻故事（Montgomery，2007）。最后，电视新闻不仅提供口头信息，还提供动态的视听信息，能够在观众和新闻之间架起一座通往新闻现场的桥梁，给人身临其境的感觉。报刊新闻虽然也可以通过图片展示新闻现场的信息，但是不可能通过图片表达动态的事物，更不用说视频了。总之，除一般的新闻话语共性外，电视新闻还具有报刊新闻不具备的自身特有属性。

正是基于上述差异，蒙哥马利在考察电视新闻的导语时做出了与上述结论不同的分析和解读。他认为，首先，一则新闻报道由两个部分构成，即新闻核心和新闻辅助。新闻核心就是传统意义上的新闻导语。它是新闻报道中"最基本的、必不可少的"成分，是对新闻故事的高度概括和总结，主要通过演播室的新闻呈现实现（Montgomery，2007：39）。新闻辅助是对新闻核心的详述、扩展与补充，相当于范·戴克（van Dijk，1988b）和贝尔（Bell，1991）所说的新闻故事部分。新闻辅助一般包括新闻报道和新闻采访两种类型：新闻报道主要来自现场记者的出镜报道、画外音等；新闻采访则包括对普通人的"街头采访"（vox pop interviews）或事件亲历者的采访、对专家的访谈、对精英人物的问责采访，以及演播室的主持人与现场的新闻记者之间的直播连线等（详见第7、8 章）。和范·戴克与贝尔的新闻导语类似，新闻核心强调新闻事件的规模、时效性、精英主义、负面性等新闻价值（Montgomery，2007）。在语言表述上，新闻核心很少使用或然性的情态表达（比如"也许""可能"等）。换言之，新闻核心普遍采用比较肯定、确信的情态表达。其次，新闻核心的播报常常展现出"叙述者在场"的假象。所谓叙述者在场，表示说话者从话语形式和表达方式上表现得犹如身临其境一般。比如，主持人通常采用一般现在时或现在进行时播报新闻，以营造一种身处新闻现场的氛围。最后，新闻核心倾向于以超然的态度呈现新闻（Montgomery，2007）。正如下文所述，新闻核心往往通过展示不同的信息来源，将不同的观点通过对比或并置的方式呈现出来。其间，主持人不发表任何评论。通过对比或并置，具有新闻价值的信息则会变得更加凸显（Montgomery，2007）。尽管蒙哥马利（Montgomery，2007）对新闻核心进行了比较全面的探讨，但有关此类话语的组织结构和话语功能仍然缺乏系统的梳理。比如，新闻核心由哪些话语行为构成？它们在话语中有哪些表达形式？它们具有哪些话语功能？它们如何体现新闻的机构属性？接下来，我们将针对上述问题，以 BBC 新闻为例，在蒙哥马利研究的基础上对新闻核心的组织结构、话语功能和机构属性作系统地梳理（又见 Feng，2020）。

5.3 新闻核心的播报方式

新闻核心通常采用两种播报方式，即直接视频呈现和演播室画外音。进行直接视频呈现时，主持人面对镜头，形成和观众面对面交流的错觉（Allan，2010；Corner，1991；Montgomery，1986，2007；Scannell，1991a）。使用演播室画外音陈述时，主持人不出现在画面中，仅仅借助声音越过新闻画面进行播报。换言之，观众可以听到主持人的声音，但不能看见他的脸或影像（Montgomery，2007）。

表 5.1 是 BBC《十点新闻》在 2012 年 1 月 9 日至 13 日和 2013 年 1 月 7 日至 11 日期间播报新闻核心时使用直接视频呈现和演播室画外音的情况。结果显示，BBC《十点新闻》全部采用了直接视频呈现的方式播报新闻核心。直接视频呈现意味着话语表达为第一人称视角，且属于面对面交流（尽管这种面对面是虚拟的、隔着电视屏幕的）。从这一点看，BBC 新闻倾向于营造一种实时沟通的氛围，希望通过这种播报方式拉近主持人和观众之间的心理距离，从而提升新闻播报的时效性和直播效果。当然，使用直接视频呈现还可以在两个相邻的新闻报道之间形成一种自然切换，帮助主持人在前一条新闻报道结束时自然地过渡到当前的新闻报道之中。具体而言，当前一条新闻报道结束时，记者往往会通过出镜报道的方式结束新闻，接着主持人会出现在屏幕上，开始呈现下一条新闻核心。或者，主持人在上一条新闻报道即将结束时直接出现在屏幕上，与该报道的记者相互告别，然后转向当前新闻，对新闻核心进行呈现。无论哪一种方式，主持人的直接视频呈现都能起到提醒观众的作用，即前一条新闻已经结束，新的报道即将开始。

表 5.1　新闻核心在 BBC《十点新闻》中播报方式的分布

播报方式		第1时段	第2时段
直接视频呈现	频次（次）	51	54
	占比（%）	100	100
演播室画外音	频次（次）	0	0
	占比（%）	0	0
合计	频次（次）	51	54
	占比（%）	100	100

5.4　新闻核心的组织结构

新闻核心与范·戴克（van Dijk，1988b）和贝尔（Bell，1991）的新闻导语相比，最大的区别在于其不仅涉及文字信息，还涉及视觉信息。正如蒙哥马利所言，电视新闻同时具有音律和视觉方面的特质，比如，主持人画面的时隐时现、口播语调的变化、视觉框架的转换等（Montgomery，2007）。这些特征会随着话语结构的变化，形成并传递出不同的交际信息。因此，我们在讨论新闻核心的交际目的和话语行为之前，有必要对此类话语的组织结构进行探析。蒙哥马利在分析电视新闻报道的核心时，曾反复提到该部分可能包含的成分，比如主要事件、记者身份和言语反应（Montgomery，2007）。但我们的数据显示，除了上述三个成分，新闻核心还应包括引言和结束语。在蒙哥马利（Montgomery，2007）研究的基础上，冯（Feng，2020）进一步梳理了新闻核心的组织结构，并将它们统一划分为五个部分：起始语、新闻事件、言语反应、记者身份和警示语。接下来，我们将以 BBC《十点新闻》为例，从话语分析的角度对这些组成部分的结构和功能作系统地梳理。

5.4.1　起始语

起始语可看作新闻核心的开场白，是新闻报道开始的开始。起始语的出现标志着新闻报道正从前一条新闻过渡到当前新闻，并为当前新闻定下总体基调。我们的数据显示，BBC《十点新闻》中的起始语主要表现为以下三种形式。一种是以 now、well、plus 等填充词为主。这些词一般出现在新闻核心的最前端，相当于系统功能语言学中所说的接续词（continuative）、语篇主位（textual theme），在话语中主要起着联系上下文的作用（Chang & Lee，2019；Halliday，1985；Martin，1995）。它们的出现标志着主持人已经接过话头，即将进入新的新闻核心的播报，如例5.1～例5.3所示。这些词语体现了主持人话语的口语化、非正式风格。在严肃的新闻话语中插入这些表达，有助于拉近主持人和观众之间的距离。对 BBC 新闻而言，当这些填充词出现时，主持人的头像也会同时出现在荧屏上。换言之，当新的新闻核心开始时，主持人的头像将会出现在荧屏上；与此同时，主持人会通过 now、well 等填充词引出接下来的话题。因此，这些表达的出现标志着主持人（再次）进入观众的视线，新的报道即将开始。正是通过这些表达，观众被从上一条新闻的"现场"带回到演播室。它们在演播室和新闻现场之间架起一座桥梁，自然地连接了两个不同的话语语域（Montgomery，2007），促使前后内容完全不同的报道形成连贯的新闻语篇。

例 5.1　Presenter: <u>Now</u> (.) Greece has been warned to reach […]
例 5.2　Presenter: <u>Well</u> (.) let's say exploring imprecations […]
例 5.3　Presenter: <u>Plus</u> (.) we've heard some Scottish Ministers claim […]

除填充词外，部分起始语还包含其他一些承上启下的过渡话语。从例 5.4 看，这里的起始语包括：①承接上文的结束语，即 O.K. (.) David (.) thanks very much once again；②引导下文的起始语成分，其中包括对同事的重新提及（即 David Shukman）和填充词 now 的使用。在承接上文的结束语中，主持人使用了"O.K."一词，该词具有提醒受访记者采访活动即将结束的作用。紧随该词之后的是非正式称呼语 David 和感谢语 thanks very much once again。感谢语意味着他和受访记者之间的互动即将结束。主持人充分利用其主持人身份对新闻话语进行调节、控制，通过非正式称呼语和感谢语的方式向对方发出结束交谈的信号。该信号同时传递给观众，告知他们上一条新闻已经结束，现在开始新的报道。于是，主持人紧接着面向观众，通过记者介绍（即 David Shukman）和填充词（now）的方式，引导观众转向新的报道（第 1～2 行）。至此，主持人的话语至少经历了两方面的变化，一个是交谈对象的变化，另一个是立场转换（Goffman，1980）。就交谈对象而言，首先是主持人与受访记者之间的交流。接着，主持人转向观众，开始与他们（模拟）交流。当主持人与记者交流时，话语相对比较随意（比如非正式称呼语 David）；当面向观众时，主持人的语言则变得比较正式，如全名称呼记者 David Shukman（Clayman，2012，2013；Jefferson，1973；曹炜，2005；赵英玲，1997）。就立场转换而言，当主持人与记者交流时，记者是直接受话者，观众成为间接受话者，属于"旁听的观众"（overhearing audience）（Heritage，1985）。当主持人与观众沟通时，彼此隔着屏幕，且主要是主持人单向的沟通，观众是直接受话者；记者没有参与到当前的交谈之中，不属于当前话语的任何参与者。因为新闻播报中的交流属于公共话语的一部分，无论从距离还是熟悉程度看，话语风格都比较正式——尤其当主持人与观众互动时。因此，主持人在介绍记者时使用了姓名全称。交代完记者后，主持人稍停片刻，然后以填充词 now 开始，正式发起下文的内容即当前新闻的核心部分。now 尽管在这里没有任何实词含义，但充当了话题引入的标记语。也就是说，now 的出现表明主持人已经开始播报当前的新闻核心。因此，该词起着提醒观众这一行为的作用。

例 5.4 （BBC《十点新闻》，2013 年 1 月 8 日）

1	PR(dva):	<u>O.K. (.) David (.) thanks very much once again (.) David</u>
2		<u>Shukman (.) now (.)</u> one of the world's biggest technology
3		shows has opened in Las Vegas this evening (.) around 20,000
4		new products have been launched (.) then one of the biggest
5		trends this year involves TV sets which do (.) other more than
6		show just TV programmes (.) as Rory Cellan Jones reports

实际上，主持人话语属于一种日常的、机构化的新闻实践行为。在新闻播报中，主持人总会尝试着和想象中的观众进行实时的、面对面的交流。在此交流中，新闻播报不再是主持人或记者的喃喃自语或单向独白，而是主持人或记者与观众之间的互动和对话活动（Bakhtin，1981，1986）。

最后，有些新闻核心并不包含起始语部分，前后新闻之间也不会存在言语上的过渡。在例 5.5 中，第 1～5 行是当天节目第 4 条新闻的结束语部分。从例 5.5 可知，当新闻结束后，主持人没有做出任何承上或启下的行为，便直接开始了第 5 条新闻的播报（见第 6 行）。尽管如此，主持人在屏幕上的视频"露脸"同样具有承上启下的作用。也就是说，当前一条新闻结束时，如果没有言语上的过渡，主持人为了呈现下一条新闻，通常会选择以视频"露脸"的方式从幕后走到台前，与观众形成"面对面"交流的幻象。"露脸"，不但起着提示观众前后新闻转换的作用，还能够起到加速新闻播报节奏的作用，使节目呈现出一种急促、紧迫的氛围。不过，这必然牺牲主持人与观众互动的机会。因此，当一档新闻节目大面积采用这种方式时,就会造成新闻播报行为的单调、乏味。这显然是大多数新闻节目不愿意看到的结果。

例 5.5 （BBC《十点新闻》,2012 年 1 月 9 日）

1	RR(dva):	((ITEM 4:)) […] The insights into Fleet Street past and
2		present will continue this week and next as more editors (.)
3		chief executives and even some proprietors come to give
4		their evidence (.) Nicholas Witchell (.) BBC news (.) at the
5		Leveson Inquiry (.)
6	PR(dva):	((ITEM 5:)) The United Nations nuclear watchdog (.) the
7		IAEA (.) has confirmed that Iran has started enriching
8		uranium at an underground plant to 20.0% purity (.) that is
9		six times the level that's needed for nuclear power stations
10		[…]

我们的数据显示,BBC《十点新闻》较少采用缺乏起始语的播报方式,而是大量采用了上述填充词、承上启下的过渡话语的做法,尽量通过起始语建立起主持人和观众之间互动的假象。实际上,不采用起始语或过渡语只是一种常规的新闻实践方式。换句话说,主持人只是按照例行的新闻程序,选择了在前后新闻之间不做无关、无意义的交谈,以便向观众传递更有价值的信息。

5.4.2 新闻事件

新闻核心是对"新闻事件中关键信息的简要总结"(Montgomery,2007:84)。新闻事件则是每条新闻必备的要素,没有事件的新闻可以说称不上新闻(Bell,1991;Montgomery,2007;van Dijk,1988b)。作为新闻的必要成分,新闻核心需要对新闻事件的相关信息进行描述与交代。这些信息一般包括事件的参与者和事件发生的时间、地点、过程、结果、原因等。对参与者的描述通常比较简洁,一般仅提及参与者的名字(并非全名),极少或不提及其职业、头衔等附加信息。以例 5.6 为例,新闻核心主要概述了卡梅伦政府向议会提交的中期执政报告,仅提及了三位(方)主要参与者,即卡梅伦、尼克·克莱格(Nick Clegg)和反对党即英国工党。卡梅伦和克莱格是英国的时任首相与副首相,是中期执政报告的直接责任人。不过主持人并没有花笔墨去强调他们的官方身份,只是简单提及了他们的姓名。换言之,主持人并没有因为他们是国家领导人而去凸显他们的权力、地位和身份。针对英国工党,主持人仅在描述其(反对)言论时顺带提及。也就是说,从新闻核心来看,主持人没有提到英国工党某位议员的具体言论，只是粗略地提到了英国工党反对卡梅伦政府提出的中期执政报告，而非强调事件参与者的官方头衔。这种做法在一定程度上反映了新闻工作者平等看待事件参与者的态度，以及新闻核心"重关键信息（如事件本身）、轻附加信息（如官方身份）"的理念。毕竟，在新闻传播中，受众才是新闻赖以生存的根本。

例 5.6 （BBC《十点新闻》，2013 年 1 月 7 日）

1	PR(dva):	Good evening (.) David Cameron and Nick Clegg say they will
2		keep the coalition together until the next election in 2015 (.) at a
3		joint news conference in Downing Street (.) they unveiled the
4		Government's mid-term review and outlined policy areas (.)
5		including care of the elderly (.) where new action is being
6		planned (.) Labour said that the review lacked any detail or
7		substance (.) our political editor Nick Robinson has this report

当然，BBC 新闻核心也会对参与者的某些附加信息作较详细的刻画，以便提供更多与事件相关的必要信息。以例 5.7 的新闻核心为例：

例 5.7 （BBC《十点新闻》，2013 年 1 月 8 日）

1	PR(dva):	A senior police officer says it's ludicrous to suggest
2		that she offered information into the *News of the World* for
3		money (.) Detective Chief Inspector April Casburn is accused
4		of offering the *News of the World* details by the phone hacking
5		inquiry (.) she told South Crown Court that she was really
6		angry (.) that resources were to be diverted from fighting
7		terrorism (.) our home correspondent June Kelly has the latest (.)

在对英国时任侦缉总督察卡斯伯恩的泄密事件进行播报时，主持人一开始并没有明确告知该官员的详细信息，只使用了 a senior police officer 泛指某位警官（第 1 行）。但紧接着，主持人便对该警官的身份进行了详细交代，即 Detective Chief Inspector April Casburn（第 3 行）。主持人不仅提到了参与者的全名（April Casburn），还描述了她的头衔（Detective Chief Inspector）。既然 BBC 新闻一般在新闻核心中不会详细交代事件参与者的身份信息，为什么该新闻中当事人的官方身份被描述得如此详尽呢？我们认为，这与新闻价值不无关系。首先，西方媒体强调精英人士是新闻价值的体现，即被报道人物的身份越重要则越有新闻价值（Galtung & Ruge，1965；van Dijk，1988b；Bell，1991；Montgomery，2007；Bednarek & Caple，2017）。上述新闻中，当事人卡斯伯恩属于公众人物，且身份和地位较高，属于社会精英人士，因此容易引起受众的关注。其次，

西方媒体将负面性看作新闻价值的一部分，即新闻越负面则越有新闻价值（Galtung & Ruge，1965；van Dijk，1988b；Bell，1991；Montgomery，2007；Bednarek & Caple，2017）。公众人物涉嫌窃听案本质上属于负面新闻，因此容易引起受众的注意。当然，也不排除以下原因，即当事人对观众来说比较陌生。在这种情况下，记者应当对当事人的身份作必要的交代，让观众能够更加容易地理解新闻。例 5.6 中，参与者都是英国国家领导人和主要党派，他们的身份对观众来说都比较熟悉，因此没有必要详细交代。

新闻事件也是新闻核心的重要组成部分。针对新闻事件的呈现一般涉及事件的选择和描写。选择什么样的事件进行报道主要取决于新闻价值的界定。对新闻而言，准确性是其首要关注的问题。为了保证新闻的准确，事件本身——而不是对事件的评论——会被重点强调。不过，BBC 新闻似乎更倾向于将重点放在事件的评论上，即强调对事件的反应和事件可能产生的影响（Bell，1991；Montgomery，2007；van Dijk，1988b）。换句话说，在 BBC 新闻中，新闻事件往往被各方言论所遮蔽而成为言语反应的背景信息。我们再来看例 5.6。当时的英国政府公布了一份中期执政报告，报告回顾了卡梅伦政府前期取得的成就，并对未来的政策动向做了规划。从例 5.6 看，主持人并没有对报告进行过多描述——既没有解释报告的内容，也没有对报告的发布做任何说明——而是把重心放在执政党和反对党的分歧上。于是，发布政府工作报告这一事件则成了两党分歧的起源和背景。就卡梅伦政府而言，卡梅伦和克莱格声称他们将继续联合执政，直到 2015 年下一次英国大选（they will keep the coalition together until the next election in 2015）（第 1~2 行）。反对党（The Labour Party）则批评称，the review lacked any detail or substance（报告缺乏任何实质性的信息）（第 6~7 行）。上述言语反应均来自两个政党，与主持人或记者毫无关联。不仅如此，上述言论从立场上看几乎完全对立。也就是说，它们不是同一阵营，而是意见不同乃至对立的两个党派。主持人只是在他们之间充当了传声筒的角色，将上述观点呈现给电视机前的观众。在此过程中，主持人维持了自己非当事人的身份和中立态度，保证了新闻的客观与公正（Tuchman，1972）。

此外，BBC 新闻在对新闻事件进行描述时倾向于使用现在时态。在例 5.8 中，几乎所有完整的小句都采用了现在时态，比如 are driving、say、is。在描述事件的变化或运动时，采用了现在进行时，如 are driving。当谈到火灾造成的后果时则使用了现在完成时，如 has been classed。在新闻中使用现在时态（尤其现在进行时）意味着，即使新闻事件发生在过去，也能够给观众一种正在发生的假象，以此强调新闻事件的时效性、紧迫性和重要性（Bednarek & Caple，2012，2014，2017；Caple et al.，2020；Montgomery，2007）。例 5.8 中的现在时态显然彰显了新闻中所报道的山火的危险程度和紧急程度，向观众传递了该事件危险系数高、危害范围广、灾害影响大的信息，能够有效地引起观众的关注。

例 5.8　（BBC《十点新闻》，2013 年 1 月 8 日）

1	PR(dva):	High winds and record temperatures <u>are driving</u> more than
2		130 fires in south-eastern Australia (.) in four areas of New
3		South Wales (.) the danger <u>has been classed</u> as catastrophic (.)
4		experts <u>say</u> that fires breaking out in that region <u>are</u> likely to be
5		uncontrollable (.) our correspondent Nick Bryant <u>is</u> in New
6		South Wales and he sent this report

不过，BBC 新闻偶尔也会在新闻核心中使用过去时态。例如：

例 5.9　（BBC《十点新闻》，2013 年 1 月 8 日）

1	PR(dva):	[News kernel] A British soldier <u>has been shot</u> dead in Afghanistan
2		and six others <u>have been injured</u> (.) yesterdays attack at a military
3		base in Helmand <u>was carried out</u> by a man in Afghan army uniform
4		(.) the British soldier who died <u>was serving</u> with 28 Engineer
5		Regiment […]
6	RR(vo):	[News subsidiary] As their British instructors <u>look on</u> (.) Afghan
7		soldiers <u>are trained</u> in mine clearance inside a British base (.8) they
8		<u>work and live</u> (.) at close quarters (.) but always in the background
9		(.) <u>are armed</u> British soldiers (.) called Guardian Angels (.) their
10		protection against insider attacks (.6) in classrooms (.) too (.) they
11		<u>stand</u> watch (.5) increasingly (.) <u>it's</u> an uneasy relationship (.)
12		between the Afghans (.) and their foreign partners

在例 5.9 中，新闻核心讲述的是过去的事件，因此部分语句使用了过去时（如 was carried out、was serving），多数语句使用了现在完成时（如 has been shot、have been injured），不过现在完成时体现的也是过去发生的事件。尽管如此，并不能说明 BBC 新闻倾向于使用过去时态的特征。而且，过去时态的使用也并非表明 BBC 新闻没有注意到新闻的时效性问题。我们可以借用威廉·拉波夫（William Labov）有关"摘要"的概念来加以解释（Labov，1972；Labov & Waletzky，1967）。拉波夫认为，摘要是对过去事件和行为的总结。新闻核心也是对过去事件的总结与概述（Bell，1991；van Dijk，1988b）。贝尔（Bell，1991）甚至直接将新闻导

语（即新闻核心）看作新闻的摘要。因此对主持人来说，在新闻核心中用过去时态或现在完成时描述新闻事件是合情合理的。然而，有趣的是，当这些事件出现在新闻辅助部分时，记者又会有意无意地将过去时态转换为现在时态。在例 5.9 中，记者就使用了以下表示现在时态的结构和短语 look on、are trained、work、live、are、stand 和 it's。简而言之，尽管大多数新闻报道的内容都是已经发生的事实，但记者总会倾向于通过（历史）现在时态的方式报道新闻。这样做的好处在于：首先，现在时态具有展示事件的进展的功能，使用现在时态表示事件正在发生；其次，现在时态有助于创造一种对现在的感知，能够带给观众一种在场感和当下感；再次，现在时态拉近了新闻现场和新闻报道之间的距离，好比事件就发生在身边；最后，现在时态有助于增强新闻话语的事实感，好比在告诉人们——因为事件正在发生，事件一定是真实的（Feng，2016c；Montgomery，2007）。

5.4.3 言语反应

上一小节中曾提到 BBC 新闻倾向于在新闻核心中强调言语反应。本小节将着重对该话语的呈现方式进行探讨。所谓言语反应，表示人们对新闻事件做出的语言上的反应即言论，如评价、解释、诧异、认同、分析、批评、反驳等。由于新闻以客观中立为基本准则，新闻人员应避免发表个人看法或观点。因此，新闻核心中出现的言语反应很少是来自主持人或记者的个人看法，而是新闻机构之外的第三方人员或机构。换句话说，言语反应常常被主持人或记者归属到第三方参与者。我们称这种做法为第三方归因（third-party attribution）（Clayman，1988；Montgomery，2007）。例 5.10 是有关三名库尔德女性活动人士被害的新闻。

例 5.10　（BBC《十点新闻》，2013 年 1 月 10 日）

1	PR(dva):	Three Kurdish activists have been shot dead in Paris in what the
2		French Government is calling an execution (.) the victims (.) all
3		women (.) include the founding member of the Kurdish
4		independence group (.) the PKK (.) which has been involved in
5		an armed struggle with the Turkish Government but is now
6		taking part in peace talks (.) from Paris (.) our correspondent
7		Christine Frizzle reports (.)

例 5.10 包含一个比较特别的言语反应成分，即 what the French Government is calling an execution（第 1～2 行）。在这里，言语反应的内

容是[it was] an execution（即法国政府将三名库尔德女性被谋杀的事件称为"处决"）。该内容由先行定语从句修饰，即 what the French Government is calling。这表明，该言语反应的内容来自"法国政府"（即言语过程的"说话者"）。如果删除 what the French Government is calling，语句仍然是完整的。不过，删除后的言语内容将不能显示其真实来源即"法国政府"，容易被误解为来自主持人。这样就会在观众心目中造成"主持人发表个人观点"的印象，从而影响他们对主持人中立态度的判断。将言论的真实来源明示出来，就能够避免上述误解，确保主持人的客观、中立姿态。

大多数新闻核心倾向于同时呈现两方或多方的观点或言语反应。例 5.11 是有关英国脱欧公投的争议。在欧元危机爆发后，英国时任首相卡梅伦建议就英国是否退出欧盟举行全民公投。美国人驳斥了他的建议，并宣称公投将削弱英国与欧盟的关系。

例 5.11　（BBC《十点新闻》，2013 年 1 月 9 日）

```
1  PR(dva):  Good evening (.) the Obama Administration has expressed
2            concern about the UK weakening its relationship with the
3            European Union (.) David Cameron is due to deliver a major
4            speech on Europe later this month (.) and he has already
5            suggested that a referendum might be needed (.) if radical change
6            is proposed (.) but the Americans warn that referendums have
7            often turned countries inwards (.) Nick Robinson's report does
8            contain flash photography (.)
```

具体来看，例 5.11 中呈现了以下三方的言论。一是卡梅伦建议脱欧公投，二是美国反对英国脱欧公投，三是欧盟的态度（这里没有明示出来）。这些言论来自不同的利益攸关方，各自意见相左乃至冲突，比如英国利益与美国利益的冲突、英国利益与欧盟利益的冲突，以及英国脱欧与否的利弊。在陈述各自的言论时，主持人尽可能将不同观点归属于不同的国家或集团，如"奥巴马政府"（第 1~2 行）、"卡梅伦政府"（第 4~5 行）和"美国人"（第 6~7 行），从而使自己（即主持人）在陈述上述言论时能够保持比较超然的姿态。

5.4.4　记者身份

记者身份介绍是 BBC 新闻核心的一种惯例。对记者身份的介绍是对后续新闻报道中说话者资格（qualification of speakership）的确认。因此，为了体现记者的权威，通常会提到有关记者作为合法的说话者

（legitimate speaker）的身份信息，比如记者的工作单位、分管领域、分管地区、姓名、所在位置，是否拥有第一手资料，等等。例 5.12 的新闻是有关英国卡梅伦政府的中期执政报告的发布。

例 5.12 （BBC《十点新闻》，2013 年 1 月 7 日）

```
1  PR(dva):  Good evening (.) David Cameron and Nick Clegg say they will
2            keep the coalition together until the next election in 2015 (.) at a
3            joint news conference in Downing Street (.) they unveiled the
4            Government's mid-term review and outlined policy areas (.)
5            including care of the elderly (.) where new action is being
6            planned (.) Labour said that the review lacked any detail or
7            substance (.) our political editor Nick Robinson has this report
```

如前文所述，主持人首先简要介绍了该新闻涉及的主要事件，即卡梅伦政府的中期执政报告，以及反对党的批评。其次是对记者身份信息的介绍，即 our political editor Nick Robinson has this report（第 7 行）。尽管只用了简短的一个小句，其中却包含了至少 4 项记者的身份信息，如记者的所属单位（our）、部门（political）、职位（editor）和姓名（Nick Robinson）。our 表示记者来自与主持人相同的新闻机构，即 BBC。political editor 表示该记者主要负责的领域为政治类新闻，且 editor 说明他属于编辑记者（参见 2.2 节有关英国记者类别的论述）。将该记者归类于 political editor，说明他对政治类新闻比较熟悉，他在这方面新闻的采写、编辑和传播上具有一定的权威性。姓名全称是该记者作为合法个体的真实社会身份，是记者身份实名制的体现。实名制不仅表明了新闻事件的真实性，也表明了记者需对自己的报道负责。换言之，实名制本身就意味着记者对自己的报道要承担相应的责任和义务。因此，实名制在很大程度上保证了新闻的事实性和真实性。最后，主持人通过[he] has this report 表示记者掌握了最新信息，从而进一步肯定了该记者作为此事件报道者的合法性和权威性。

5.4.5 警示语

部分新闻还包括一些不常见的信息，比如令人炫目或不安的视频、毛骨悚然的画面、血腥的场景等。面对此类情节或画面，BBC 新闻往往会在新闻核心部分提前向观众发出警告，以告知他们接下来的新闻报道中可能包含一些令人不安的信息。英国通信管理局明文规定，"闪烁耀眼的视频影像"可能引发光敏性病人"癫痫发作"或类似病情，要求各类广播公司播放炫目或耀眼的画面时应提前向观众发出警示（Ofcom，2017：9）。因此，提前警示观众可能存在的不安镜头或画面不只是广播公司的自发行为，更是法律法规要求的应尽之责。在例 5.11 中，主持人介绍完新闻事件后便插入了如下语句：Nick Robinson's report does contain flash photography（第7~8行）。类似例子还可以在例 5.13 和例 5.14 中看到。

例 5.13　This report from our home affairs correspondent Matt Prodger <u>contains</u> <u>flash photography</u>.（BBC《十点新闻》，2012 年 1 月 11 日）

例 5.14　This report by our technology correspondent by Rory Cellan Jones <u>does contain some flashing images</u>.（BBC《十点新闻》，2012 年 1 月 10 日）

上述例证说明，BBC 新闻在播放不安或光敏性信息时倾向于向观众提前告知或发出预警。这种做法的原因或目的大致可归纳为以下几点。首先，提前预警体现了新闻机构以观众为中心的传播理念。向观众预警意味着新闻传播活动是以观众为中心的，默认观众有权知道新闻中可能出现的、令人不适的信息。当接收到警示时，观众可以根据该预警信息来自由选择是否观看相关新闻。其次，发出预警体现了记者的专业主义精神。根据新闻的行为规范，记者有责任、有义务向观众提供真实、客观、可靠的信息（Creech，2020；Tryon，2020）。告知观众潜在的危害性信息体现了新闻工作者对职业道德和专业主义精神的坚守。最后，警示语还是一种免责声明。有些信息（比如炫目的镜头或血腥的画面）可能会给部分观众（如儿童）带来伤害。这些伤害往往会招致潜在的法律诉讼和官司。但是，提前向观众发出预警则可以有效避免类似诉讼或诽谤案的发生。

5.5　主持人的话语行为

会话分析学者普遍认为，话语的机构意义主要表现在人称指称、词汇选择、语法形式、转换方式、序列行为、推理框架等方面的运用（Atkinson，1992；Clayman，1992；Clayman & Heritage，2002a；Drew & Heritage，1992a，1992b；Drew & Sorjonen，1997；Heritage，2005）。我们借助上述分析工具，对新闻核心中的主持人话语进行了分析。研究发现，代表新闻机构发声是主持人话语的主要特征，这主要通过主持人的以下话语行为体现出来，即管理新闻话语、设定话语基调、转述他人言论。

5.5.1 管理新闻话语

主持人是新闻核心的主要参与者。新闻内容的组织、阐述和播报都需要主持人以电视为媒介向观众呈现。因此，主持人承担了控制和管理新闻核心话语的角色。首先，当新闻核心开始时，主持人需要通过起始语结束前一条新闻的报道。以下是其中一个例子：O.K. (.) David (.) thanks very much once again (.) David Shukman (.) now（见例5.4）。在该例中，主持人至少扮演了两种角色。第一，主持人是话语控制者。通过 O.K. (.) David (.) thanks very much once again，主持人试图结束上一条新闻的报道。"O.K."既是主持人对记者所说内容的肯定（Heritage, 1984），也是他试图结束与记者互动的一种信号，相当于预结束（pre-closing）。伊曼纽尔·A. 谢格洛夫（Emanuel A. Schegloff）和萨克斯认为，当两人之间的对话即将结束时，对话双方会以 well、OK、alright 等类似表达来传递话轮而不提及新的信息，以此表明他们已经做好了结束对话的准备（Schegloff & Sacks, 1973）。他们将这种相互传递话轮而不涉及实质内容的做法看作预结束（Schegloff & Sacks, 1973）。

在该例中，主持人使用"O.K."回应记者的话语，表明他不打算将刚才的话题继续下去。于是，紧随"O.K."之后，主持人向对方发出了感谢的话语，即 David (.) thanks very much once again，以此结束与记者的互动。之后，主持人立刻转向观众，用比较正式的语言向观众介绍 David Shukman。之所以用正式的语言，是因为主持人与观众之间属于公共社交距离范围内的互动，在表达上自然比与同事交流更正式一些（Hall, 1990）。表达感谢之后，主持人用 now 作为起始语，将观众引入下一条新闻的播报（即新闻核心）。总之，主持人尽管只用了一个简单小句，却执行了一连串具有话语管理作用的行为，即预结束+感谢受访记者/结束对话+介绍受访记者/与观众互动+引入新的话题。

第二，主持人扮演了话语沟通者的角色。当与受访记者互动时，主持人使用了非正式称呼语 David。非正式称呼语表明主持人与记者之间是同事、熟人，因此交流起来比较轻松、随意。尽管新闻播报属于公共话语的一部分，但发生在同事间的新闻话语交流明显比与观众之间的互动更加随和（Clayman, 2012, 2013; Jefferson, 1973; 曹炜, 2005; 赵英玲,

1997)。当主持人面向观众时,对记者的称呼则变成了 David Shukman。该表达明显比直呼其名(即 David)更加正式,显示出主持人和观众之间的公共社会距离(Hall,1990)。换句话说,当主持人面向观众时,表示他与记者的互动已经转换到他与观众的互动(Clayman,1992;Goffman,1981),语言也随之变得更加正式。实际上,正如紧随其后的 now 所暗示的,正式称呼语 David Shukman 的出现预示着新的报道的开始。

主持人对话语的管理还体现在不同语域之间的转换上(shift of discourse domain)。当介绍完新闻主题后,主持人往往会对报道记者进行介绍,如"我们的记者昨晚进行了一番探访"。通过类似的表达,主持人自然地把话语权移交给后续新闻报道的记者。这样观众就可以按照主持人的指示,从新闻核心转移到新闻辅助部分(即报道部分)。例如 our political editor Nick Robinson has this report(见例 5.6),这是 BBC 新闻核心中一条有关记者身份介绍的话语。主持人通过介绍记者的所属单位(our 指 BBC)、部门和职位(political editor)、姓名(Nick Robinson)等信息,以确认记者的机构身份,并向观众介绍接下来即将进行新闻报道的记者。不仅如此,他还通过 has this report 将观众直接指向即将播出的新闻。首先,指示词 this 在这里起着下指的功能,从而将后续报道和当前话语衔接起来(Halliday & Hasan,1976)。其次,report 一词表明,主持人的话语已经结束,后续报道即将开始。于是,随着"记者身份介绍"的出现,话语语域自然而然地从演播室播报话语转向新闻现场的报道话语。

5.5.2 设定话语基调

在新闻播报过程中,主持人作为主要的参与者不仅要对新闻内容进行总结,还需要为后续报道设定恰当的基调。在例 5.15 中,主持人尝试通过呈现一系列的冲突来设置客观、中立的基调。第一个提到的冲突发生在公司和消费者之间,即 PIP 公司拒绝向消费者赔偿在更换有问题的丰乳材料过程中所产生的费用(第 2~3 行)。第二个提到的冲突发生在公司和政府之间,即政府表示,PIP 公司有责任采取赔偿行动(第 5~6 行)。当陈述冲突时,主持人使用了部分强调表达式,如 one of Britain's leading providers、nearly 14,000 women、the focus of safety concerns across Europe。这些表达体现出一种严肃、庄重的氛围,同时也暗示了事件本身的严重性。

例 5.15 （BBC《十点新闻》，2012 年 1 月 11 日）

1	PR(dva):	Good evening (.) one of Britain's leading providers of cosmetic
2		surgery in the private sector is refusing to pay for the replacement
3		of defective breast implants (.) the Harley Medical Group carried
4		out surgery on nearly 14,000 women (.) using PIP implants (.)
5		which are now the focus of safety concerns across Europe (.) the
6		Government said the private sector has a moral duty to take action
7		as our medical correspondent (.) Fergus Walsh (.) reports (.)

从冲突的呈现方式看，主持人扮演了叙述者的角色，始终将自己置身于冲突之外，从旁观者的角度陈述冲突各方的立场。比如，主持人首先描述了 PIP 公司的反应，转述他们的观点，即他们认为有关问题丰乳材料的责任不应由他们承担，因此拒绝支付因更换丰乳材料而产生的费用（第 2~3 行）。接着，主持人陈述了来自政府部门的意见，即政府部门反对公司的说法，PIP 公司有责任、有义务采取行动（第 5~6 行）。在整个过程中，主持人始终扮演着"转述"第三方观点的角色，因而维护了自身超然、中立的姿态。

5.5.3 转述他人言论

如上所述，主持人倾向于在呈现新闻核心时转述来自各方的不同观点、立场或声音。尽管这些声音可能真实存在，但将它们并置一起则体现出主持人有意识的行为。其目的很简单，主持人试图通过观点并置创设一种客观、中立的播报立场。例 5.16 涉及对卡梅伦政府的中期执政报告。

例 5.16 （BBC《十点新闻》，2013 年 1 月 7 日）

1	PR(dva):	Good evening (.) David Cameron and Nick Clegg say they will
2		keep the coalition together until the next election in 2015 (.) at a
3		joint news conference in Downing Street (.) they unveiled the
4		Government's mid-term review and outlined policy areas (.)
5		including care of the elderly (.) where new action is being
6		planned (.) Labour said that the review lacked any detail or
7		substance (.) our political editor Nick Robinson has this report

在例 5.16 中，主持人呈现了两种截然相反的声音。第一种声音来自英国政府，即以时任首相卡梅伦和副首相克莱格为代表的声音。他们表示将继续联合执政到 2015 年下届选举（第 1~2 行）。第二种声音来自反对党——工党，他们批评卡梅伦政府的中期执政报告没有任何实质内容（第 6~7 行）。在播报过程中，主持人明确地将上述两种相互对立的言论

分别归属于卡梅伦政府和工党议员，而不是草率地将它们呈现为新闻机构或记者个人的观点。于是，整个新闻呈现出一种正、反平衡的状态，避免了新闻机构或记者个人观点的介入。

一般来说，新闻核心包含三种不同类型的声音，即记者的机构声音、记者的非机构声音和非新闻机构的声音。记者的机构声音指记者代表新闻机构发表观点（新闻核心中主要来自主持人）。记者的非机构声音指的是记者在新闻报道中发表个人观点。非新闻机构的声音是指非新闻人员如证人、专家或公众人物的意见或言论。记者的机构声音在新闻核心中占主导地位，另外两种声音只起着充当补充的作用。比如，在呈现言语反应时，主持人倾向于将不同乃至相反的声音归因于非新闻机构或个人，这样就可以形成不同立场之间的"冲突"。同时记者则远离这些声音或观点，以保持新闻的中立性（Clayman，1988，1992；Jacobs，2002；杨保军，2008）。塔奇曼认为，这是新闻客观性"仪式化"的一种表达方式。她认为，当只呈现一方事实（事实 A），而不是双方或多方的事实时（即事实 B、C……），新闻就会出现偏见的陈述，从而失去新闻报道的客观性（Tuchman，1972）。因为所有事物至少存在正、反两个方面。或者说，每件事都可能带来不止某一方面的影响，通常会牵涉到两方甚至多方的利益、义务或责任。因此，记者应尽量以第三方叙述者的身份呈现新闻事实，并转述（而非代替）事件相关方的观点，把真相留给观众去判断（Tuchman，1972）。

除声音并置外，主持人还可以通过情态词的使用让自己或新闻机构置身事外，给观众留下"呈现事实"的印象。情态表示"说话者对话语内容做出的不同程度的承诺，或对话语命题表达出的确信（或怀疑）程度"（Saeed，2000：125）。情态一般包括道义情态、认知情态和言据性。道义情态关注的是说话者是否对话语行为承担责任、义务或表达某种意愿或能力，比如："请你去一下"（表示请求），"你必须说出来"（表示责任），"我们能够成功"（表示能力）。认知情态指的是说话者"对所陈述事实的承诺程度"（Montgomery，2007：32），比如："这是正确的"（表示确定），"他可能会来"（表示可能性），"他们现在应该成功了"（表示估测）。言据性表示用于支持说话者自己观点的语言证据或有效性标记，如"很明显""显然""当然"等（Hyland，2005a，2005b；Hyland & Tse，2004；Schiffrin，1980；陈新仁，2020；李佐文，2003；王振华、吴启竞，2020；徐赳赳，2006；杨信彰，2007）。这里强调的主要是第二种情态，即认知情态。认知情态既可能是确定的，属于高情态（high modality）；也可能是不确定的，属于低情态（low modality）。在新闻核心中，主持人通常使用断言式的话语呈现新闻事实。断言式的话语表明说话者对所述内容确信不疑，因此属于高情态。它在一定程度上能够增强话语内容的客观性和真实性（Montgomery，2007；张楚楚，2007）。

5.6 小　　结

本章讨论了新闻核心的组织结构，以及主持人在播报新闻核心时所表现出来的机构身份和话语行为。从组织结构看，新闻核心一般包括起始语、新闻事件、言语反应、记者身份和警示语。就 BBC《十点新闻》而言，新闻核心倾向于淡化事件本身而强调各方对事件的（言语）反应。这一定程度上表明，BBC 新闻在试图强调事件带来的社会影响的同时，强调记者在新闻中的中立姿态。从主持人话语看，新闻核心是主持人作为新闻机构代言人最集中的体现。一方面，主持人承担着管理新闻话语的任务，比如结束上一条新闻、导入下一条新闻、与上一条新闻的记者告别、引入即将登场的记者、与观众互动，等等。另一方面，他们还需要对接下来的新闻设置一定的话语基调。一般来说，他们倾向于通过新闻核心的呈现，根据事件的性质将新闻设置成不同风格的新闻话语，如严肃、庄重、轻松、愉悦等。除此之外，他们还需要对新闻中的主要参与者做适当的预告，如转述他们的观点和立场，以吸引观众的关注。最后，他们还起着协调各种声音的作用。一般来说，新闻核心主要由主持人代表新闻机构，面对镜头以视频直接呈现的方式播出。因此，主持人是新闻核心的主要参与者，直接代表着新闻机构的声音和形象。而且，这种声音主导着新闻核心的整个播报过程（Montgomery，2007）。然而，在多数情况下，新闻机构的声音也会与其他声音糅合，形成不同立场相互碰撞的多声性话语（Bakhtin，1981，1986；Feng，2016c）。这些声音可能来自记者的个人观点，但大多来自非新闻机构的声音，如公共人物、目击者、观察员、专家等。主持人则通过访谈互动、立场转换、话题介绍等方式将这些声音有机地融入到后续的新闻报道中去。

第6章 电视新闻中的指称关系

6.1 介 绍

电视新闻属于典型的有声文字和视觉图像并重的多模态语篇。语篇意义的建构以声画合一、图文并茂为特色。这些意义主要通过指称关系连接起来（van Leeuwen，1991，2005；Feng，2016a；冯德兵，2015）。电视新闻中存在各种形式的指称关系。这些指称关系在衔接连贯、新闻价值、可读性等方面起着重要的作用。不过，大多数的电视新闻话语研究并没有做到图文并重。除了大量以语言为主的研究外，有关电视新闻画面及其图像的研究并不多见（Feng，2015）。本章试图同时考虑电视新闻中的文字信息和图像信息，将语言符号和图像、色彩、布局等非语言符号结合起来，考察电视新闻话语的指称意义及指称关系。①

蒙哥马利（Montgomery，2007：97-98）认为，一则电视新闻的报道是否具有可读性，应遵循以下两条基本准则。

> 准则一：文字通道上的任何指称都可以在图像通道中找到相应的指称对象。
> 准则二：图像通道中描绘的任何视觉元素都可以在文字通道中找到相应的指称表达。

本章将以上述准则为出发点，对电视新闻中的指称关系进行系统深入的梳理。具体来说，我们将首先梳理并构建电视新闻话语的图文指称分析框架，接着以该框架为基础，分析 BBC 新闻中出现的各种图文指称关系及其话语意义，揭示指称关系与新闻价值、衔接连贯和新闻的可读性之间的关系。

---

① 本章部分材料来自笔者 2016 年发表于期刊 *Visual Communication* 上的论文（Feng，2016a）。

6.2 早期研究回顾

系统功能语言学认为，指称就是符号"对文本信息的检索"（Halliday & Hasan, 1976: 31）。比如，当我们提到"北京"这一语言符号时，我们会根据该符号的指称意义从语篇中搜寻类似指称意义的表达，或根据该符号的意义，从现实中搜寻与北京相关的事物。该事物可能表示地点，如位于我国华北地区的一座超大城市；也可能表示一个抽象的概念，如北京意指我国的政治文化中心等。又如，当我们在交谈中提及 this 一词时，我们就会根据该词的指示意义从文中找到其所指的词项，如 this book、this girl；或根据该词的指示意义从以说话者为时空中心的位置出发，寻找现实生活中的相关事物，如 this book 可能表示说话者手上正拿着的一本书，或 this girl 可能指的是在说话者身旁的一位女孩。上述这些用于搜寻或查找篇内词项或篇外事物的功能就是指称。

早期有关指称的研究可以追溯到韩礼德和韩茹凯的衔接理论（Halliday & Hasan, 1976）。该理论涵盖了五大类衔接关系，即指称、替代、省略、连接和词汇衔接。其中，指称概念得到了后来者更加深入、广泛的研究。比如，J. R. 马丁（J. R. Martin）在韩礼德指称理论的基础上提出了指称识别系统（identification system）（Martin, 2004）。指称识别系统表示指称项和被指称项之间不断递归回溯的链条关系。根据这一链条关系，我们可以不断追踪指称符号所指的对象，直到追溯到被指称事物本身（胡壮麟，1994；张德禄、刘汝山，2003）。早前大量有关指称的研究主要集中在语言文字方面。但是，随着多模态话语分析的深入发展，学者们开始将语言中的指称概念引入到多模态话语或语篇之中，比如有关影视文本指称关系的研究等（Janney, 2010；Tseng, 2008；Tseng & Bateman, 2010, 2012）。曾巧仪（Chiao-I Tseng）和约翰·贝特曼（John Bateman）曾经将电影画面中的指称现象看作影像的"再现"（reappearance）行为（Tseng & Bateman, 2010）。根据他们的观点，"再现"表示影像中所描述元素的首次呈现和再次出现之间的照应关系，即当某个元素（文字、图像或声音）再次出现时，它就是对首次出现的这个元素的再现。曾和贝特曼有关这一概念的论述一定程度上诠释了影视中图文之间的指称关系，以及这种指称关系所反映的影视文本的衔接度和连贯性（Tseng & Bateman, 2010）。本章将以上述概念和系统功能语言学指称理论为基础，构建适用于电视新闻话语的指称关系分析框架。

近年来，人们开始将衔接理论运用于多模态语篇之中，将图像的符号意义与语言文字的符号意义对应起来加以考察，提出了许多有意义的观点和看法。多模态话语研究认为，语言是社会化的符号系统，其意义通过概念、人际、语篇三大元功能实现（Halliday，1978，1985；Halliday & Matthiessen，2014）。克雷斯等人认为非语言符号也具有上述功能，应将其纳入话语研究之中（Kress & van Leeuwen，2001，2006）。这一理念集中反映在克雷斯和范·勒文的《阅读图像：视觉设计语法》（*Reading Images: The Grammar of Visual Design*）一书中。该书以图像意义的建构为研究对象，提出了视觉图像符号的概念（即表征）意义、人际（即互动）意义和语篇（即构图）意义等重要概念及其实现系统，为多模态话语分析指明了方向，激发了大量后续研究。主要成果包括拉丹·马丁内克（Radan Martinec）对行为/运动意义的研究（Martinec，2000a，2000b）、凯·奥哈罗兰（Kay O'Halloran）对数学符号的研究等（O'Halloran，2004）。在图文关系方面，其研究成果更是硕果累累，比如特里·罗伊斯（Terry Royce）的互补框架（Royce，1998）、范·勒文（van Leeuwen，1991，2005）的语义连接系统、刘宇和奥哈罗兰提出的衔接关系系统（Liu & O'Halloran，2009）、曾提出的指称衔接理论（Tseng，2013；Tseng & Bateman，2010）、马丁内克和安德鲁·萨尔韦（Andrew Salway）提出的语义关系和语义地位（Martinec & Salway，2005）、理查德·W.詹尼（Richard W. Janney）描述的影视元素中的指称关系等（Janney，2010）。值得一提的是，克莱尔·佩因特（Clare Painter）等人（Painter et al.，2013）经过数十载的研究，在 2013 年出版了《解读视觉叙事：儿童绘本图像分析》（*Reading Visual Narratives: Image Analysis of Children's Picture Books*）一书。该书以图像语法（Kress & van Leeuwen，2006）为基础，对图画书中连续的图像、文字等符号进行了系统的研究，勾勒出了适用于视觉叙事的新的视觉语法理论。该理论仍然以系统功能语言学的三大元功能为基石，将视觉叙事中的人际意义进一步区分为聚焦、情感和氛围等系统，概念意义细分为人物、事件和背景的表征系统，语篇意义细分为融合和互补两大系统。该书的出版发行进一步推动了多模态话语研究向"视觉叙事"研究的转向（冯德正，2015）。

近年来，部分学者开始探索图像等符号在多模态文本中的指称关系，相继出现了一些有价值的研究成果（如 Janney，2010；Tseng，2008，2012，2013；Tseng & Bateman，2010，2012）。例如，曾在马丁提出的指称识别系统的基础上，建立了"电影"多模态文本分析模型，用来描述人物、物体和场景等影像元素的指称意义（Tseng，2012，2013；Tseng & Bateman，2010，2012）。詹尼（Janney，2010）则探讨了语言的指称概念在视觉影像中运用的可能性，分析了影像中的指称特征。本书在上述成果的基础上，将韩礼德的指称理论应用于电视新闻语篇中图文的指称关系。但是，本书将在以下三个方面有所不同。首先，上述研究主要涉及语篇内的指称关系，本书将在重视语篇内指称的同时，关注语篇外的指称现象。其次，上述研究仅考虑语篇的指称和衔接关系，本书将以指称为基础，进一步讨论指称意义与新闻价值的关系。最后，上述研究与本书在话语类型上存在很大差异。上述研究的话语类型主要是电影文本，而本书主要是电视新闻报道。电影文本一般属于故事的叙述（Painter et al.，2013；Palmer，1989；Tseng，2008；王文勇，2015），而电视新闻报道则是对事实的陈述与评论（Ekström，2002；Montgomery，2007；参见第5章）。因此，电视新闻报道中的指称关系毫无疑问不同于电影文本中的指称关系，且两者存在很大差异。接下来我们将分别从文字指称、图像指称和图文指称三个方面对电视新闻中的指称关系进行论述。

6.3 文字指称

一般而言，电视新闻报道因为涉及不同的播报方式（如直接视频呈现、原声摘录、画外音、采访片段、直播连线、出镜报道等），指称关系会相对比较复杂。但是不管采用何种播报方式，播出的信息都必须通过图像通道和文字通道同时加以呈现。因此，我们可以以图文通道为基础，将电视新闻的指称关系大体上划分为文字指称、图像指称和图文指称三类。

皮尔斯认为，意义的产生是一种符号指称过程，在这个过程中，符号、客体和释义互相作用，形成一个有机的三位一体（Peirce，1958）。符号表示用于指称客体的事物，如用于传递意义的声音、图像、文字、物品等。客体表示被指称的对象，如实物、概念或感受。释义表示感知者对符号意义的理解过程，也就是说，符号的指称意义必须通过感知者的释义才能获得（李涛，2011）。与皮尔斯同时代的索绪尔，也对符号进行了卓有成效的研究。他将符号的指称过程看作能指和所指（de Saussure，1983）两类。能指表示用于指称的符号，而所指则表示被指称的事物。譬如，当我们看到"狗"这个词时，就会感知到[狗]的概念。"狗"这个词就是能指，[狗]的概念即为所指。二者虽然说关注的重点不同（前者主要从感知者的角度出发，因此比较强调指称过程中的释义过程；后者主要是符号本身的意义表达过程，因此比较强调符号的指称意义是如何产生的），但最终都落实到符号的指称意义上，即符号的指称项（即能指）和被指称项（即所指）。根据能指和所指的划分，我们可以进一步将指称过程划分为篇外指称和篇内指称。篇外指称表示指称表达指向"情境中的事物"，即外指，亦称情景指称。篇内指称表示指称表达指向"语篇中的事物"，即内指，亦称语篇指称（Halliday & Hasan，1976：32）。语篇指称可根据指称项和被指称项在语篇中的位置进一步划分为前指（即指向上文提及的事物）和后指（即指向下文提及的事物）。接下来将以上述理论为基础，从人称、指示和比较三方面对文字指称作详细论述。

6.3.1　人称指称

人称指称表示"通过人称代词实现的指称"（Halliday & Hasan，1976：37），包括第一、二、三人称代词。指称词为中心词（比如我、我们、你、你们、他、她、它、他们）的指称为存在指称，指称词为物主代词的指称（比如我的、我们的、你的、你们的、他的、她的、他们的）为属格指称。名词性代词形成的指称既可以充当属格指称，也可以充当存在指称（胡壮麟，1994）。除此之外，人称指称还可以通过专有名词表示。从广义上看，所有的表达都具有一定的指称意义（或概念意义），即索绪尔所说的符号指称意义（de Saussure，1983）。这是意义得以表达的基础与前提。不过本章主要关注狭义的指称意义，即用以在语篇中进行追踪、检索事物（或项目）的语言的指称功能。撇开一般的指称含义不论，名词性表达如专有名词可以被看作具有人称指称功能的表达（任绍曾，1996）。比如，"张三"一定是指"他"而不是指"你"或"我"，"美国"一般表示一个具体的国家，而不是其他。当然，一个词的具体指称意义需要通过语境确定，没有语境的指称是没有意义的。

6.3.2　指示指称

指示指称表示符号根据事物的因果关系而确立的指称意义。比如，天上出现乌云则预示可能下雨，冒烟则可能表示出现了火灾。指示意义依赖语境而存在，并随着语境的变化而变化。比如，"这就是小王"中的"这"必须指向说话者所指的对象才能确切地让听话者识别该词的指称意义。指示指称一般通过指示语（deixis）和指示词（demonstrative）实现。常用的指示语有时间词（如现在、那时）、地点词（如这儿、那儿）和人称词（如我、我们、你们）。指示词一般包括这、这些、那、那些等指示代词。指示指称还可以表示被指称事物的距离和位置（胡壮麟，1994；张德禄、刘汝山，2003）。表示"近"的指示指称表达包括指示代词如 this、these 和指示副词如 here、now。表示"远"的指示指称表达包括指示代词如 that、those 和指示副词如 there、then。英语中的定冠词 the 在指称中不涉及远近。由于电视新闻旨在反映真实的现实，其中许多指称为指示类外指，且多为直示语。例如：

例 6.1 （BBC《十点新闻》，2011 年 7 月 29 日）

| 1 | RR: | There aren't many laughs <u>there</u> <u>these days</u> (.) |

例 6.1 中的 there 指纽约证券交易所所在位置，是离说话者（和/或听话者）比较远的一个地方。these days 指该报道正在进行的那段时间，即以说话者为中心的那段时间。上述两个表达都属于直示语，表明说话者试图传递给观众的是现实生活中发生在"当时""当地"的真实事件。

6.3.3 比较指称

比较指称表示通过形式或内容上"相同（相似）或差异"而实现的指称（Halliday & Hasan，1976：37）。表示相同的指称词包括 the same/相同的、similar/相似的、identical/相同的等，表示不同的指称词包括 different/不同的、unlike/和……不一样的等，以及表示比较级或最高级的表达，比如 better/更好的、best/最好的。在例 6.2 中，four increases、seven more increases 和 three times 在内容上相似且为递进关系，因此形成一个比较指称链。类似地，six trillion、more than eleven trillion 和 over fourteen trillion dollars 形成另一个比较指称链。二者都是因内容相似而形成连贯的指称关系。

例 6.2 （BBC《十点新闻》，2011 年 7 月 29 日）

1	PR:	There were <u>four increases</u> (.) bringing the limit to almost <u>six trillion</u>
2		(.) <u>seven more increases</u> under George W. Bush (.) raised it to
3		<u>more than eleven trillion</u> (.) under Obama (.) it's gone up
4		<u>three times</u> (.) to <u>over fourteen trillion dollars</u> (.)

例 6.3 （BBC《十点新闻》，2013 年 1 月 8 日）

1	PR:	Increasingly (.) it's an uneasy relationship between the Afghans and
2		<u>their</u> foreign partners (.) <u>the first British soldier</u> to die this year still
3		hasn't been named (.) but like the five <u>others</u> who died before <u>him</u> on
4		<u>their</u> six-month tour of duty (.) <u>he</u> was killed by Afghan security forces

在例 6.3 中，others（第 3 行）表示差异，和 the first British soldier 形成一个表示"差异"的比较指称。然后它再与其他指称词（如人称指称 he、their 和 him 等）连接起来，从而形成一个整体的指称链。

比较指称还表现在符号的象征和象似性上。许多符号都具有任意性。譬如"狗"作为能指，与所指[狗]的概念并无关联，完全是约定俗成的结果。这种由任意性和约定性结合而成的意义叫作符号的象征意义。几乎所有的语言符号都经历了任意选择、积淀、认可、约定俗成的演变过程，因此属于典型的象征性符号。正是因为语言符号的象征性属性，人与人之间才能够通过语言文字轻松自然地进行交流。图像符号同样具有象征意义。比如，在一则有关机器人协助人类进行心理治疗的报道中，记者在电视画面中有意识地插入了一些参与治疗的老人和机器人海豹互动时的欢快时光。这些画面在一定程度上象征着老人们的"幸福、快乐生活"，意指机器人海豹可以给病人带来快乐、健康、幸福。不仅如此，这些开怀大笑的场景还通过文字信息得到了加强。比如，记者在展示这些画面时，几乎同步使用 smile、chuckle 等词对画面中的情景进行描述，从而巧妙地将图文的象征意义结合了起来。观众处于最佳关联的认知心理，往往能够将画面中的笑容和文字中的 smile、chuckle 对接起来，产生图文呼应的解读（也见冯德兵，2015）。

符号的相似意义表示符号在能指、所指和参照物之间形成形状或结构上相似的特征。比如，当报道鄱阳湖干旱时，电视画面呈现的是湖底长满了杂草（能指），文字中说的是"湖底好似大草原"。这与现实中的草原（参照物）及人们大脑中的草原（所指）形成一定的相似性，形象地呈现了湖底因无水而杂草丛生的景象（参见冯德兵，2015）。

综上，我们可以通过图 6.1 对文字指称进行概括。

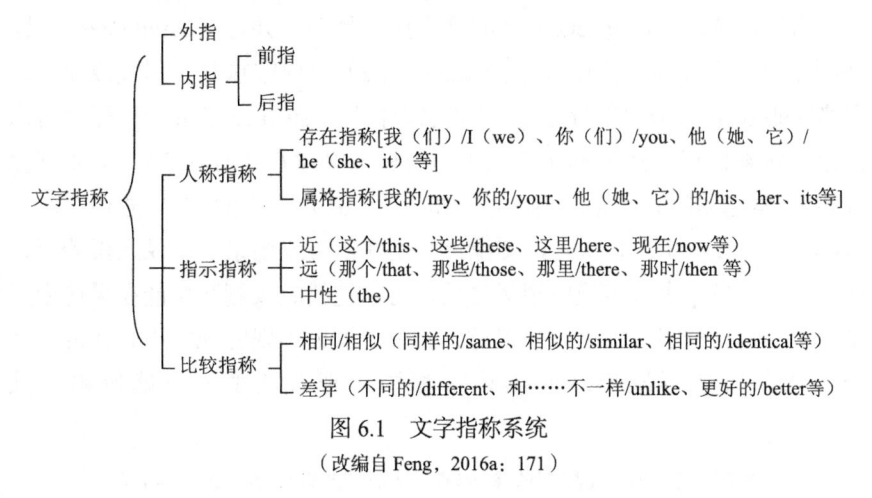

文字指称
- 外指
- 内指
  - 前指
  - 后指
- 人称指称
  - 存在指称[我（们）/I（we）、你（们）/you、他（她、它）/he（she、it）等]
  - 属格指称[我的/my、你的/your、他（她、它）的/his、her、its等]
- 指示指称
  - 近（这个/this、这些/these、这里/here、现在/now等）
  - 远（那个/that、那些/those、那里/there、那时/then 等）
  - 中性（the）
- 比较指称
  - 相同/相似（同样的/same、相似的/similar、相同的/identical等）
  - 差异（不同的/different、和……不一样/unlike、更好的/better等）

图 6.1 文字指称系统
（改编自 Feng，2016a：171）

6.4 图像指称

我们可以根据文字指称的理论探析图像指称的关系。图像作为一种视觉符号，主要由色彩和形状构成。按照文字指称的表述，我们可以将图像的色彩和形状看作能指，将色彩和形状所描述的意义看作所指。就图像所描述的事物而言，图像本身即为能指，图像传递的意象或概念即为所指（隋岩，2010）。图像指称同样包括内指和外指。一般来说，指向视觉文本之内的指称属于内指，指向视觉文本之外的指称属于外指。就连续图像而言，指向前面图像及其所描述事物的指称为前指，反之则为后指。另外，根据韩礼德的指称分类，我们可以把图像指称进一步划分为人称[①]、指示、比较三种类型。然而，图像不同于文字：文字的人称、指示和比较指称一般是相互排斥的，而图像因为其意义具有不确定性和"多重解释性"（polyinterpretability）（van Leeuwen，1991：112），其人称、指示和比较指称意义则可能完全重合或共存。如下文所述，当奥巴马总统第二次出现在一则新闻报道的特写镜头中时，我们可以将第二次的镜头既看作人称指称，即[再现：重复]，也可以看作指示指称，即[近距离：细节]。下文将从人称、指示、比较三方面，对图像指称在电视新闻报道的形式和功能详细论述。分析单位一般为独立镜头或连续镜头中的一系列关键帧。

6.4.1 再现

R. 巴顿·帕尔默（R. Barton Palmer）用"视觉重现"（visual recurrence）阐述了视觉文本中的指称衔接，总结了五类视觉重现的形式。它们是重现（recurrence）（即"直接重复"）、并行（parallelism）（即"内容改变，形式重复"）、释义（paraphrase）（"内容重复，形式改变"）、省略（ellipsis）（即"部分重复"）和表面标记（surface signal）（即"时态标记、体态标记、接连标记"等）（Palmer，1989：321-322）。上述视觉重现的概念相当于曾（Tseng，2012，2013）提出的"再现"。曾（Tseng，2012，2013）认为，图像指称是在镜头或场景中影像元素的"再现"过程。当一个人接受电视新闻采访时，他的脸或侧影可能在采访中反复出现，其身份因此就可以被追踪、定位。如果再现的视觉内容和形式完全相同，或者再次出现时其内容相同、形式改变——就像帕尔默

[①] 图像中的人称指称一般表现为图像中被指称的人物或事物的再现（详见 6.4.1 节）。

(Palmer，1989）论及的"重现"或"释义"。例如，在例 6.4 中参与者斯科特·塔尔博特（Scott Talbott）的形象在镜头中两次出现，内容上完全一样，只是镜头从远景变成了中景，因此我们认为，这是一种完全重复的指称方式，即[再现：完全重复]。

例 6.4　（BBC《十点新闻》，2011 年 7 月 29 日）

镜头 9：　　LS 反向拍摄：记者与受访者边交谈边观看奥巴马演讲

　↑　　[再现：完全重复]

镜头 10：　　MCU 受访者 字幕：SCOTT TALBOTT: The Financial Services Roundtable

---

如果一个视觉元素重新出现时只是部分显示——就像帕尔默所说的"省略"和"表面信号"——我们称其为"部分再现"（meronymy）。例如，我们可以用股票交易所角落的图片指代纽约证券交易所，其中指称项和被指称项之间是一种部分与整体的关系（即 meronymy）。

6.4.2　指示

语言中的指示本质上是"一种文字指向关系"（Halliday & Hasan，1976：57），即通过文字符号（例如"这个""那个"），指向被指称物。一般而言，使用何种指称项可以根据二者之间的距离确定，如果较近，则用"这个/这些"，反之则用"那个/那些"等。图像的指示意义可以通过箭头、问号、国旗等符号加以识别。有些则需要借助具体的语境才能辨识出来，例如乌云密布的镜头（预示暴风雨即将来临）、面黄肌瘦的儿童（表示饥荒或贫穷）、广场上的欢声笑语（表示人民安居乐业）等。不过这些图像都具有一个共同的特征，即视觉"指向"性。我们将这种具有图像"指向"属性的现象称作指示指称。

图像指示指称可以通过距离或方向实现。距离表示被指称物在时空上的远近位置。时间距离可以通过颜色来确定。一般而言，用黑白色描述的事物表示过去，用彩色描述的事物表示现在（Tseng，2008）。空间距离一般通过图像的大小来确定（Janney，2010）。范·勒文（van Leeuwen，1991：98）认为，远景图像由于镜头拉长，被拍摄的事物会变小，但能够反映事物的整体特征，因此属于"概述"（overall）；近景图像由于镜头拉近，被拍摄的事物会放大，聚焦事物的细节，但不能反映事物的整体面貌，因此属于"细节"（detail）。曾（Tseng，2013）也有类似的观点，她将视觉元素的整体看作"笼统特征"（general），将视觉元素的凸显看作

"具体特征"(specific),但她的论述不仅包括图像,还包括其他多模态形式如文字(Tseng, 2013)。为了区分图像和其他模态,并强调图像的指称意义,我们倾向于使用范·勒文(van Leeuwen, 1991)的"概述"和"细节"的概念。因此,[距离]可以通过[颜色]或[大小]实现,[大小]可以通过[概述]或[细节]实现。在例 6.5 中,镜头 7 是镜头 6 的远景再现,因此为镜头 6 的[概述]。

例 6.5　(BBC《十点新闻》, 2011 年 7 月 29 日)

镜头 6:	CS 纽约证券交易所开幕式上的 Smurfs
↑	[距离:概述]
镜头 7:	LS 纽约证券交易所开幕式。相机右移、拉远、淡出

例 6.6 中参与者(柜台旁的人)的影像随着镜头逐渐拉近,从镜头 15 中[概述]镜头的一部分(表示该参与者属于整个镜头中的一员)逐渐变成镜头 16 的[细节]。

例 6.6　(BBC《十点新闻》, 2011 年 7 月 29 日)

镜头 15:	PS 就餐的人们
↑	[距离:细节]
镜头 16:	CU 在收银台的男人(即受访者 3)

方向(direction)表示图像或图像元素显示出来的向量信息(Kress & van Leeuwen, 2006)。方向可以通过相机方向或参与者方向实现。相机方向表示指示意义随着相机的移动(比如变焦、倾斜、平移和仰拍/俯拍等)得以实现,观众跟随相机的移动看向被指称的事物,其中相机的移动称为指称向量(Janney, 2010)。参与者方向表示指示意义随着参与者的行动方向或视角(如凝视、手势和运动)指向被指称的事物,其中参与者的行动(或行为)称为指称向量。比如,凝视(gaze)可以被看作行动的向量(Kress & van Leeuwen, 2006),我们可以根据视线凝视的方向将注意力从当前的行为移到下一个行为。冯(Feng, 2016a)曾以 CNN 新闻在 2011 年 2 月 14 日有关意大利前总理西尔维奥·贝卢斯科尼(Silvio Berlusconi)性丑闻的报道为例,论述了人物的视线凝视作为方向指称的表达方式。在一段有关贝卢斯科尼的连续镜头中,镜头以贝卢斯科尼的视线为中心由远及近地移动,形成了一连串不同的影像。在其中一段影像中,贝卢斯科尼正对着一位警卫说话,然后将目光转向他的左侧。与此同

时，镜头也跟随其目光凝视的方向向左侧平移，直至将另外三名警卫纳入镜头。在这段影像中，参与者方向（即贝卢斯科尼的目光移动）和摄像机方向（即相机向贝卢斯科尼的左侧平移）都具有方向指称的功能，它们共同指引观众从前一个镜头转向下一个镜头。

方向指称也可以通过参与者的手势（gesture）实现。在例 6.7 中，镜头 8 描述的是一位专家正在介绍机器人海豹，这是一个远景镜头。然后相机沿着讲述者的手势逐渐拉近，直到聚焦（特写）到机器人海豹活动着的眼睛上。在这一过程中，讲述者的手势起到了指示指称的作用，指引着观众从远景中的机器人海豹移向特写的镜头，即能活动的机器人海豹的眼睛。

例 6.7 （BBC《世界新闻》，2010 年 10 月 2 日）

镜头 8： LS 一位男人正在介绍机器人海豹。相机镜头逐渐拉近、聚焦

↓ [距离：细节]

镜头 9： CU 机器人海豹；相机顺着男人手指的方向，将镜头对准机器人海豹的眼睛，拉近、聚焦

另一种实现方向指称的方法是参与者的[运动]，或者与运动匹配的镜头。有时，镜头的排列被设计成前后动作匹配的影像，从而实现视觉文本的连贯。例如：

例 6.8 （BBC《十点新闻》，2011 年 7 月 29 日）

镜头 4： MLS 奥巴马向右走出大门

↓ [方向：参与者方向：运动]

镜头 5： MCS 奥巴马在大厅演讲

例 6.8 中镜头 4 显示，奥巴马总统正走出大门向右转，镜头 5 显示奥巴马正在演讲。镜头 4 中奥巴马的移动方向好比一个指向标，将观众自然地引向下一个画面，即镜头 5 中奥巴马的演讲。

6.4.3 比较

图像信息亦可形成比较指称。"电影影像虽然缺乏文字上的比较指称，但它具有表达相似或差异的视觉化手段。"（Janney，2010：254）图像之间可以通过图像的排列组合表达相反或相似的信息。在影片中，无论在内容还是形式上，图像均可以通过相似或差异与出现过或即将出现的视觉元素形成呼应（van Leeuwen，2005）。换句话说，我们可以通过图像之

间的差异或相似实现图像元素的指称。这与帕尔默（Palmer，1989）的"视觉重现"概念相似。帕尔默认为，可以通过"并行"表示前后图像之间的不同之处（即"内容改变，形式重复"）。同样地，我们可以通过内容或形式的"重现"、"释义"、"省略"或"表面标记"表达图像之间的相似性（Palmer，1989）。例6.9呈现的是镜头14和镜头15之间的差异，即前者描述的是贝卢斯科尼作为总统而享有的特权，而后者展示的则是有关他的性丑闻和民众对他的谴责，前后之间形成鲜明的对比。

例 6.9 （CNN 新闻，2011 年 2 月 14 日）

镜头 14:	LS 贝卢斯科尼正对警卫说话，两手放在口袋，接着转向左侧；镜头顺着他的目光移动，三位警卫进入镜头
↑	[差异]
镜头 15:	CU 游行人群挥舞着标语，有人站在窗前观看窗外的游行

综上，图像指称关系可以概述如下（图6.2）。

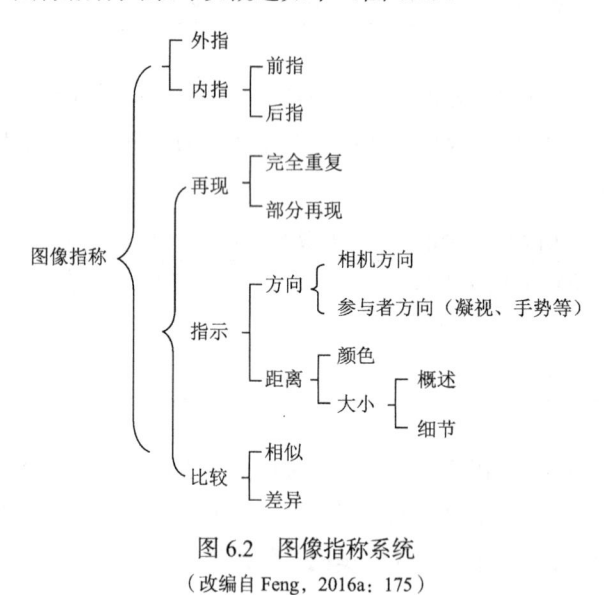

图像指称
- 外指
- 内指
  - 前指
  - 后指
- 再现
  - 完全重复
  - 部分再现
- 指示
  - 方向
    - 相机方向
    - 参与者方向（凝视、手势等）
  - 距离
    - 颜色
    - 大小
      - 概述
      - 细节
- 比较
  - 相似
  - 差异

图 6.2 图像指称系统
（改编自 Feng，2016a：175）

6.5 图文指称

图文指称关系表示在同一文本或话语中，图像通过指称手段指向文字中的事物，或文字通过指称手段指向图像，抑或图像和文字共同指向同一事物。具体而言，我们可以根据图像和文字的地位及作用，将图文指称细分为图文共指、图像过渡（visual-as-bridge reference）、图文平行（visual-verbal parallelism）三种类型。

6.5.1 图文共指

我们将图像通道和文字通道的相互指称现象看作图文共指，其中指称项和被指称项之间是同时出现的。根据蒙哥马利（Montgomery, 2007）的观点，电视新闻中文字指称的事物大致也是图像指称的事物，即图文之间共同指向同一事物，他称其为图文共指。共指既包含内指又包含外指，是连接篇内信息和篇外信息的桥梁。当共指发生时，篇内的图文共同指向篇外的客观实体或想象世界的物体。在电视新闻中，图文共指具有以下特征。首先，图文之间的指称是跨通道的，即图像通道的指称项指向文字通道的指称项，反之亦然。其次，图文指称预设了指称项和被指称项之间的同步出现，也就是说，二者在同一时间或几乎同一时间被呈现。罗伊斯（Royce, 1998：103）认为："对连贯的多模态文本而言，页面中的图文信息在语义上呈互补分布。"马丁内克和萨尔韦也持类似的观点，他们认为"当图像和文本以平等的方式分布且相互修饰时，它们之间呈现互补关系"（Martinec & Salway, 2005：343）。这种互补关系也体现在电视新闻的图文共指关系中，即分别来自图像通道和文字通道的信息可以以互补的方式，共同指称同一事项。图文共指如图 6.3 所示。

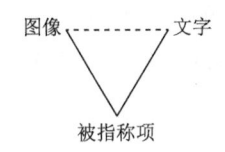

图 6.3　图文共指
（改编自 Feng, 2016a：176）

为了和画面有机结合，文字通常根据人的视觉移情规律，假定画面为现实世界，通过指示语、指示词、人称代词、时态等手段指称画面中的信息，带领观众走进新闻事件现场，给人以身临其境的感受（Halliday & Hasan, 1976）。同时，图像可以根据本身的相似性指称文字信息。首先，图像利用方向（如箭头、图标等）、向量（如速度、运动等）"示例"文字信息。比如，当报道股市震荡时，画面中往往会出现表示股指下跌或上扬的箭头。其次，画面利用镜头的推拉摇移指称文字信息。大多数电视画面由长镜头组合而成。长镜头不仅能够将观众带入新闻事件，而且可以配合文字的描述，推拉摇移镜头，"凸显"文字信息，实现图文统一。另外，图像偶尔通过转喻或隐喻,"延伸"文字信息。当我们听到报道中提及某政府机构或抽象概念时,电视画面往往以转喻的方式引申意义,达到图文一致,比如:当提到美国政府时,画面中往往出现白宫的形象;当提到金融风险时,画面中可能出现华尔街;当提到饥荒时,画面中往往出现面黄肌瘦的儿童;等等。有些图像不仅具有象似性,还可以通过象征的表现手法传递更加深层的意义。这时的图像意义往往是隐喻的、抽象的。不过电视新闻稍纵即逝,没有停留休息一会儿或者回头再看看的任何可能,因此新闻内容必须浅显明了,易于被观众接受(Ekström,2002;Fiske & Hartley,2003;Montgomery,2007)。所以,抽象而费解的图像隐喻在电视新闻中并不多见。

一般而言,图文共指有对等和偏正之分。在对等关系中,图像和文字具有同等的地位,即图像部分和文字部分都同时对同一事项进行指称,二者既能独立存在又能相互辉映,以此增强新闻的表现力。偏正关系表示图文之间具有强弱之分,有时图像处于强势地位,文字起到对图像的"锚定"和"接力"作用(Barthes,1977;冯丙奇,2010;冯丙奇、王媛,2009)。就指称而言,这主要表现为文字-图像指称(verbal-to-visual reference)。有时文字处于强势地位,图像起到对文字的"示例"、"凸显"或"延伸"的作用。巴特(Barthes,1977)认为,图像可以示例文本信息,以确认和验证文本信息(亦见 van Leeuwen,1991;van Leeuwen,2005)。在电视新闻中,这主要表现为图像-文字再现(visual-to-verbal reappearance)(Tseng,2012,2013;Tseng & Bateman,2012;图 6.3)。例如:

例 6.10 (BBC《十点新闻》,2011 年 7 月 29 日)

图像通道	文字通道		
	[同期声]	(广播)What would a default on	12
镜头 3:PTS 从行驶的车上正面拍摄<u>国会大厦</u>		the nations debt mean for you (.)	13
	RR(vo):	The nation waits on tenterhooks for <u>the</u>	14
		<u>Congress</u> to act (.) more bad news (.)	15

例 6.10 中的 the Congress 在文字通道指美国国会,同时图像通道中展示的国会大厦与文字信息所指的 the Congress 形成再现关系。不过国会大厦的图像只是部分指代美国国会,属于象征意义上的再现。例 6.11 则是完全重复的视觉再现。

例 6.11　（BBC《十点新闻》，2011 年 7 月 29 日）

图像通道	文字通道		
镜头 6：CS 纽约证券交易所开幕式上的 Smurfs	[同期声]	（有节奏的叮当声）	22
	RR(vo)：	Sometimes it might seem	23
		it's in the hands of <u>clumsy Smurfs</u> (.)	24
镜头 7：LS 纽约证券交易所开幕式。相机右移、拉远、淡出		who helped open the New York Stock Exchange this morning (.)	25

图像通道描述的蓝精灵（Smurfs）（镜头 6）和文字通道的 clumsy Smurfs 形成一定程度的对等关系，可被看作完全重复的视觉再现，即前者是后者的视觉重复，而后者是前者的文字（重新）提及（Martinec & Salway, 2005；Tseng, 2008）。

6.5.2　图像过渡

有时，图像可以在文字指称项和被指称项之间充当桥梁作用，把指称项和篇外情景中的被指称项连接起来。我们将图文的这种指称关系称为图像过渡，表示图像在指称过程中充当桥梁即过渡的作用，如图 6.4 所示。

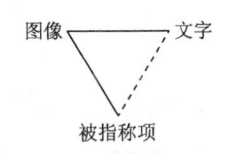

图 6.4　图像过渡
（改编自 Feng, 2016a: 178）

成为图像过渡的指称关系，需要满足以下条件。首先，图像需在指称项和被指称项之间承担桥梁的作用。其次，文字部分为指称项，且被指称项不能出现在文字通道。最后，该指称须首先指向图像通道中描述的事项，然后再指向篇外情景语境中的被指称项。换句话说，指称项首先通过文字指称表达，指向图像中的事项，接着图像再通过图像指称（比如再现），将其意义指向真实世界。在这一过程中，图像信息被看作事件发生的"当下"和"当地"，而文字信息成为图像信息的说明、补充和扩展部分，用以评论或明示图像信息（Edginton & Montgomery, 1996: 97；Montgomery, 2007: 94-97）。

这与电影文本不大相同。就电影而言，参与者（通常为人物角色）

需要通过叙事结构加以识别，图文信息需要讲述连贯的故事。电影文本的图像信息一般不会直接再现真实生活中的情节；除了偶尔的旁白外，文字信息一般也不会对图像信息加以说明（Janney，2010；Tseng，2012；Tseng & Bateman，2012；王文勇，2015）。相比之下，电视新闻中的文字信息（通常是直示语或指示词）一般通过图像信息指向现实世界，以此凸显新闻报道的现场感，犹如事件就发生在"这里"、发生在"现在"（Edginton & Montgomery，1996；Montgomery，2007）。例如：

例 6.12　（CNN 新闻，2011 年 2 月 14 日）

图像通道	文字通道	
镜头 19：CU 年轻女孩的脸上写着"Vergogna"	RR(vo): The message <u>here</u> is simple (.) Vergogna (.) shame (.)	36

例 6.12 中，here（这里）指的是图像中的"这里"，即"年轻女孩的脸上"。这一含义通过图像再投射到现实世界，即新闻事件的发生地——"米兰"（或意大利）。在这个过程中，图像不仅连接了文字信息和图像信息，还将文字信息传递到现实世界，促使观众将新闻报道和现实世界联系起来。

人称代词也可以在图像过渡中发挥重要作用。在电视新闻中，参与者经常通过第一人称代词谈及（即指称）自己的身份、经历或观点，其说话过程被同时通过图像通道展现出来，请见例 6.13。

例 6.13　（BBC《十点新闻》，2011 年 7 月 29 日）

图像通道	文字通道		
镜头 18：CU 正在说话的女人（受访者 4）	A woman:	It's er unfortunate (.) that <u>they</u>'re putting <u>the United States</u> (.)	60
		at risk in order to carry out <u>their</u> own personal agendas (.)	61
		so (.) yeah (.) <u>I</u>'m pretty fed up (.)	62

在例 6.13 中，说话者正面对镜头说话。文字通道中的代词 I 明显指向图像通道中的说话者。图像信息因此弥合了文字信息与现实中参照物之间的鸿沟。当然，即使文字通道仅通过说话者的画外音（不包括其影像画面）呈现（比如无线广播），我们仍然能够正确解读新闻。不过，直接播放讲话视频对新闻的真实性而言显然更具说服力（Montgomery，2007）。

6.5.3 图文平行

当图像信息和文字信息同步指称两个各自分离的事项时，它们之间的关系为图文平行。如图 6.5 所示，图像中的消息表示其中一个事项（即被指称项 i），文字中的消息则表示另一个事项（即被指称项 ii）。二者并排而行，看上去各不相干。

图像　　　　　文字

被指称项i　　被指称项ii

图 6.5　图文平行

（改编自 Feng, 2016a: 179）

当电视新闻中出现图文平行时，文字信息指的是一件事物，而与其同步的图像信息指的却是另一件事物。从表面上看，图文平行可能导致图文之间的信息不同步、语篇意义可能不连贯的现象。例如：

例 6.14　（BBC《十点新闻》，2018 年 10 月 2 日）

图像通道	文字通道		
	PR(vo):	The government says the new	1
镜头 1：静态的图片：沙滩、大海。几只海鸟在沙滩上觅食，一位度假者正面对大海坐在躺椅中。该图片持续约 11 秒；部分文字内容浮动在图像上方。		immigration strategy will	2
		prioritise high skilled workers,	3
		with no preferential treatment for	4
		EU citizens, and a minimum	5
		salary requirement to keep out	6
		lower skilled migrants.	7

在例 6.14 中，镜头 1 是海边度假的场景，相对应的文字信息讲述的是英国政府脱欧后的欧洲移民政策，即今后将优先高技能人才的移民。表面上，图像信息和文字信息相对独立，图文之间因此表现出不连贯的情景（至少从字面意思看起来不够连贯）。不过，如果我们考虑图像的象征意义，就会发现，图文之间仍然是连贯的。就例 6.14 而言，记者在陈述英国脱欧后的欧洲移民政策时，使用了一张海边度假的图片。该图似乎在暗示观众，具有高技能的移民能够在英国享受到优质度假等高收入、高福利的待遇。这种解读就和文字中表达的信息形成了内在的联系。

综上，我们可以将图文指称概述如下（图 6.6）。

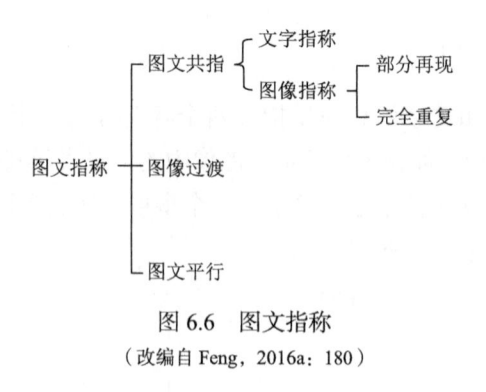

图 6.6　图文指称
（改编自 Feng, 2016a: 180）

6.6　指　称　链

指称关系中的参与者可以通过指称链识别。马丁（Martin，2004：140）认为，"指称项本身可不断被指称"，从而形成一系列的指称链（任绍曾，1996）。曾（Tseng，2012，2013）将指称链引入到电影文本的衔接指称之中，从指称角度分析了影像元素的衔接关系。她认为，影像元素一般通过"初现/复现"（present/resume）衔接在一起。初现表示影像元素的"首次出现"，复现表示"再现先前呈现的影像资源"（Tseng，2012：130）。这一观点也适用于电视新闻中的指称关系。所有指称项（外指除外）——无论它们来自图像还是文字，或者横跨图文通道——都可通过初现/复现的关系链接起来（图 6.7）。

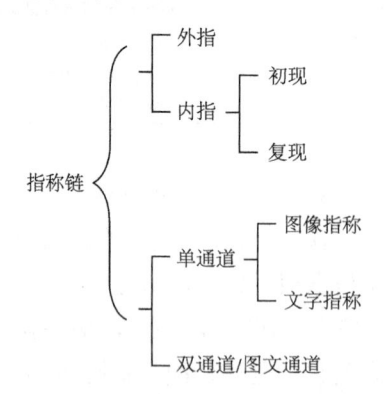

图 6.7　电视新闻话语中的指称链系统
（改编自 Feng, 2016a: 181）

总的来说，电视新闻中几乎所有的图像与文字的指称关系都可以从图 6.7 中的指称链系统得到解释。不过，仍有两点需进一步强调。第一，指称链仅适用于篇内指称，篇外指称即外指现象则需和语境联系起来考察。第二，指称链不仅发生在单一的图像通道或文字通道，还发生在图文通道之间。也就是说，被指称的参照物可以首先出现在文字通道，再通过图像再现指向现实生活。相应地，被指称的参照物亦可以首先出现在图像通道，再通过文字的指称加以确认。

6.7　BBC 新闻报道中的指称

我们将上述分析框架应用到对 BBC 新闻的分析之中。2011 年 7 月，美国众议院议长即共和党党首约翰·博纳（John Boehner）为了应对美国国债限额即将触顶的危机，提出了一项国债借款限额的紧急方案，需要国会议员们投票通过。7 月 29 日，美国众议院却突然宣布取消这一投票。随着 8 月 2 日最后期限的来临，债限限额问题正成为美国乃至世界关注的焦点。BBC《十点新闻》以多种播报方式报道了这一事件。本节将对这一报道出现的图文指称现象进行探析。不过，由于电视新闻的信息量大，其中的指称关系繁杂琐碎，难以将所有指称关系都一一列举。为此本节将把重点放在与主要参与者相关的指称上（例如人物、地点、事物、物体或场景）。例 6.15 为这一报道的转写材料，其中主要的参与者已经通过下划线标明。

例 6.15　（BBC《十点新闻》，2011 年 7 月 29 日）

图像通道		文字通道	
	PR(dva):	In the United States there's still no deal on	1
		raising the country's borrowing limit (.) with Tuesday's deadline	2
		looming (.) leading senators and congressmen are planning to work	3
镜头 1：MCU 主持人直接视频呈现		through the weekend to try to broker a deal urged on	4
		by another televised appeal by President Obama (.) if they fail (.)	5
		the world's largest economy could default on	6
		its debt (.) or simply run out of money for things like pension payments (.)	7
		from Washington (.) our North America editor Mark Mardell reports (.)	8
镜头 2：MS 参加唱诗班的人们	[同期声]	（人们在齐声哼唱）	9
	RR(vo):	Prayers for the politicians reducing the	10
		need of some divine inspiration (.)	11

图像通道	文字通道			
镜头 3：PTS 从行驶的车上正面拍摄国会大厦	[同期声]	（广播）What would a default on	12
		the nation's debt mean for you (.)	13
	RR(vo)	The nation waits on tenterhooks for the	14
		Congress to act (.) more bad news (.)	15
镜头 4：MLS 奥巴马向右走出大门		slower than expected growth (.) the President says they must find a	16
		way out of this mess (.)	17
镜头 5：MCS 奥巴马在大厅演讲	Obama:	There're a lot of crises in the world that we can't always	18
		predict or avoid (.) hurricanes (.) earthquakes (.) tornadoes (.) terrorist	19
		attacks (.) this isn't one of those crises the power	20
		(to) solve this is in our hands (.)	21
镜头 6：CS 纽约证券交易所开幕式上的 Smurfs	[同期声]	（有节奏的叮当声）	22
	RR(vo):	Sometimes it might seem	23
		it's in the hands of clumsy Smurfs (.)	24
镜头 7：LS 纽约证券交易所开幕式。相机右移、拉远、淡出		who helped open the New York Stock Exchange this morning (.)	25
镜头 8：CU 奥巴马电视讲话。MS 相机右移拍摄记者和受访者 1	[同期声]	（有人说话）	26
	RR(vo):	There aren't many laughs there these days (.)	27
		watching every twist and turn (.) Scott Talbott (.) a Washington	28
		lobbyist represents financial firms (.)	29
镜头 9：LS 反向拍摄。记者与受访者 1 边交谈边观看奥巴马演讲		they are worried what happens if a deal isn't done (.)	30
镜头 10：MCU 受访者 1. 字幕：SCOTT TALBOTT: The Financial Services Roundtable	A man:	The possibility of a downgrade in the US's credit-rating	31
		will send ripples across the US (.) and the US always been the gold	32
		standard for paying its debts were had a (.) we've always had a triple (.)	33
		a rating if we lose that rating it'll weaken	34
		our position in the in the global economy (.)	35
镜头 11：动画。国债从里根时代到奥巴马时代的上升趋势。里根、克林顿、小布什、奥巴马的头像	RR(vo):	For decades the US has	36
		been raising its debt ceiling (.) how much	37
		can it borrow without much fuss (.) when Reagan became president (.)	38
		it stood at almost a trillion dollars (.) eighteen increases	39

续表

图像通道	文字通道		
镜头 11：动画。国债从里根时代到奥巴马时代的上升趋势。里根、克林顿、小布什、奥巴马的头像		later (.) it was two point eight trillion (.) during the Clinton years (.)	40
		there were four increases (.) bringing the limit to almost six trillion	41
		(.) seven more increases under George W. Bush (.) raised it to	42
		more than eleven trillion (.) under Obama (.) it's gone up	43
		three times (.) to over fourteen trillion dollars (.)	44
镜头 12：回到镜头 3	[同期声] RR(vo):	（广播）Working together is something	45
		Democrats and Republicans arent doing yet.	46
		The difference: a new driving force has	47
		arrived in Washington (.) Tea Party-backed Republicans (.) who won't	48
		vote for any deal that allows America to borrow more (.)	49
镜头 13：MS 受访者 2 向记者讲述		they say (.) when you're in debt (.) you change your diet (.)	50
镜头 14：CU 受访者 2 说话。字幕：Congressman PAUL BROUN: Republican	Paul Broun:	They don't continue to eat lobsters and steak (.)	51
		they start eating chicken hamburger and hot dogs (.) so (.) we must do	52
		the things (.) that's absolutely necessary (.) and I think (.) raising	53
		the debt ceiling is the wrong thing to do (.)	54
镜头 15：PS 就餐的人们	RR(vo):	At Washington's Eastern Market (.)	55
		Americans seem frustrated (.)	56
镜头 16：CU 在收银台的男人（即受访者 3）		this is all taking so long (.)	57
镜头 17：CU 男人（即受访者 3）对着镜头讲话。背景和镜头 16 相同	A man:	totally disgusting (.) I hope President Obama enacts	58
		the fourteenth amendment (.) and overrides all these idiots (.)	59
镜头 18：CU 正在说话的女人（受访者 4）	A woman:	It's er unfortunate (.) that they're putting the United States (.)	60
		at risk in order to carry out their own personal agendas (.)	61
		so (.) yeah (.) I'm pretty fed up (.)	62
镜头 19：LS 国会大厦。镜头拉近，从国会大厦移向记者，记者在说话	RR (dva):	The American people may despair of	63
		their politicians brinkmanship (.)	64
		but they do expect there to be a deal done (.) even if it's only at the last	65
		Minute (.) the one trouble with that theory is there're some politicians here (.)	66
		who actively think it would be a good thing to go over the brink (.)	67
		Mark Mardell (.) BBC news (.) Washington	68

图 6.8 列出了例 6.15 中的主要指称链（省略了针对次要参与者的指称）。其中的文本指称（text reference）或扩展指称（extended reference）等特例没有列出，但请见图 6.8 的图注。图中带箭头的直线表示指称方向，没有箭头的直线表示图文共指。

图 6.8 显示，文字通道使用了大量人称指称表达式。这些表达主要指向 4 个参与者，即美国、借款限额/美国国债、国会议员、奥巴马总统。美国主要通过名词性表达和人称代词指称（胡壮麟，1994；任绍曾，1996；张德禄，2002），比如 the United States/the US 和 the world's largest economy。代词（如 it 和 we）则表示"美国"被重新提及。美国国债主要通过 the debt、the country's borrowing limit、the debt ceiling 等略微不同的名词表达式指称，但其中也有使用代词的情况（比如 it）。国会议员主要由名词如 Republicans、idiots 和人称代词如 they 等指称，偶尔也会通过诸如 these 这样的指示词指称。奥巴马总统主要通过 the President、Obama 等专有名词指称。

就比较指称而言，其中有两个比较指称链比较典型。第一个是 a trillion dollars←two point eight trillion←almost six trillion←more than eleven trillion←over fourteen trillion dollars，该指称链主要呈现了近 30 年来美国国债上限快速增长的情况。第二个指称链与第一个呈平行分布，即 eighteen increases←four increases←seven more increases←three times，该指称链是第一个指称链的延续与补充，具有强调美国国债迅猛上升这一现实的作用。这两个指称链都同时在图像通道上得到呼应。它们与文字通道的比较链相互补充，形成更加连贯一致的关系，且图像信息中提供了比文字信息更准确的数字，从而形成对文字信息的补充效应。总之，通过比较指称，BBC 新闻为观众提供了美国国债逐年上升的历史性图景，直观地说明了美国国债逐年上升的趋势。

图像通道主要包括三类参与者。第一类是背景参与者。国会大厦是其中最主要的背景参与者，被新闻记者从不同的角度和位置进行了呈现，贯穿于整个视觉文本之中（镜头 3、12、19）。第二类是对记者的指称。记者在图像通道中共出现了 4 次（镜头 8、9、13、19）。在这些镜头中，记者要么在做采访，要么在做现场报道。他的个人参与不仅使报道看上去更加贴近观众，而且还强化了他深入新闻现场的行为，增强了他对新闻事件进行报道的权威性（Zelizer，1990）。

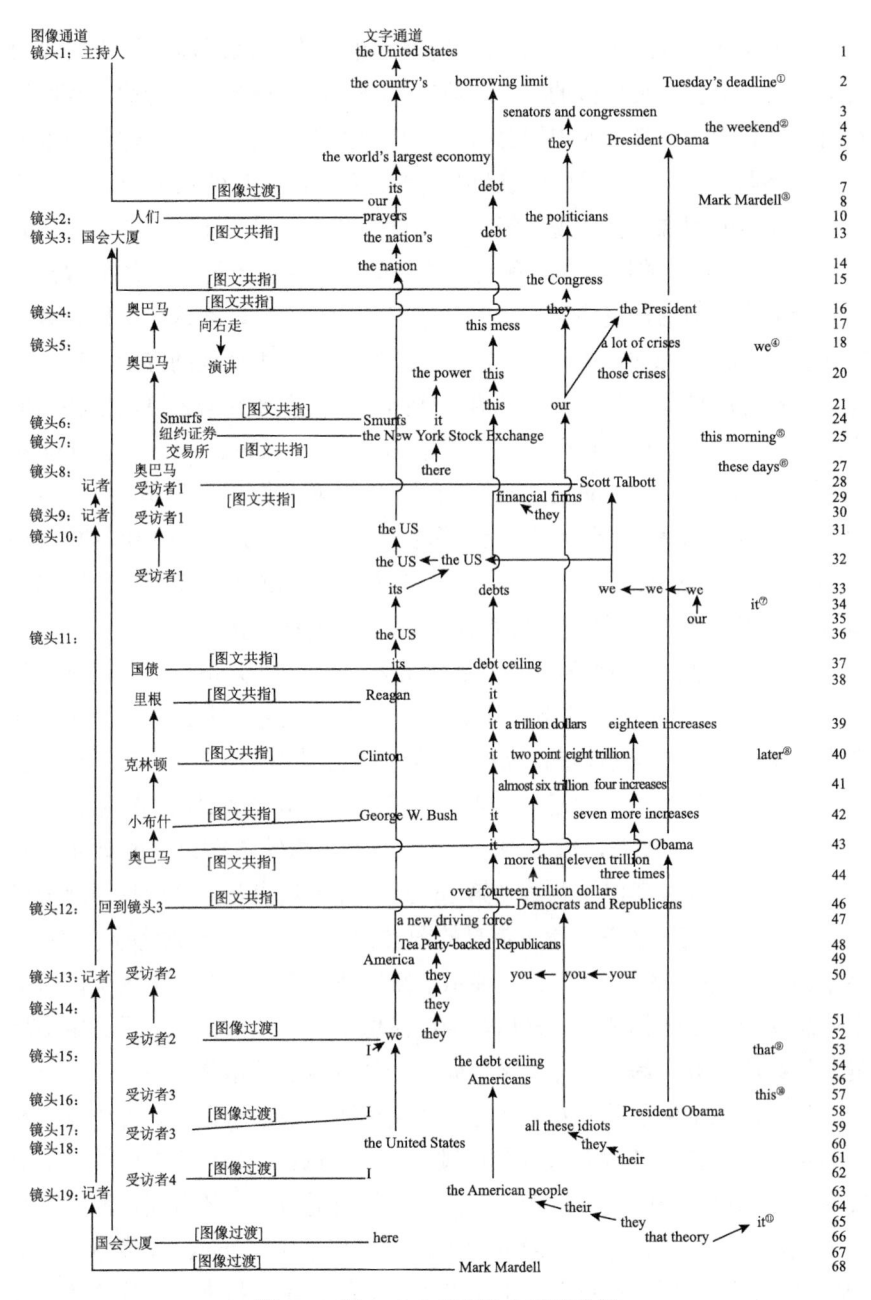

第 6 章　电视新闻中的指称关系　129

图 6.8　例 6.15 中出现的主要指称链

（转引自 Feng, 2016a：185）

注：①Tuesday's deadline 属于时间指称；②the weekend 表示未来时间指称；③Mark Mardell 是专有名词，指称记者的姓名；④we 指称所有美国人；⑤this morning 属于时间词，假定记者-观众共现；⑥these days 和⑤相似；⑦it 以虚拟语气指称 we lose that rating（属于文本指称）；⑧later 是比较指称；⑨that 以事实为整体指称 we must do things（属于文本指称）；⑩this 指称 U.S. politicians 处理债务的行为（属于扩展指称）；⑪it 指称 doing a deal over the debts 的行为（属于扩展指称）

换句话说，记者在镜头中的出现表明他就在新闻现场，他所获取的信息应属于最新、最权威的信息。第三类是对社会行为者的指称。我们仅看两例。其中一例涉及对美国总统奥巴马的指称。奥巴马是图像通道着重呈现的参与者之一。他第一次出现时是镜头 4，当时他正走向讲台。然后，有关他的图像重复出现在镜头 5 和镜头 8 中，镜头 4、5、8 因此形成一个[初现—复现]的指称链。有趣的是，镜头 4 也属于镜头 5 的图像指称中的指称项。因为，镜头 4 表示的是奥巴马走向讲台，而这一动作为镜头 5 中他的演讲的呈现提供了方向。也就是说，镜头 4 从运动方向上充当了镜头 5 的方向指称。另一例涉及对该新闻中一位主要参与者塔尔博特的指称。塔尔博特的身份不仅受到文字的指称（Scott Talbott (.) a Washington lobbyist represents financial firms）和图像的再现指称（见镜头 8、9、10），还通过屏幕上的字幕得到了强化（即 SCOTT TALBOTT: The Financial Services Roundtable）。于是，在报道中插入的几个采访片段就被衔接在一起，形成连贯的新闻话语，增强了新闻的可读性。

例 6.15 包含至少两种主要的图文指称，即图文共指与图像过渡，其中 12 个指称链属于图文共指。其中一部分指向"美国国会大厦""纽约证券交易所"等背景信息，另一部分指向"奥巴马总统""蓝精灵"等社会行为者。社会行为者主要通过图像和文字的共同指称即[图像重复/文字指称]的方式实现。比如，镜头 4 展示了奥巴马总统走向讲台的画面，同时，文字信息提及奥巴马总统（第 16 行），图像信息与文字信息因此形成共指的关系。相比之下，背景信息的图文指称则主要表现为[视觉再现/文字指称]的关系。例如，镜头 7 展示了纽约证券交易所的开市场景，而文字信息谈及的是纽约证券交易所，因此图像信息只是部分呈现了文字信息提及的纽约证券交易所，与文字之间属于部分再现的指称关系。

最后，图 6.8 显示了 6 个图像过渡指称链，包括对记者、受访者和地点的指称。它们中的大多数都是通过 I、we、here、this 等这样的直示语实现的。如镜头 19 是"记者在国会大厦前报道新闻"的画面，而文字通道上记者正在引用图像中描绘的地点，并用直示副词 here 指称图像呈现的信息。显然，图像信息在这里充当了桥梁的作用，将文字指称的信息过渡到现实世界之中，现实世界中的指称物便因此被感知、被识别。从功能上看，图像过渡不但能够使新闻话语变得连贯，还能使新闻信息更具事实性、接近性，给观众以"身临其境"的感受（Allan，2010；Bednarek & Caple，2012，2014；Bell，1991；Galtung & Ruge，1965；Montgomery，2007；van Dijk，1988a，1988b）。

6.8 小　　结

　　本章讨论了电视新闻报道中的图文指称现象。分析发现，电视新闻的图像指称有着与文字指称类似的人称、指示和比较指称方式。人称指称在图像中主要以再现的方式出现。图像的指示指称主要通过距离和方向实现：距离一般通过颜色和大小实现，方向主要通过相机移动和参与者运动的方向实现。图像的比较指称包括相似或差异。除文字指称和图像指称外，图文之间也存在指称现象，即图文指称，如图文共指、图像过渡和图文平行。通过上述指称方式，新闻报道能够变得更加衔接连贯，且更能体现报道的新闻价值和可读性。本章还讨论了电视新闻中图像和文字的符号本质及其差异，并详细论述了图像和文字在电视新闻话语中的指称关系。在指称上，图文常常根据符号的象征、相似和指示意义指称语篇内外的事物，形成共同指称、相互照应的关系。具体表现为语篇内图文本身以及之间的回指、下指、互指和语篇外事物的指称即外指。

　　我们将上述指称模型应用于 BBC 新闻报道的分析之中。分析表明，BBC 新闻在指称上呈现出以下特征：首先，BBC 新闻倾向于使用直示语指称事物。由于 BBC 新闻采用多样化的播报方式，如直接视频呈现、原声摘录、出镜报道等，文字通道中包含更多的直示语和指示词。这些直示语表达不仅能够溯源并追踪话语中的参与者，还能凸显新闻的就近性和事实性，从而增加新闻的吸引力。此外，直示语表达蕴含了说话者的亲身经历和亲身参与这一事实（Tannen，2007），而亲身经历则预设了新闻的事实性。其次，BBC 新闻倾向于以实时的、直接的方式呈现参与者行为和参与者态度。从上述分析的语料看，一段不到三分钟的新闻报道包含了一个原声摘录（来自奥巴马总统的演讲）、两个记者的出镜报道和四个采访片段。这种直接性的视频呈现（而不是画面的拼接），在图像通道中形成了天然的图文再现指称关系。这种指称关系不但能使图像文本连贯一致，还能使图像通道呈现的信息更接近真实场景，从而增加新闻报道的事实性。最后，BBC 新闻使用了大量图文共指和图像过渡的指称方式，但很少或几乎没有图文平行的指称现象。因此，大多数参与者都可以从图像通道或文字通道中识别出来。不仅如此，图文共指，尤其是图像过渡，能够有效地体现新闻的即时性、事实性和接近性特征，因而有助于增强新闻的可读性和易接受性（Allan，2010；Bednarek & Caple，2012，2014；Bell，1991；Galtung & Ruge，1965；Montgomery，2007；van Dijk，

1988b）。

　　不过本书还存在一些未能解决的问题，需要今后更深入地研究。首先，图像指称需要进一步的深化。我们已经证明了单一的图像可以同时被识别为人称指称、指示指称和比较指称。但是，由于图像意义具有多重解释性（van Leeuwen，1991），一些隐含的指称意义仍然需要根据一定的指标框架来加以规范、识别，比如对语境的界定。其次，图像与文字之间的交叉指称也需要进一步明确。正如我们在"图文指称"一节中所强调的，本章仅讨论了同步呈现的图文指称关系，但是电视新闻包括电影等其他类型的多模态动态文本，还包括许多异步呈现的信息。比如，曾（Tseng，2008，2012，2013）发现，影视文本中很多指称关系并非同时推进的，而是按照先后顺序逐一出现的。于是，她提出通过"初现/复现"的"跨模态指称"方式考察影视文本中的异步指称关系。比如一个元素可以以图像的方式首次出现（即"在图像通道的初现元素"），然后以文字的方式重现（即在文字通道复现这个元素）。当然，她针对的主要是电影文本，图文之间的前后指称关系能够比较有效地解释影视中的叙事结构。电视新闻却不太强调文本的前后连贯关系，而是更加重视图文之间的同时出现，即共现关系（Allan，2005，2010；Montgomery，1986，2007；Scannell，1991a），以此凸显新闻报道的实时性和事实性等新闻价值（Montgomery，2007）。最后，除了图像和文字模态外，其他模态符号如色彩、声音等仍然没有受到足够的重视。实际上，在分析一段新闻片段的指称时，我们不但要考虑到新闻文本中的图像和文字，还应该将同期声、颜色、布局等也纳入其中，那样我们的分析就会更加具有说服力。

第 7 章　电视新闻中的采访片段

7.1　介　　绍

本章考察 BBC 新闻的采访片段。采访片段是电视新闻报道中主要的组成部分之一，一般包括民众之声、街头采访、专家采访、明星采访、直播连线、原声摘录等多种类型（Bergillos，2019；Boyd，2000；Montgomery，2007；Tolson，2019；White & Barnas，2010；黄匡宇，2000；吕春璐，2010）。无论是采访片段的编排、采写，还是其话语组织，都对整个新闻报道的传播效果及其走向具有深刻的影响。为此，我们将用两章（第 7、8 章）对 BBC 新闻中的采访片段进行考察，探讨采访片段在新闻报道中的话语结构、话语实践和交际功能，进而揭示 BBC 新闻采访片段的本质特征和独特属性。我们首先借鉴埃克斯特伦（Ekström，2001）对电视新闻采访片段的分类方式，分析了 BBC 新闻采访片段在序列组织方面的特征及分布情况，然后根据蒙哥马利（Montgomery，2007，2008a）提出的新闻采访类型，将新闻采访片段划分为经验类、专家类、问责类、同行类四种采访片段。本章的重点是对经验类、专家类和问责类采访片段进行考察（同行类采访将在第 8 章讨论）。我们的分析主要依托会话分析和电视新闻采访话语的研究范式（如 Clayman，1988；Clayman & Heritage，2002a；Ekström & Patrona，2011；Greatbatch，1986，1988；Sacks，1992；Sacks et al.，1974；Scannell，1991b），从提问话轮和回答话轮两个方面，对上述三类采访片段的结构形式和话语实践进行分析，探讨不同类型的采访片段在机构身份和角色方面的异同及其对整个新闻报道的影响。

7.2　采访片段的序列组织

对于记者来说，在新闻报道中插入新闻采访是一种惯常做法。然而，由于新闻节目受时间限制，大多数的新闻采访都不是完整的采访内容，而是从较长的采访语篇中节选出来的片段或原声摘录（Ekström，2001；Feng，2017；Montgomery，2007）。我们把此种采访话语称为"新闻采访片段"（news interview fragment）（Feng，2017）。一般而言，电视新闻采访遵循基本的互动规则，即"采访者提问—受访者回答"。在采访中，采访者的职责之一就是向受访者提问，而受访者则有义务回答采访者的问题。二者的角色和任务一般是固定不变的，反之则违反常规（Clayman & Heritage，2002a；Ekström，2001；Heritage & Clayman，2010；Hutchby，2005；Montgomery，2007，2008a）。尽管如此，就采访片段而言，"提问—回答"序列并不总是适用的。实际上，很多新闻采访片段仅仅包含受访者的回答，或者由不同采访片段的"回答"话轮叠加在一起而形成一种"仿拟对话"（pseudo dialogue）的结构（Ekström，2001）。当然，"提问—回答"序列是采访片段中最常见的话轮序列。其他序列包括批评—接受/否认/反驳、评价—同意/反对、宣称—附和/驳斥等。总之，采访片段的序列结构并不是一成不变的，需要记者根据新闻报道的具体内容和语境从完整的采访中节选长短不一的采访片段，再将其插入相应的新闻报道之中（Feng，2017）。埃克斯特伦（Ekström，2001）通过对瑞典新闻节目中政治人物的采访片段的分析，将它们分成六种不同类型的采访片段序列：①"回答（表示从采访中去掉提问环节和其他部分，只保留了回答话轮）"；②"提问—回答"；③"回答—提问—回答"；④"提问—回答—提问—回答"；⑤"以提问话轮为开端的话轮序列，其中至少包含五个'提问—回答'的话轮来回"；⑥"以回答为开端的话轮序列，其中至少包含五个'提问—回答'的话轮来回"。上述分类几乎囊括了所有公告类新闻节目中可能会涉及的采访片段类型，但也有一些例外，比如仅由回答话轮叠加在一起而形成的"仿拟对话"序列。根据我们的数据，新闻采访片段可以划分为以下七种序列结构。它们包括：①单一回答；②提问—回答；③回答—提问—回答；④提问—回答—回答；⑤两至四个回答构成的序列；⑥以提问开始的五个及以上话轮；⑦以回答开始的五个及以上话轮（Feng，2017）。

表 7.1 展示了 BBC 新闻中中采访片段不同序列结构的分布情况（语料来自 2012 年 1 月 9 日至 13 日和 2013 年 1 月 7 日至 11 日期间的 BBC《十点新闻》节目）。BBC 新闻共有 105 条，这些新闻中一共包含了 206 个新闻采访片段。表 7.1 显示，大多数的采访片段（超过 80.0%）属于表内列出的第一种话轮序列结构，即采访片段仅包含一个回答话轮。第二种结构即"提问—回答"仅占总数的 8.7%。其他类型的话轮序列结构所占比例则更少，一般仅有一至三例。如果我们把第

一、三、五和七种[1]放在一起进行统计，所占比例则超过了 90.0%。上述分析表明，在新闻节目中，多数采访片段仅包含回答话轮序列（Feng，2017）。这间接证明了埃克斯特伦（Ekström，2001）的观点：只使用一个回答话轮的采访片段是大多数电视新闻节目中最常见的新闻采访序列。这种做法进一步说明了这样一个事实，即新闻报道中的采访都是从其他采访中截取的采访片段，尤其回答话轮的采访片段，因此不属于完全的采访类话语，应将其纳入更大的话语即新闻报道中进行考察。

表 7.1　BBC 新闻中采访片段不同序列结构的分布情况

序列组织	采访片段的数量（个）	占比（%）
单一回答	180	87.4
提问—回答	18	8.7
回答—提问—回答	3	1.5
提问—回答—回答	1	0.5
两至四个回答构成的序列	1	0.5
以提问开始的五个及以上话轮	1	0.5
以回答开始的五个及以上话轮	2	1.0
合计	206	100

埃克斯特伦（Ekström，2001）将新闻采访片段的形成看作一种去语境化（decontextualization）并再语境化（recontextualization）的过程。在这个过程中，记者首先将需要截取的采访片段从其最初的、完整的采访话语和上下文语境分离出来，即去语境化过程，然后再将被截取的采访片段嵌入到更大的话语即新闻报道之中，并和新闻报道巧妙地融合在一起，即再语境化过程（Feng，2017）。埃克斯特伦（Ekström，2001）认为，将采访片段再语境化并不是一件随意而为之的事情。它是记者根据新闻话语的交际目的、上下文语境和采访片段的本质属性，采用一定的话语策略，巧妙设计和组合的结果。埃克斯特伦（Ekström，2001）将再语境化策略大体分为以下四类。①对问题的重组，即通过在记者介绍采访片段时将问题重新组合，融入介绍之中，从而形成一个"仿提问"的话轮。②通过描述受访者的所思所感所做来设想回答话轮。③总结或简化受访者的回答，即

---

[1] 这些采访片段都是以问答序列即"提问—回答"的第二部分为开端构成的，属于带标记的、非常规的话语序列组织；其他类别则多以提问话轮为开端，属于非标记性话语序列。

通过三言两语概括受访者将要表达的话语。④将多个回答话轮叠加到一起形成"仿拟对话"。上述分类为我们研究新闻报道中的采访片段指明了方向。但是我们也要看到，正如接下来的章节所展示的，记者在进行再语境化操作时，并不会只采用上述的一些策略。实际上，正如埃克斯特伦（Ekström，2001：570）本人所言，再语境化过程还包括"更多其他的"话语手段和策略。因此，接下来我们将以埃克斯特伦（Ekström，2001）的"去语境化—再语境化"概念为基础，对 BBC 新闻中的采访片段进行考察，并根据我们所收集的语料，梳理出 BBC 新闻普遍采用的采访片段序列结构，揭示它们在语境化过程中的话语手段和话语策略及其交际功能。

7.3 新闻采访片段的分类

我们注意到，将新闻采访片段重新融入新闻报道中是 BBC 新闻的例行做法之一。表 7.2 显示，在 2012 年 1 月 9 日至 13 日（第 1 时段）和 2013 年 1 月 7 日至 11 日（第 2 时段）播出的节目中共有 77 条新闻报道使用了新闻采访片段，占总数的 73.3%。结合表 7.1 的结果，77 条新闻报道中总共有 206 个新闻采访片段，算上不含采访片段的 28 条新闻报道，两期节目平均每条新闻报道大约有两个采访片段。这些分布说明，采访片段已经成为 BBC 新闻报道中不可或缺的播报类型，同时也表明了 BBC 新闻对直接呈现新闻参与者及其言语表达的重视。毕竟，采访片段不但能够显示新闻事件的事实性和真实性（隋岩，2010；谢欣新，2001），还能增强新闻报道的互动性和对话性，有利于拉近新闻播报与观众之间的距离（陆晔，2010；邱春安，2006）。

表 7.2　BBC 新闻中采访片段的总体占比

项目	有采访的新闻	无采访的新闻	合计
条数（条）	77	28	105
占比（%）	73.3	26.7	100

蒙哥马利（Montgomery，2007，2008a）曾根据受访者身份将电视新闻采访细分为四种类型，即问责采访、经验采访、专家采访和同行采访（表 7.3）。问责采访的受访者一般为公众人物，在采访中受访者"需为自己的行为负责"，或者"需为其所属机构的言行负责"（Montgomery，

2007：148）。经验采访的受访者为普通民众，他们要么是事件的亲历者，要么是事件的目击者，因此在采访中他们被要求提供"对相关问题或事件的看法"，并对"他们所经历的""与事件相关的"信息进行描述（Montgomery，2007：155）。专家采访的受访者一般为事件相关领域的专家或评论员等，他们被要求"通过提供背景知识"来"解释或说明新闻事件或话题的来龙去脉"（Montgomery，2007：170）。同行采访发生在主持人和记者之间，所以受访者和采访者都是新闻机构的同行，在采访中受访者被要求"对相关新闻事件进行报道或评论"（Montgomery，2007：118）。从表 7.3 可知，问责采访的受访者为非新闻机构人员，他们拥有相关知识，且是相关事件或问题的责任方。采访者与观众的立场一致（即采访者代表观众问责受访者），而受访者与观众立场则相反。经验采访的受访者也不属于新闻机构人员，他们拥有相关知识，且立场与观众和采访者一致（均是为了获取事件的更多信息）。另外，受访者不是事件的责任方，因此无须对相关事件负责。专家采访的受访者也不属于新闻机构人员，他们间接拥有（或了解）新闻事件的相关知识，其目的是为观众提供专业的解答，因此与观众的立场不一致。采访者的立场则与观众保持一致，即代表观众获取专业信息或知识。另外，采访者不是事件的当事方，因此不需要对相关事件负责。同行采访的采访者和受访者同属新闻机构人员，他们之间的互动是为了向观众提供更多的信息，因此与观众的立场不一致。另外，尽管受访者拥有或了解相关信息，但他们不是事件当事方，因此不需要为相关事件负责。

表 7.3　四种电视新闻采访类型的矩阵分布

采访类型	新闻机构	知识	施事	观众和采访者一致	观众和受访者一致
问责采访	−	（拥有）	+	+	−
经验采访	−	（拥有）	−	+	+
专家采访	−	（了解）	−	+	−
同行采访	+	（拥有/了解）	−	−	−

注：−表示"无"，+表示"有"。

按照蒙哥马利对新闻采访的划分，我们可以将新闻采访片段划分成相应的以下四类，即经验采访片段（表示受访者向采访者讲述相关事件的个人经历、反应或观点）、专家采访片段（表示受访者以专家身份向采访者提供专业信息和/或发表专业评论）、问责采访片段（表示受访者作为公众人物接受采访，对自己或所代表的机构的言行负责）和同行采访片段

（表示受访者以记者身份向采访者提供新闻信息或发表评论）。表 7.4 显示了经验采访、专家采访和问责采访等片段在 BBC 新闻中的分布情况。从总体上看，三种采访片段的占比均大于 20%，其中问责采访片段占比 41.8%，经验采访片段占比 35.9%，专家采访片段占比 22.3%。问责采访片段明显高于其他两类。

表 7.4　不同采访片段在 BBC 新闻中的分布情况

时段		经验采访片段	专家采访片段	问责采访片段	合计
第 1 时段	数量（个）	32	23	47	102
	占比（%）	31.4	22.5	46.1	100
第 2 时段	数量（个）	42	23	39	104
	占比（%）	40.4	22.1	37.5	100
总计	数量（个）	74	46	86	206
	占比（%）	35.9	22.3	41.8	100

每个采访片段都经历了从原始采访中被筛选出来，然后融入新的语境即新闻报道之中的过程。它们是记者精心挑选和设计的结果。当融入新的语境时，一个采访片段通常会由两个部分构成，即介绍部分和采访片段。这表明，采访片段不但涉及采访话语内部的参与者行为，还涉及采访话语的外部因素如记者行为（Feng，2017）。就采访本身而言，我们需要回答以下问题，即采访者如何提问？受访者如何回答？他们如何设计提问或回答话轮以达到自己的交际目的？就介绍而言，主持人或记者如何选择、介绍采访片段？如何从介绍部分过渡到采访片段？他们采用了什么话语策略？表达了什么样的交际目的？接下来我们将针对上述问题分别就经验采访片段、专家采访片段和问责采访片段进行探讨。

7.4　经验采访片段

7.4.1　讲述个人经历

BBC 新闻倾向于将经验采访当作受访者的个人经历、观点和感受进行报道。这是因为经验采访的受访者一般都是普通公民，他们和观众一样，属于公共群体。他们的个人经历、观点和感受更能使观众产生共鸣。在这些片段中，受访者通常以普通公民的身份，向采访者讲述自己的故事、表达自己的感受和观点（通常是批评性的）。一旦他们的故事或观点进入公众视野，并被新闻报道传播和放大，他们就会成为公众生活中可识别的一部分，成为反映社会现实的典型案例。比如：

例 7.1 （BBC《十点新闻》，2013 年 1 月 9 日）

1	A woman:	It came from both directions (.) it came at us and then from
2		the side (.)
3	A man:	We saw tornadoes of fire just coming across towards us (.)
4		and (.) er (.) the next thing we knew everything was on fire
5		(.) everywhere (.) all around us (.)

例 7.1 节选自一则澳大利亚森林火灾报道中对普通民众的采访。受访者是火灾的受害者，也是亲身经历者。为了说明火灾的严重性，记者首先以第一人称出镜报道的方式向观众介绍了火灾的严重程度及其造成的后果，然后直接将两位普通市民的受访话语嵌入到报道之中。出镜报道能够直观地展示新闻现场的真实状况，给人以身临其境之感。同时，出镜报道在这里也起到了承上启下的作用，充当了采访片段的介绍（即导语）部分，自然地将两名普通市民的受访话语连接起来。实际上，这两个受访话语并不是前后相邻的话轮序列。但是，记者在出镜报道的映衬下将它们并置到一起，给人一种受访者在进行连续对话的错觉，从而形成一种仿拟对话，为新闻增加了互动性（Ekström，2001）。仿拟对话可以促进彼此的话语，从而对相关信息形成叠加、增强的效应。从例 7.1 看，第一个采访片段是一位女性受访者对火灾现场的描述，指出了火灾的瞬息变化（came from both directions…and then from the side）及凶猛程度（came at us）。第二个片段来自一位男性受访者。他使用了隐喻（tornadoes of fire）、瞬间时间词（just、the next thing）、全称词（everything、everywhere、all around us）等话语手段，对凶猛的火势进行了形象的描述。记者将这些话语并置在一起，生动地再现了山火现场紧张而危险的氛围。蒙哥马利认为，经验采访属于一种"仪式性"的表达，即"以仪式性的方式将个人的体验公共化"（Montgomery，2010：189）。在例 7.1 中，受访者描述了发生在澳大利亚新南威尔士州的山火。为了说明大火已经严重威胁到他们的居住地，两位受访者都以戏剧性的方式和表情谈论他们的经历。二者都使用了第一人称复数"我们"，用以表明他们所谈论的是他们的个人经历。将个人经历通过电视新闻传播出来，则构成一种可识别的、公开化的"山火经历"仪式。这种仪式化的个人经历显然会对观众产生移情和震撼效应，从而引起他们对这次火灾事件的关注。

通常情况下，记者倾向于通过对事件亲历者或目击者的可视化描述，以间接展示新闻报道的真实可信度。这些描述一般是对普通市民的街头采访即一种民众之声（vox pops）（Bergillos，2019；Boyd，2000；Montgomery，2007；Tolson，2019）。在这些采访中，受访者被要求讲述他们在事件中的个人经历，以及对事件的个人看法。在对受访者进行介绍时，记者一般会突出受访者的"亲历者"或"目击者"身份。受访者则根据自己的经历，以直接视频呈现的方式，讲述他们的亲身体验或一手知识（Hutchby & Wooffitt，2008；Sacks，1992）。因为他们是事件的亲历者或目击者，他们的话语"具有经验真实、情感真实"的特征，是事件真相的"合法讲述者"（Hutchby，2001：482）。例 7.2 节选自有关伊朗核科学家被炸身亡的报道，为记者对一位事故现场目击者的采访片段。

例 7.2　（BBC《十点新闻》，2012 年 1 月 11 日）

1	A man:	It was about seven in the morning (.) I was taking a taxi to work
2		when I heard the blast (.) I told the driver to speed up (.) later
3		someone told me that someone had attached a bomb to a car which
4		had caused the explosion

从例 7.2 看，受访者的回答主要是他对事故现场的所见所闻，因此属于叙事性话语（Clementson & Xie，2020），或者更确切地说，属于"叙事性话轮"（narrative-eliciting turn）（Thornborrow，2010：113），即在该话轮中，说话者通过讲故事的方式，讲述自己或他人"过去的经历"。在此过程中，"叙述顺序完全按照实际发生的事件的先后顺序向前推进"（Labov，1972：359-360）。拉波夫将叙述结构分成六个部分，即事件的摘要、背景（orientation）、事件进展（complication）、评价（evaluation）、解决方案（resolution）和结束语（coda），其中事件进展和解决方案是叙述结构的核心成分（Labov，1972；Labov & Waletzky，1967）。在例 7.2 中，受访者首先将科学家遇袭身亡的事件放在有时间指称的语境中，以此体现出叙事的背景信息，同时增强其话语的真实性（例如 about seven in the morning、later）。接着，受访者用一系列的动词，讲述了他所经历的该事件的来龙去脉，从而形成叙事的事件进展（Clementson & Xie，2020）（例如 taking a taxi, heard the blast, told the driver to speed up, someone told me, someone had attached a bomb）和解决方案，即导致了炸弹爆炸和人员伤亡（a bomb [...] had caused the explosion）。受访者从个人经历的角度，以直接视频呈现的方式，讲述了他的亲身经历。以视频演示的形式

介绍受访者的经历，可以直观地反映事件本身的紧迫性和严肃性，引起观众的极大关注；同时还能间接地凸显新闻报道的真实性。

7.4.2 发表个人看法

除了讲述个人经历外，受访者还会以采访为契机，针对相关事件发表自己的看法，甚至对相关责任方提出批评意见。克莱曼（Clayman，1991：62）认为，对受访者而言，发表观点即意味着"捍卫己方立场"。受访者由于不是相关事件的责任人，不需要对相关事件承担责任（Montgomery，2007），因此往往会旗帜鲜明地发表自己的看法。这在 BBC 新闻中表现得尤其突出。在例 7.3 中，记者采访了一位名叫黛博拉·科格（Deborah Cogger）的受访者。她是英国前著名电视主持人吉米·萨维尔（Jimmy Savile）性侵丑闻的受害者之一。

例 7.3 （BBC《十点新闻》，2013 年 1 月 11 日）
（DC=Deborah Cogger，一位萨维尔性侵丑闻的受害者）

```
1  RR:  Do you think this brings something to an end (.) does it help
2  DC:  I hope so (.) it's helped me and I'm sure it's helped a lot of others (.)
3       too (.) erm (.) just to be able to (.) finally be believed (.) it's not even
4       telling the story (.) it is being (.) believed
5       (.8)
```

在提问话轮中，采访者试图通过包含知识框架问句（epistemic-framed question）①的方式提问受访者（Roth，2002），如 Do you think（第 1 行），以此寻求受访者的个人观点。针对该问题，受访者默认自己能够发表自己的看法，因此以同样包含知识框架语的方式作出了回应，如 I hope so，I'm sure（第 2 行），暗示她仍然记得自己的痛苦遭遇，希望萨维尔性侵丑闻的曝光能够使她获得解脱，并能帮助其他受害者。但是，她并不认为该事件能够为相关受害者带来多大的帮助，因此用 I hope so 和 I'm sure 等模糊语言表达来缓冲上述观点，并将其限制在个人观点的层面。最后，她直接用 it is being (.) believed 指出此事就像在"讲故事"，假装揭露萨维尔性侵丑闻将减轻她和其他受害者的痛苦，从而间接地表明她和其他受害者所遭受的伤害是无法弥补的。

---

① 所谓知识框架问句，是指在提问中"包含言据性的表达"的话语（Roth，2002：362）。安德鲁·L. 罗斯（Andrew L. Roth）的知识框架问句主要包含知识框架语的提问。在本书中，我们将该概念扩展到非提问话语，认为所有的话语都包含知识框架语现象，如 I think、我认为、I believe 等。

受访者除了发表个人感受之外，他们还会以此为契机针对相关事件提出自己的看法和意见，并为之辩护。正如克莱曼所言，受访者一般通过"I think""I believe"等知识框架语引出评价性话语，以此表达"个人观点"(Clayman, 1991: 62)。在 BBC 新闻节目中，受访者经常会为自己的观点辩护，同时对他人或权势提出批评。例 7.4 节选自有关英国政府计划削减工龄福利的报道。为了调查这个计划可能给弱势群体带来潜在的影响，记者采访了一位名叫菲尔·史密斯（Phil Smith）的失业者。例 7.4 是该失业者的回答。

例 7.4 （BBC《十点新闻》, 2013 年 1 月 8 日）

（PS=Phil Smith，一位失业者）

1	PS:	It's not anything to live on (.) it's not liveable (.) you can exist on it (.)
2		you can't live on it (.) and it's there's a safety net (.) if (.) you're gonna
3		pull that safety net (.) then people are gonna really really feel some
4		serious pain (.) especially at the bottom end where I am (.)

回答记者提问有关削减工龄福利的政策时，受访者首先用两个平行结构抱怨该政策可能带来的负面影响（即 it's not anything to live on (.) it's not liveable），并用两个相反的陈述放在一起，形成鲜明的对比（即 you can exist on it (.) you can't live on it）。通过上述手法，他指出这个福利政策对普通民众而言可有可无，没有带来实质性的利益。不过，他话锋一转，指出如果该政策收紧的话，将会给底层民众带来真正的损失。在陈述该观点时，他从第二人称叙述（you）转换成第三人称叙述（people），成功地将该问题（即削减工龄福利）泛化成公共社会问题（第 3 行）。接着他又从第三人称叙述（people）回到第一人称叙述（I），并用特例标记语突出自己可能面临的问题，即 especially at the bottom end where I am。在这一过程中，他通过比较、排比等修辞手段，以及自己的亲身经历，对自己的观点进行辩护（Thornborrow, 2001），以获得采访者或观众对自己观点的认可。

例 7.5 来自与例 7.4 相同的新闻报道。例 7.5 是记者对一位家庭主妇的采访，受访者对政府计划实施的工龄福利削减政策进行了激烈抨击。

例 7.5 （BBC《十点新闻》, 2013 年 1 月 8 日）

（GM=Georgina Maric，一位英国市民）

1	GM:	I have to pay more for childcare (.) but I am getting less help and and
2		I'm also not getting a wage increase (.) so (.) for me (.) I mean if
3		it's not gonna go up anymore (.) then it's gonna make it very (.) very
4		difficult for us (.) financially

受访者首先通过列举的方式，指出了自己沉重的生活负担，即 I have to pay more for childcare (.) but I am getting less help…not getting a wage increase（第 1~2 行）。接着她从自身的生活窘境转向对该政策的看法，指出如果政府不增加福利待遇，将给他们的生活带来更大的困难。为了使自己的观点获得认可，她用了移情标记语 I mean（第 2 行）(Schiffrin, 1980)寻求采访者和观众的认同。同时，她还将假设作为论证的前提条件，以此强调其观点的合理性，即 if it's not gonna go up anymore (.) then it's gonna make it very (.) very difficult for us (.) financially。有趣的是，她还巧妙地在第一人称的单数和复数之间转换，将个人的问题概括为群体的问题，以引起共鸣。例如，在谈到生活负担时，她谈的是自己个人的情况，以此为下面的观点铺平道路。在指出削减福利可能带来的影响时（即削减福利会给她和她的家庭带来更多的困难），她从第一人称单数叙事（I）转变为第一人称复数叙事（us），成功地将自己的观点指向自己所属的群体，从而增强了其观点的合理性和可靠性。

例 7.6　（BBC《十点新闻》，2012 年 1 月 10 日）

1	RR(vo):	At this playgroup (.) mothers said that Mr. Miliband was
2		right to focus on what he calls the squeezed middle (.) but
3		can he make things better?
4	Woman 1:	I very much hope so (.) I don't know that Mr. Miliband is
5		the leader that we are looking for (.) though (.) I think
6→		you need a leader with a real (.) real charisma (.)
7		Tony Blair maybe had any number of issues (.) but he
8		certainly had the charisma to lead (.)
9	Woman 2:	The message is going the right way (.) but it is whether
10		he can actually deliver on what he says he can (.)

如例 7.6 所示，受访者的批评可能针对某位特定的政治人物。英国反对党领袖埃德·米利班德（Ed Miliband）能否成为下一任英国首相？回答该问题时，受访者（即 Woman 1）从"我不知道"开始，然后逐渐偏离问题的核心，直到对问题涉及的主角即米利班德进行批评。不过受访者并没有直接批评米利班德，而是以委婉的方式表达了她对米利班德领导能力的质疑。首先她通过插入知识框架语（即模糊语 I think）的方式，将自己的见解局限于自己的认知框架内（Roth, 2002），接着通过评价性话语（即 you need a leader with a real (.) real charisma），对米利班德的领导能力（即"缺乏个人魅力"）进行了间接批判（箭头处）。并且，她还采用第二人称叙事的手法，从观众的角度发表自己的看法，以此赢得观众的注意和

认可。此外，受访者还拿布莱尔与其比较，认为布莱尔更有领袖气质（第7~8行），而米利班德不是理想的首相人选。第二个受访者也批评了米利班德，但是她采取的方式却是"先扬后抑"。首先，她以认同的态度指出米利班德采取了正确的方针政策（第9行），但紧接着她便开始质疑米利班德的领导力，怀疑他是否能够做到言行一致（第9~10行）。

7.5 专家采访片段

本节考察BBC新闻中的专家采访片段，主要分析介绍部分与采访片段的话语结构和话语实践，进而揭示记者如何建构受访者的专家身份，以及受访者如何展示并证明其专家身份和专家话语的正当性和合理性。

7.5.1 受访者的专家身份

在专家采访片段中，记者通常以两种方式介绍受访专家，即文字通道的身份标记语（identity credential）和荧屏上的字幕（caption）。大多数的专家采访片段都包含字幕，这些字幕信息既能明示受访者的身份，还能进一步显示受访者的专家权威性。请看以下节选的两个例子。

例7.7　（BBC《十点新闻》，2012年1月9日）

（RH=Robert Hazell，伦敦大学学院的教授）

1	RH:	[字幕: PROFESSOR ROBERT HAZELL, University College
2		London] Only Westminster can grant independence to Scotland (.)
3		and so the boldest referendum that the Scottish Parliament itself
4		could authorise would be an advisory one (.) authorising the Scottish
5		Government to enter negotiations with the UK Government

例7.8　（BBC《十点新闻》，2013年1月8日）

（BR=Brian Rowan，一位社会治安评论员）

1	BR:	[字幕: BRIAN ROWAN, Security Analyst] I think the
2		paramiliary organisations (.) the UDA and UVF still have the clout
3		and dominance of the communities to switch this off if they want to
4		(.) but we are in a situation now where people are playing to the
5		crowd (.) playing the mood (.) playing to the street

从以上两例中，我们都能够从荧屏上的字幕清楚地获知受访者的专家身份，即例7.7中的受访者为PROFESSOR ROBERT HAZELL, University

College London（第 1 行），例 7.8 中的受访者为 BRIAN ROWAN, Security Analyst（第 1 行）。前者主要由头衔+受访者姓名+附属机构构成，而后者由"受访者姓名+职位及专业领域"构成。这些信息保证了受访者在报道的事件中的合法专家身份。

当插入专家采访片段时，记者一般会提前对受访者进行口头介绍，即身份标记语，如例 7.9 所示。

例 7.9 （BBC《十点新闻》，2012 年 1 月 10 日）

（ST=Stephen Tierney，爱丁堡大学教授）

1	RR(vo):	One legal expert said what matters is the popular will
2	ST:	[字幕: PROFESSOR STEPHEN TIERNEY, University
3		of Edinburgh] A democratic state has never ignored the result of
4		a referendum (.) so even an advisory referendum is something
5		which would carry its own political momentum and will
6		basically force the hand of London into negotiations (.) I don't
7		see any alternatives to that

在例 7.9 中，身份标记语信息为 one legal expert（第 1 行）。相对荧屏上的字幕而言，文字通道的身份标记语比较笼统，仅涉及一些核心、必要的身份信息（如 legal、expert）。字幕信息则是比较详细的信息，其作用是正确无误地展示受访者的身份。比如，例 7.9 中的荧屏上的字幕即 PROFESSOR STEPHEN TIERNEY, University of Edinburgh（第 2~3 行，例 7.7 和例 7.8 同样说明了这点）明显比相应的身份标记语信息更详细、更准确。因此，可以说，这里的身份标记语只是对受访者身份信息的总体概括，而字幕信息则是对其身份的锚定。

不管是身份标记语信息还是字幕信息，都赋予了受访者一定的专家身份权威，以及发表评论的资格和正当性。比如，例 7.7 中，字幕信息将受访者定位为伦敦大学学院的教授，而本采访片段的话题是苏格兰议会是否有权赋予苏格兰政府执行独立公投。大学教授（从新闻报道中可以看出，受访者是法学领域的资深教授）熟悉独立公投的相关法律法规，因此有充分的权威和能力对独立公投进行解读。类似地，例 7.8 的受访者为安保评论员，而采访话题为北爱尔兰大街上的分裂与动荡活动，因此受访者完全有资格对这些活动进行解读。例 7.9 中的受访者是一位爱丁堡大学的教授，而且通过身份标记语可知，他是法律方面的专家，因此能够对采访片段中的话题（即"苏格兰独立公投"）进行解读。

7.5.2 专家知识和推理

专家采访片段的主要作用是针对当前的时政新闻和/或社会热点问题进行专业解读或评论。受访者通常采用各种话语手段确保解读或评论的正当性和合理性。首先，他们在解读或评论时会有意无意地使用大量专业术语。例 7.10 节选自一则智能电子产品展销的报道。

例 7.10　（BBC《十点新闻》，2013 年 1 月 8 日）

（BW=Ben Wood，通信协会的技术分析师）

1	BW:	It's all about the screens (.) <u>smart TVs</u> and <u>tablets</u> (.) <u>smart phones</u>
2		and how you can connect them all together and also connect devices
3		(.) lots of <u>connect devices</u> whether it's cameras with <u>SIM cards</u> in or
4		other things like putting in your suitcases to find out where they are

在例 7.10 中，受访者在回答中一口气提到了 smart TVs、tablets、smart phones、connect devices 和 SIM cards 等一系列与电子通信技术相关的专业术语，因此间接证明了他对智能通信行业的精通与熟悉，对该领域的相关话语具有一定的知识权威。

受访者的专家身份也可能源自他们的话语风格。相对普通人而言，专家采访中的受访者更加注重严谨的逻辑推理，这主要体现在以下两方面。第一，受访者倾向于通过序列词、连接词等话语标记语建构话语。比如，在例 7.11 中受访者为了清晰地表达自己的观点（即英国情报人员涉嫌非法对待利比亚人），使用了一连串的序列词和连接词，如 firstly、both of these men、in one case、so、not…but 等。

例 7.11　（BBC《十点新闻》，2012 年 1 月 12 日）

（CSS=Clive Stafford Smith，人权律师）

1	CSS:	Both of the Libyan cases are incredibly important (.) <u>firstly</u> (.)
2		because of the facts (.) <u>both of these men</u> were rendered kidnapped
3		with their wives (.) <u>in one case</u> (.) there were four children involved
4		and were taken to Colonel Gaddafi (.) <u>so</u> he could torture these guys
5		for seven years (.) we <u>don't</u> just have the smoking gun <u>but</u> the
6		smoking missiles in these cases (.) you just can't avoid the fact that
7		the British were deeply involved

第二，受访者倾向于采用逻辑比较严密的论证结构，比如演绎法中的三段论推理。例 7.12 是受访者对苏格兰议会在独立公投中的权限的分析。

例 7.12 （BBC《十点新闻》，2012 年 1 月 9 日）

```
1  RH:  Only Westminster can grant independence to Scotland (.)
2       and so the boldest referendum that the Scottish Parliament itself
3       could authorise would be an advisory one (.) authorising the Scottish
4       Government to enter negotiations with the UK Government
```

受访者的分析包含了以下论证结构。

　　大前提："只有威斯敏斯特即英国议会才能授予苏格兰独立"（明确的）；
　　小前提："苏格兰议会不是威斯敏斯特即英国议会"（含蓄的）；
　　结论：①苏格兰议会只能为苏格兰独立公投提供咨询（明确的），②"苏格兰议会没有权限赋予苏格兰独立公投"（含蓄的）。

相比之下，经验采访中的受访者的话语则不太追求话语的逻辑严密性，比如在例 7.1 中，两位受访者在谈论火灾时都使用了比较碎片化的、逻辑不太严密的表达，如第一位受访者的话语 It came from both directions (.) it came at us and then from the side (.) 中，came 这一行为被受访者重复了 3 次。其中，最后的小句（from the side）省略了主语（the fire）和谓语（came）。又如（第二位受访者）"…just coming across towards us (.) and (.) er (.) the next thing we knew everything was on fire (.) everywhere (.) all around us (.)"，整个话语只有两个完整的小句，其中包含一些介词和副（代）词结构，如 across、towards、everything、everywhere、all around us，以及连接词（and、the next thing）和填充词（er）。明显地，最后两个小句都只有副词出现，即 everywhere (.) all around us。这些话语都说明了受访者的主要交际目的是表达自己的所见所闻，而不太会像专家受访者那样去注重自己话语的逻辑性。另外，在经验采访中，即使受访者显示出严密的逻辑（如例 7.6 中第一位受访者的话语），他们也是以个人经历或感受为基础进行论述的。专家受访者则一般以专业知识或公认的事实为基础进行论述（如例 7.10、例 7.11 所示）。

专家受访者还会通过"论点+举例"等论证结构支撑自己的观点。在例 7.10 中，受访者谈及了两个论点。第一，他指出所有展品都与屏幕创新相关，即 all about the screens（第 1 行），然后他通过命名的方式，列举了一系列类似产品，比如智能电视、平板电脑、智能手机等。第二，他指出了这些展品的突出特征（亦即，比较能够吸引受众的信息）：能够互联互通（you can connect them all together and also connect devices）（第 2 行），并举例证明该论点，如 cameras with SIM cards（第 3 行）、other things like putting in your suitcases to find out where they are（第 4 行）。总之，专家受访者的话语和经验受访者的话语相比，显得更加正式、严谨、专业。

再次，受访者倾向于利用情态表达证明他们的观点和话语。如前文所述（详见 5.5.3 节），情态表示说话者对话语内容的承诺或真实程度的判断（Saeed，2000），包括道义情态、认知情态和言据性三类。道义情态表示说话者的意愿、能力、义务、责任、道义等，如"应该/必须做……"。认知情态表示说话者话语内容真实度的判断（Montgomery，2007：32），可根据所述内容发生的概率划分为低、中、高不同程度的认知情态，如"他可能会来"（表示低概率、低情态），"他早就完成了"（表示高概率、高情态）。言据性则表示对话语内容真实性提供证据的言语表达式，如"据人民网报道……"。在专家采访中，受访者通常根据自己的专业知识提出一些观点，并与言据性标记语相结合，形成高概率、高情态的话语，比如很明显、确信无疑的是、显而易见的、据说、当然（Hyland，2005a，2005b；Hyland & Tse，2004；Kopple，1985；Schiffrin，1980；陈新仁，2020；王振华、吴启竞，2020；徐赳赳，2006；杨信彰，2007）。这种方式能够增强话语的真实性和权威性，从而凸显受访者的专家权威。比如，受访者在例 7.13 中第 6 行使用了言据性标记语 apparently，以此强化自己的观点，即 Mr. Salmond wants to keep it [the Devo Max] alive while the Unionists want to kill it off（第 5~7 行）。

例 7.13　（BBC《十点新闻》，2012 年 1 月 9 日）

（JC=John Curtice，思克莱德大学教授）

1	JC:	If the ballot paper were also to contain the idea of the Scottish
2		Parliament being pretty much responsible for the Scotland's domestic
3		affairs so-called Devo Max (.) but still remaining in the union (.) that
4		<u>seems</u> to be the most popular position within the Scottish public (.)
5		that's one of reasons why Mr. Salmond wants to keep it alive (.) er it's
6		apparently because Mr. Salmond wants to keep it alive while the
7		Unionists want to kill it off (.)

当对某些信息拿不准时，受访者倾向于选择低情态、低概率的表达，"对命题主张表现出较低的承诺"（Montgomery，2007：32）。通过低情态的表达，受访者展示出"客观陈述"的姿态，表示他们只是转述了事实或

现象。在例 7.13 中，受访者谈到苏格兰公众对 Devo Max 的立场时使用了低情态词 seem（第 4 行），说明受访者对苏格兰公众的立场究竟如何并不确定。在例 7.14 中，板球评论员在对球员腐败案发表看法时使用了可能副词 may 和不定量词 some。

例 7.14　（BBC《十点新闻》，2012 年 1 月 12 日）

（SH=Simon Hughes，板球评论员）

1	SH:	The top players (.) international players (.) the players that have
2		Indian Premier League contracts are on half a million plus (.) some of
3		the county players (.) may be not regular players in county teams are
4		on it's you know (.) 20,000 (.) 30,000 (.) 40,000 and may be tempted
5		to take an easy pay-day with these kinds of things, spot-fixing

受访者首先使用了不定量词 some（第 2 行），以此表明他对球员是否受贿这一行为的不确定性。然后，他两次使用了可能副词 may（第 3~4 行），表明他的话语可能不是全部事实，而只是基于他的个人判断。但正是这种低情态表达的使用，才使他的话语听起来更加客观、可信。

最后，专家受访者倾向于将他们的部分言论归因于其他权威来源来证明他们的观点。戈夫曼认为，交谈并不仅仅涉及"说"与"听"两个终端，还包括说话者如何生成话语和听话者如何参与话语的复杂过程。就"听"而言，参与听话的方式多种多样，比如有"被批准的"听话者和"未经批准的"听话者；还可分为直接受话者和间接受话者，后者如旁听者或偷听者（Goffman，1981：131-132）。就"说"而言，说话者可能扮演了不同的话语角色，他既可能是发声者，也可能是创作者或责任人；可能三种角色都扮演，也可能仅仅扮演了其中的一个角色（如发声者）或两个角色（如发声者和创作者，但不是话语的责任人）。话语参与者可以根据参与角色的选择改变谈话立场。说话者可以将自己的话语归因于第三方。在该过程中，说话者将谈话立场从责任人、发声者、创作者的角色转变到仅作为发声者的角色上，将讲话内容的创作责任指向第三方，以增加话语的客观性和可信度。在专家采访中，受访者倾向于将部分言论归因于权威的机构、组织、人物或出版物，比如行业专家、官方文件、公共组织、科学出版物等。在例 7.13 中，受访者首先把有关苏格兰议会权限的一种观点归因于公认的 Devo Max 治理模式，即苏格兰议会全权负责苏格兰内部事务（the Scottish Parliament being pretty much responsible for the Scotland's domestic affairs），但苏格兰仍属于英国（still remaining in the union）。然后，他将两种相反的观点并置到一起，其中一个是 Mr. Salmond wants to keep it alive，而另一个是 the Unionists want to kill it off（第 5~7 行）。二者实际上都是受访者的判断，但受访者将它们分别归属到 Mr. Salmond 和 the Unionists 名下。这样，受访者的立场就从发表个人观点（即同时扮演话语的发声者、创作者和责任人的角色）转变为陈述他人言论（即仅扮演了发声者的角色），保证了受访者话语的客观中立和正当合理性。

7.6 问责采访片段

在 BBC 新闻中，近一半的新闻采访片段（41.8%）属于问责采访片段（表 7.4）。在此类采访中，采访者倾向于通过问责式提问，迫使受访者对"自己或所属机构的行为和言论承担责任"（Montgomery，2007：148），而受访者则会尽量回避或反驳相关问题，以逃避指责或批评。更有甚者，他们还会以此为契机，反过来批评或谴责反对者。以下将分别从采访者和受访者的角度对上述话语现象进行探讨。

7.6.1 受访者身份的识别

和专家采访类似，问责采访的受访者身份一般通过文字通道的身份标记语和荧屏上的字幕得以确定，如例 7.15 所示。

例 7.15 （BBC《十点新闻》，2012 年 1 月 10 日）

（AS=Alex Salmond，苏格兰首席大臣）

1	RR(vo):	Is Scotland set to leave the United Kingdom (.) tonight (.) a
2		possible departure date (.) as Scotland's First Minister
3		dismissed claims made by UK ministers (.) that his planned
4		referendum was illegal
5	AS:	[Caption: ALEX SALMOND MSP, First Minister of Scotland]
6		The date for the referendum must be the autumn of 2014 (.) er
7		that's because this is the biggest decision that Scotland has made
8		for 300 years (.) if you are gonna do things properly and allow the
9		proper processes to take place (.) er have that debate in the (.) in
10		the way this must be had (.) that is now the date that were going to
11		were going to move towards (.) so I can understand perhaps they
12		have thought about these things (.) but they must resist the
13		temptation to try to interfere with Scottish democracy (.) you'll
14		leave it the common sense (.) good judgment of the Scottish
15		Parliament and above all (.) the view of the Scottish people will
16		prevail at the end of the day

例 7.15 中记者试图用 Scotland's First Minister（第 2 行）确定受访者的身份，以告知观众接下来采访片段的受访者是苏格兰首席大臣。这一信息得到了字幕信息的强化，即 ALEX SALMOND MSP, First Minister of Scotland。当字幕出现时，受访者也同步出现在电视画面中。通过口头、字幕和视频三重信息的叠加，受访者的身份便清晰地印入观众的脑海。

不过，并非所有问责采访都需要通过身份标记语、字幕甚至视频信息叠加的方式实现。事实上，问责采访的受访者一般都是公众人物，他们的身份信息对多数观众而言都是不言自明的（如国家领导人），因此对他们而言，身份标记语或字幕就会变得多余。这时他们的身份主要依赖于片段中的视觉信息识别。例 7.16 节选自一则英国时任首相卡梅伦有关苏格兰独立公投立场的报道。

例 7.16　（BBC《十点新闻》，2012 年 1 月 9 日）

（DC=David Cameron，英国首相）

1	RR(vo):	[lines omitted]
2		Today David Camerons Cabinet headed to East London for an
3		Olympic away day but also high on their agenda was a
4		discussion led by the Chancellor (.) Ministers claim that
5		Scotland's paying a price for the uncertainty caused by talk of
6		independence (.) but no answers to when or how (.) it will be
7		decided
8	DC:	This is very damaging for Scotland (.) because all the time
9		businesses are asking (.) er
10		[lines omitted]

在例 7.16 中，一开始我们几乎无法识别受访者，因为无论是字幕还是口播文字，都没有任何有关受访者身份的信息。不过当受访者出现在画面中时，他的身份很快便被识别了。作为一直处于聚光灯下的英国首相，他的外表和举止对大多数观众来说显然都很熟悉。当然，这完全取决于观众的阅历和知识面。一个深居简出、不闻窗外事的人也许不会知道自己国家的元首，更别说其他公众人物了。

7.6.2　记者的责问与中立

如上一小节所述，问责采访的受访者一般都是公众人物，因此他们的身份信息决定了他们接受采访时不是为自己发声，而是代表机构或组织发声，例如：当卡梅伦接受采访时，他代表的是英国政府或他的执政团队；当 CEO 接受采访时，他代表的是他的公司或集团；当官员接受采访时，他代表的是其所在的政府部门或机构。正是受访者的公众身份使采访本身不同于一般的采访。问责采访除了获取信息外，还充分发挥媒体的监督功能。记者会站在公众的角度，代表公众提出一些尖锐的问题，迫使受访者和受访者所代表的机构对相关问题承担责任（Kampf，2021）。与此同时，记者还需要恪守"新闻客观真实"的宗旨，在进行问责式提问时保持中立的立场（Clayman，1988，1992；Clayman & Heritage，2002a；Ekström，2001；Ekström & Patrona，2011；Feng，2017）。为了践行上述双重职责，记者在提问时会采用各种话语策略，其中最具代表性的策略包括观点内嵌、第三方归因、为民众发声等（Clayman & Heritage，2002a）。观点内嵌表示将对受访者不利的信息嵌入问题之中，给受访者设置语言陷阱。首先，观点内嵌可能出现在采访片段的介绍部分，例如：

例 7.17　（BBC《十点新闻》，2012 年 1 月 10 日）

（AS=Alex Salmond，苏格兰首席大臣）

1	RR(vo)：	Is Scotland set to leave the United Kingdom (.) tonight (.) a
2		possible departure date (.) as Scotland's First Minister
3		dismissed claims made by UK ministers (.) that his planned
4		referendum was illegal
5	AS：	The date for the referendum must be the autumn of 2014 (.)
6		[lines omitted]

在例 7.17 中，记者为了引入采访片段，便针对受访者及受访话语进行介绍（第 1~3 行）。记者首先开门见山地提出了问题，即 Is Scotland set to leave the United Kingdom。不过这个问题更像是为了吸引观众而设置的自问自答。接着是一个后置从句，该从句中包含至少两个嵌入成分，第一个是 Scotland's First Minister dismissed claims made by UK ministers，第二个是 his planned referendum was illegal，其中第二个嵌入成分作为 claims 的同位语进一步镶嵌在第一个嵌入成分之中。如果记者直接陈述这两个嵌入成分，它们就有可能被视为记者的个人观点。上述嵌入方式则有效地消除了这种可能性，从而保证了记者态度的客观中立性。不仅如此，我们发现记者还将上述嵌入成分归因于第三方（Clayman，1988；Clayman & Heritage，2002a；Montgomery，2007），即将第一个嵌入成分指定为苏格兰的首席大臣的言论（Scotland's First Minister dismissed），将第二个嵌入成分归因于英国政府的部长们（claims made by UK ministers that...）。这样一来，记者便和嵌入成分的观点和言论保持了距离，从而确保了他的中立态度。

以下摘录也是如此。

例 7.18　（BBC《十点新闻》，2013 年 1 月 7 日）

（EM=Ed Miliband，英国工党党首）

1	RR(vo):	And a new minimum pension which will produce losers as
2		well as winners (.) unsurprisingly (.) Labour say that their act
3		ignores this (.) the bill they say the country is paying (.) for
4		the coalitions failure
5	EM:	The problem is if you are a young person looking for work (.)
6		if you are a family whose living standards are being squeezed
7		(.) you are a small business looking for a loan

在介绍部分（第 1~4 行），两个具有争议的言论都被归因于英国工党。在第一条言论中，记者采用了间接引语的方式（即 Labour say that...）将第 2~3 行的话语（即言论一）归因于工党。记者在其中只是充当了话语转述者的角色。在第二条言论中，记者同样采用了间接引语的方式，即 they say the country is paying (.) for the coalitions failure。在该语句中，they 指称工党议员们，他们是该话语的直接创作者或责任人。通过这种第三方归因的方式，记者保持了与具有争议的言论之间的距离，从而能够以一种超然的态度客观地报道第三方的话语。

此外，记者有时还将第三方归因当作准问题话轮（quasi-question turn），为后续回答提出问题（Ekström，2001）。准问题话轮一般通过带有知识框架语的陈述式问句（Roth，2002），比如 "they say that..." "Labour say..."。伊丽莎白·G. 韦伯（Elizabeth G. Weber）将此类表达称作 "陈述疑问句"（declarative-formed question）（Weber，1993），因为这类语句本身属于陈述句，但在具体的语境中却充当提问的作用。陈述疑问句尽管本身是陈述句，但具有问句的一些特征（如包含疑虑或谜团），能够触发潜在的回应。请看例 7.19。

例 7.19　（BBC《十点新闻》，2012 年 1 月 10 日）

1	RR(vo):	Is Scotland set to leave the United Kingdom (.) tonight (.) a
2		possible departure date (.) as Scotland's First Minister
3		dismissed claims made by UK ministers (.) that his planned
4		referendum was illegal
5	AS:	The date for the referendum must be the autumn of 2014 (.)
6		[lines omitted]

在例 7.19 中，介绍部分（第 1~4 行）一开始便提出了一个无标记问

题，即 Is Scotland set to leave the United Kingdom（第 1 行）。该问题显然是代表观众提出的，其作用是为随后的采访片段限定范围、设置议程（Clayman & Heritage，2002a）。不过，在介绍受访者和主题时，记者使用了陈述疑问句：Scotland's First Minister dismissed claims made by UK ministers (.) that his planned referendum was illegal（第 2~4 行）。在该语句中，记者使用了动词 dismissed 作为一个言语过程小句，紧随该小句的是受访者即亚历克斯·萨尔蒙德（Alex Salmond）针对 dismissed 言语行为作出的回应（或解释）。换言之，萨尔蒙德驳回了（dismissed）英国部长们所说的"公投是非法的"声明（第 3~4 行），因为他在接受采访时说"公投必须于 2014 年秋季举行"（第 5 行），相当于间接否定了"公投是非法的"这一说法。很显然，采访片段中的话语是对介绍部分 dismissed 言语行为的具体回答，因此我们认为，dismissed 在这里具有提问的作用。总之，例 7.19 包含了至少两个问句，其中一个是无标记问句，另一个是带标记的陈述疑问句。它们共同构成了采访片段的提问话轮，与紧随其后的采访片段形成一种想象的"提问—回答"序列，即"仿拟对话"（Ekström，2001）。

7.6.3 受访者的回避与反驳

当面对质疑或责难时，受访者倾向于选择回避的态度。以下是问责采访中受访者的一些常见做法。第一种是寻求借口或甩锅，比如诉诸外部因素，将自己的行为或错误归咎于恶劣的乃至敌对的环境。例 7.20 显示了受访者如何将美国士兵的非人道行为归咎于可怕的战争。

例 7.20　（BBC《十点新闻》，2012 年 1 月 12 日）

（JJ=James Joyner，前美国陆军军官）

1	RR(vo):	Tens of thousands of American troops have served in
2		Afghanistan and Iraq over the last ten years (.) as in every
3		conflict (.) there been times of excess and moments of abuse
4		(.) we asked one military veteran to look at the video (.) at
5		how unusual this really is
6	JJ:	These sorts of things happen in combat zones (.) they are
7		not supposed to happen (.) but you are in a position in in
8		war where you have to kill people that that that is (.) on
9		sight and put very quickly have to make a decision (.)
10		and the way people cope with that (.) sensibility is to
11		dehumanise the enemy

在回答 how unusual this [American soldiers urinating on the dead bodies of Taliban fighters] really is 的问题时（第 5 行），受访者采取了一种"推拉"（push and pull）的策略（Montgomery，2007：125-128）。所谓推拉，表示说话者首先通过强调语句的言外之力将其向外推开，然后用否定的方式将该话语拉回来，类似于我们常说的"先抑后扬"。在例 7.20 中，受访者首先将美国士兵的不当行为归咎于环境的恶劣，表明了受访者代表美国（士兵）逃避责任的意图（these sorts of things happen in combat zones）（第 6 行），然后他又通过批评士兵的方式将自己说出的话拉回来，即 they are not supposed to happen（第 6~7 行）。之后，他又迅速将士兵的不当行为归咎于战争的恐怖，即 you are in a position in in war where you have to kill people that that that is (.) on sight and put very quickly have to make a decision（第 7~9 行）。即在受访者看来，士兵的行为是可以理解、原谅的。在发表这些言论时，他试图通过第二人称手法寻求听众的认同，并将士兵的行为解释为一种普遍的、可理解的做法，即 the way people cope with that (.) sensibility is to dehumanise the enemy（第 10~11 行）。

第二种做法是以公众利益为挡箭牌。当面对质疑时，受访者会借助一些普遍的、被接受的做法或价值观来为他们的行为或言论辩护，表明他们的所作所为是为了公众的利益和福祉。在例 7.21 中，受访者试图为建设高速铁路的计划进行辩护。

例 7.21　（BBC《十点新闻》，2012 年 1 月 10 日）

（JG=Justine Greening，英国交通大臣）

1	RR(vo):	High Speed Two will be the longest major new railway line for
2		more than a century (.) a fleet of 220 mph trains cutting half an
3		hour off a trip between Birmingham and London (.) it's designed
4		to take the pressure off Britains busiest lines
5	JG:	It's not just going to create the (.) passenger capacity that we need
6		(.) the connectivity between our major cities that we need and of
7		course the speed that we need (.) it's also going to support jobs (.)
8		growth and prosperity for Britain in the future

为了捍卫自己的观点和立场，受访者列出了高速铁路可能带来的一系列好处，并通过一些手法强化这些好处。比如，受访者采用了平行结构…that we need…（共出现 3 次）和三联式清单的结构（jobs (.) growth and prosperity）来强调修建高速铁路可能带来的好处。受访者还通过第一人称复数的形式把建设高速铁路的好处归属于国家和人民，比如 we、 our、Britain（Britain 表示 we）。而且从整个话语看，受访者采用了 not just…(but) also…的递进结构，使话语意义（即"修高速铁路的好处"）不断得到加强。通过上述手法，受访者有效地回避了工党的批评和记者的质疑，维护了自己的立场。

第三种做法，受访者可能会直接反驳尖锐的对抗性问题，尽管这种情况并不常见。他们可能会直截了当地指出该问题提的观点"不正确"或"失之偏颇"。在反驳过程中，他们一般以问题或问题的一部分为起点进行反驳，以显示他们遵循了新闻采访规则，不回避问题（Clayman，1992；Clayman & Heritage，2002a；Harris，1991；Heritage，1985；Heritage & Clayman，2010）。但是，他们的反驳往往偏离了采访者实际想要获取的信息。例 7.22 节选自有关巴基斯坦民主问题的报道，为记者和受访者针对该问题的互动。

例 7.22 （BBC《十点新闻》，2012 年 1 月 13 日）

（IR=Interviewer；RM=Rehman Malik，巴基斯坦内政部长）

1	RM:	And the democracy (.) we are in transition (.) so our ups and downs
2		will be there (.) as I always say (.) yes (.) we do have a bumpy flight
3		(.) but we land in 2013 in a very nice way (.)
4	IR:	But aren't you having a real crisis now with the army (.) there is open
5		speculation about a coup
6	RM:	Well (.) I would say crisis (.) no (.) the difference of opinion is
7		always there
8	IR:	Do you think this government will still be in position next week
9	RM:	I say not next week (.) Insha Allah until 2013

在采访中，受访者声称他的政府已从动荡中走出，正走上通往民主的正确之路（第 1~3 行）。但是，采访记者却想通过反问的方式质疑他的言论（即 aren't you having a real crisis now with the army）（第 4 行）。该问题预设了如下信息："你的政府正与军队发生真正的危机。"作为回应，受访者使用了以下策略来否认这一预设。他纠正（更确切地说"修改"）了采访者的问题：Well (.) I would say crisis (.) no (.) the difference of opinion is always there（第 6~7 行），即将政府与军队之间的 crisis 修改为 the difference of opinion。本来，受访者无权纠正采访者的表达，这种做法不仅显示出受访者粗鲁干涉，还会引起采访者的反感。但是受访者巧妙地化解了这种尴尬和张力。第一，在纠正之前受访者使用了一个填充词（well），以此作为缓冲，以减轻潜在不礼貌的行为（第 6 行）。第二，在回答中受访者重复提到了 crisis 一词（第 6 行），表明他一直在回答采访

者的提问。第三，他并没有直接否认政府和军队之间的紧张关系。他将这种关系从 crisis 的表述降格为比较温和的 the difference of opinion（第 6 行）。总之，通过纠正等手法，受访者不但反驳了记者的提问，而且在一定程度上将这种反驳力度进行了最大化的缓和，从而避免了可能带来的负面效应。

7.6.4 受访者话语中的批评

在 BBC 新闻的问责采访中，受访者不仅选择回避问题，而且还以问题为契机，批评（潜在的）对手。通过批评，他们不仅捍卫了自己的立场，也给对手一定的打击。例 7.23 节选自英国工党领袖米利班德抨击执政党施政方略的报道。

例 7.23 （BBC《十点新闻》，2012 年 1 月 10 日）

（EM=Ed Miliband，英国工党党首）

1	EM:	I say to the Prime Minister (.) who are you trying to kid (.) nobody is
2		going to believe you came into politics to end crony capitalism (.)
3		but now that he has accepted that this is the battleground of politics
4		(.) I say (.) bring it on

在例 7.23 中，英国反对党领袖米利班德（受访者）选择直接批评英国时任首相卡梅伦的施政方略。他以第二人称直呼其名的方式质疑对方（are you trying to kid）。这种不客气的称呼和公然的质疑属于公开化的言语威胁行为，必然损害被批评者的积极面子（Brown & Levinson，1987）。

进行批评时，被批评者往往会被贴上负面标签，比如：

例 7.24 （BBC《十点新闻》，2012 年 1 月 10 日）

（MR=Mitt Romney，2012 年美国总统大选共和党候选人）

1	MR:	I think he takes his inspiration from the social welfare (.) welfare
2		states of Europe (.) he wants to make it an entitlement society (.)
3		where government takes from some to give to others (.) you don't
4		wanna know what's crushing business (.) this administration is
5		crushing business

例 7.24 中共和党总统候选人米特·罗姆尼（Mitt Romney）将奥巴马政府的社会福利政策称为 entitlement society（第 2 行），意指奥巴马政府剥夺了部分人的财富，并将这些财富瓜分给了其他人。为了说明这一

点，他反复强调，奥巴马政府的政策正在摧毁美国的商业，即 crushing business（第 5 行）。例 7.25 也采用了贴标签的做法。

例 7.25 （BBC《十点新闻》，2012 年 1 月 11 日）

（DC=David Cameron，英国首相）

1	DC:	There've been too many in the SNP who are happy to talk about the
2		process (.) they are happy to talk about the process (.) they don't want to
3		talk about the substance (.) I sometimes feel when I listen to them it's not
4		a referendum they want (.) it's a "<u>neverendum</u>"

在例 7.25 中，英国时任首相卡梅伦将苏格兰民族党的立场（他们支持苏格兰独立公投）称为 neverendum（第 4 行），意指他们支持公投并非真正地对公投感兴趣，而是将其作为获取政治私利的工具。通过标签或污名化，他们不仅强化了政治对手的负面形象，也间接提升了自己的正面形象。

另一种批评方式是三联式清单。三联式清单表示将三个形式或意义相似的表达按逐步加强的方式罗列出来，以此加大批评力度。例 7.26 节选自有关英国政府计划削减工龄福利的报道，英国就业和养老金大臣正在为削减工龄福利的政策辩护。

例 7.26 （BBC《十点新闻》，2013 年 1 月 8 日）

（IDS=Iain Duncan Smith，英国就业和养老金大臣）

1	IDS:	The difference is that they spend taxpayers' money like drunkards on
2		a Friday night (.) they er (.) spend more (.) tax more (.) borrow more
3		and let the next generation pick up the bill (.) This bill is about
4		picking up the pieces (.) sorting out the deficit and being responsible
5		government (.)

从例 7.26 看，受访者开门见山地抨击反对工龄福利削减的人士，谴责他们把纳税人的钱花在吃喝玩乐上（spend taxpayers' money like drunkards on a Friday night）（第 1~2 行）。为了捍卫这一观点，他将依赖国家福利生活的人和他们的支持者们比喻为寄生虫，并用三联式清单的方式加强语气、强化自己的观点，比如 spend more、tax more、borrow more（第 2 行）。接着，受访者开始为工龄福利削减政策辩护，并再次采用了三联式清单的策略，比如 picking up the pieces、sorting out the deficit、being responsible government（第 4~5 行）。正是这种列清单的方式，使他的批评和辩护极具说服力。

7.7 小　　结

　　本章首先对电视新闻的采访片段进行了界定和分类，接着着重分析了 BBC 新闻中经验类、专家类和问责类采访片段的话语结构和话语实践特征。分析发现，BBC 新闻倾向于借助采访片段对新闻进行报道，主要包括经验采访片段、专家采访片段、问责采访片段和同行采访片段。其中，问责采访片段占了近一半的篇幅。总体上，BBC 新闻倾向于借助文字通道的身份标记语和荧屏上的字幕两种方式介绍受访者，并将他们表征为合格的、权威的受访者。此外，大多数新闻采访片段都是以回答话轮为核心出现在新闻报道之中。这表明，BBC 新闻特别强调来自新闻机构之外的真人真事，以他们的经历和话语行为等来现身说法，以增强新闻报道的互动性和事实性。

　　本章主要讨论了经验采访片段、专家采访片段、问责采访片段三类。就经验采访片段而言，BBC 新闻倾向于通过受访者描述个人经历的方式描述事件，并通过受访者的描述增加报道的戏剧化色彩。就专家采访片段而言，BBC 新闻倾向于通过荧屏上的字幕和/或文字通道的身份标记语建构受访者的专家权威身份，受访者在回答提问时则倾向于借助专业术语、逻辑推理、第三方归因等话语手段为自己的话语披上合法正当的外衣。就问责采访片段而言，BBC 新闻倾向于以问责式的问题，在保证记者自身中立的前提下迫使受访者对他们的言行负责。面对这些尖锐的问题，受访者倾向于采取回避、辩护的策略。更有甚者，他们以问题为契机，一边捍卫自己的言行，一边批评、抨击政治上的对手。

第8章 电视新闻中的同行采访

8.1 介 绍

我们在前一章讨论了 BBC 新闻中常见的三类新闻采访片段，即经验采访片段、专家采访片段和问责采访片段。所有这些采访都涉及记者和非新闻机构人员之间的互动（比如受访者为事件的受害者、目击者，专家教授，政府官员，国家领导人等）。本章将继续考察采访类话语，但与前面三类不同的是，受访者不再是非新闻机构的人员，即蒙哥马利（Montgomery，2007：118）所说的 affiliated news interview。我们将其翻译为同行采访。所谓同行采访，表示新闻采访双方均为新闻人员（一般而言，采访者为新闻主持人，受访者为记者）。尽管同行采访这一概念自提出至今已近 15 个年头，但相关研究并不多见。多数研究仍然集中在问责采访、经验采访、专家采访等方面（如 Clayman & Fox，2017；Clayman & Heritage，2002a，2002b；Drew & Heritage，1992b；Ekström & Patrona，2011；Heritage & Clayman，2010；Scannell，1991a）。与同行采访相关的、比较有价值的研究成果主要来自蒙哥马利（Montgomery，2006，2007，2008a）的直播连线研究。这些研究主要探索了同行采访的话语结构和语类特征，但较少涉及采访中的话语角色及其话语表现。因此，本章将主要围绕同行采访中主持人和受访者的话语身份和角色，探讨他们如何通过话语的选择和运用来实现各自的交际目的。

8.2 同行采访片段的介绍

随着媒体技术的发展，以记者为采访对象的同行采访越来越多地出现在电视新闻节目之中。同行采访是直播电视新闻盛行下的新的播报方式，是电视新闻应对网络新闻冲击的主要手段之一。在同行采访中，参与访谈的互动双方均为新闻机构的人员，其中采访者为主持人，受访者为参与新闻报道的记者。他们在直播场景下通过提问、回应、报道、评论等行为向观众传递最新资讯（Montgomery，2006，2007，2008a）。同行采访一般包括演播室互动和直播连线两种方式。前者是主持人与记者在演播室内的面对面交谈，后者则通过音频或视频连线将主持人和记者之间的互动连接起来。二者虽然互动方式不同，但都是通过直播形式向电视机前的观众进行实时呈现。这无疑给参与访谈的双方带来巨大的心理压力，他们好比在进行舞台表演，需要时刻注意自身的言谈举止，谨慎应对访谈中出现的各种因素（Goffman，1990）。尤其是同行采访中的主持人既是采访者也是话语组织者，需要在访谈互动的同时，控制采访的进度和方向，确保访谈活动顺利进行。同时，受访者则被赋予了不同于一般记者的双重身份：一方面，作为记者，他们需要在采访中秉持新闻的客观性和中立性，不发表带有个人倾向的观点与看法；另一方面，作为受访者，他们承担着对新闻事实进行分析、评论的职责。如何在保持客观中立立场的前提下对新闻进行分析和评论，是受访者需要时刻面对的挑战。

现场直播是同行采访最主要的特征之一。直播表示新闻传播的时间和新闻接收的时间几乎同时发生（Montgomery，2006）。当直播作为一种传播形态被调用时，它表明的不是简单的同时或同步，而是话语参与者的话语管理能力和随机应变能力。从现场直播中，我们不仅可以看到生动的画面，还可以看到参与者的言行，以及他们的言行所反映的真实的社会现实。尽管如此，电视直播仍然不同于现实生活中的真实互动。现实生活中的真实互动仅包括参与话语交流的双方，而电视直播不仅包括采访的参与者，还包括电视机前的观众。因此对采访者即主持人而言，如何管理直播中的采访话语就显得格外重要。比如何时开始或结束采访？如何在演播室和现场之间进行转换？如何同时与受访者和观众保持一致？这些都是主持人在采访过程中必须面对的问题。与此同时，受访者即记者在接受采访的过程中既要保持记者的权威身份（比如保持新闻事件的新闻性和新闻报道的中立性），又要体现出受访者作为新闻评论员的话语特征。比如，如何与主持人互动？如何与观众互动？如何在描述或评论新闻的过程中进行角色转换？针对以上问题，我们将分别从采访者和受访者的角度出发，考察直播环境下同行采访互动双方的话语形式和实践方式。

8.2.1 采访话题的引入

在同行采访中，采访者需要对采访话题进行介绍。一般来说，引入话题之前，采访者倾向于先提及前文，然后对采访背景进行介绍。提及前文一方面是为了结束前一条新闻，另一方面也是为接下来的采访做准备。

背景信息则具有以下功能：一是为接下来的采访提供整体图景，二是为采访活动做好铺垫。在例 8.1 中，主持人正在介绍受访者和采访话题。

例 8.1　（BBC《十点新闻》，2012 年 1 月 13 日）

1	PR:	Our business editor Robert Peston is here with me (.) Robert (.)
2		you have a formal statement from Standard and Poor's on the
3		downgrade (.) what does it say

总体上，例 8.1 执行了三种话语行为。一是主持人提问，即 what does it say。该问题不仅具有确定话题的作用，更重要的是，它作为一个提问话轮，直接将新闻报道引入采访活动。因为根据合作原则（Grice，1975）和相邻对规则（Sacks et al.，1974），受访者应在听到该问题后立即作出回应。二是指明受访者，主持人主要采用了称呼语（Robert）和第二人称的方式。Robert 一般为一个人的名字，不是姓，因此属于非正式的称呼，表示受访者和主持人关系很近（因为受访者是记者，所以两者为同事关系）。第二人称表示他们在实时互动、直接交谈，而不是转述。三是提及前文和背景介绍，这主要通过指称代词实现。首先，主持人用代词 it（第 3 行）指称刚刚谈及的话题，即标准普尔公司的声明。其次，第二人称代词 you 具有将受访者和前文提到的声明联系起来的作用（即 you have a formal statement from Standard and Poor's）（第 2 行）。最后，主持人对 it 指称的话题做了进一步的描述，重述了受访者在前文中提到的信息，即标准普尔下调了法国的 AAA 信用等级。这就为接下来的提问提供了足够的信息，以确保采访部分自然地融入到更大的新闻报道中。

当然，并非所有同行采访都需要提及前文。比如，当采访发生在新闻报道的开始时，由于前文大多与当前新闻无关，主持人只需介绍背景就可以和采访话题联系起来。请看例 8.2。

例 8.2　（BBC《十点新闻》，2013 年 1 月 8 日）

1	PR:	The Met Office says it's standing by its long-term forecast of
2		global warming for the rest of the century (.) this comes after a
3		new computer system estimates that temperatures will rise by
4		slightly less over the next five years than previously forecast (.)
5		our science editor David Shukman is here with me (.) what would
6		you tell us David

例 8.2 同样具有例 8.1 中提到的一些话语行为，如提出问题（what would you tell us），以及指明受访者（称呼对方名字 David 和第二人称代

词 you 的运用)。此外,例 8.2 还对受访者身份进行了介绍(这一点与例 8.1 不同,详见 8.2.2 小节):our science editor David Shukman is here with me。这些信息都明确表明,受访者与主持人是同事,并且第二人称代词的用法和 here with me 也表明当前采访是发生在演播室的面对面的直播活动。除此之外,例 8.2 一个显著的特征就是对采访话题背景知识的介绍,即英国气象局表示,它坚持 21 世纪内全球变暖的长期预测(第 1~2 行)。在描述该信息时,主持人采用了多种话语手段。首先,整个介绍采用了现在时态的叙述方式,比如 says、it's standing、comes、estimates、is 等动词时态都属于现在时态。现在时态(特别是现在进行时)意味着事件正在发生,具有较强的新闻价值。其次,采用直示指称表达介绍人物、时间、机构等背景信息,如有关人物和机构的指称表达 the Met Office、me、it、our,时间指称表达 for the rest of the century、over the next five years、previously。这些表达既交代了新闻的背景信息,也彰显了新闻的时效性,有助于引起观众的注意,使观众对接下来的采访产生兴趣。

8.2.2 受访者身份的介绍

除引入采访话题外,同行采访的开场白还会对受访者身份进行介绍,以此确立受访者的新闻权威,提升采访内容的可信度。根据戈夫曼 (Goffman,1990)的戏剧理论,电视新闻可看作是一种舞台表演,舞台上的人物、活动和事件都是为电视机前的观众而创造的(Heritage,1985;Heritage & Greatbatch,1991)。在电视新闻这个舞台上,同行采访的受访者通常被塑造成合格、权威的说话者和新闻报道者。首先,主持人在介绍受访者时,会给他们贴上一些身份标签,如他们的工作单位、工作区域、所处位置、姓名全称等,比如:

例 8.3 (BBC《十点新闻》,2012 年 1 月 9 日)

1	PR:	That's goodnight at the Scottish Parliament (.) as our Scotland
2		political editor (.) Brian Taylor (.) who's there for us

例 8.4 (BBC《十点新闻》,2012 年 1 月 11 日)

1	PR:	Let's get more details from our deputy political editor James
2		Landale who is at the parliament of Westminster

例 8.3 和例 8.4 中的受访者身份可以总结如下(表 8.1)。

表 8.1 受访者即记者的身份信息

例句	所属机构	负责区域	工作职位	姓名	当前位置
例 8.3	our (BBC)	Scotland	political editor	Brian Taylor	there (at the Scottish parliament)
例 8.4	our (BBC)	London	deputy political editor	James Landale	at the parliament of Westminster

"所属机构"表示受访者所在的新闻机构，新闻机构既是工作单位，也是官方身份的象征。"负责区域"表示受访记者负责报道的地区。报道他们所负责地区的事件既是一种责任，也是新闻权威的体现（Zelizer, 1990, 1992）。"工作职位"涉及受访者的专业地位和知识权威，比如 political editor 表示该记者负责政治类新闻，且是该领域的编辑。"姓名"是个人的身份标签，是实名制报道的象征。公开姓名相当于间接证实了新闻的真实性。"当前位置"表明受访者正在新闻现场，对新闻的接近性、即时性具有强调作用。总之，上述信息可以进一步强化受访者作为记者的资格，使他们成为最有资格对事件进行报道和评论的人（见 5.4.4 小节）。

其次，受访者的权威身份还可以通过其他话语资源得到加强。这主要包括强调受访者的亲身经历、评价、预设等，比如：

例 8.5 （BBC《十点新闻》, 2013 年 1 月 8 日）

```
1    PR:    Our economics editor Stephanie Flanders is with me (.) she has
2           been studying the figures
```

例 8.5 中的 she has been studying the figures 表示受访者正亲身参与到所讨论的事件的调查之中，因此对该事件具有较权威的了解。在例 8.6 中，主持人评价受访者对所讨论的事件的掌握情况为 has the latest，相当于告知观众，受访者了解当前事件的最新情况，因此有资格对该事件进行报道和评论。

例 8.6 （BBC《十点新闻》, 2013 年 1 月 8 日）

```
1    PR:    Our home correspondent June Kelly has the latest
```

最后，可以通过预设，默认受访者为合格、权威的信息提供者。预设表示话语假设受访者拥有相关信息，以至于能够对所讨论的话题发表有新闻价值的评论。比如：

例 8.7　（BBC《十点新闻》，2013 年 1 月 8 日）

| 1 | PR: | Our science editor David Shukman is here with me |

例 8.7 中的 is here with me 表明受访者正在演播室接受主持人的采访。该表达预设了受访者已经获得当前话题的最新或权威信息，因此他有资格就该话题发表评论。

8.2.3　主持人的提问

主持人介绍话题，确定受访者身份之后，接下来便是提问受访者。一般情况下，介绍受访者之后就是提问环节，这本是自然而简单的。但是因为同行采访属于直播新闻，采访双方的一举一动都在聚光灯下，时刻接受着观众的审视，所以，提问的内容、方式和时间不仅影响受访者的回答，还会影响观众的判断和主持人对采访话语的管控。

通常而言，主持人的提问包含起始标记语、背景信息和问题本身三个部分。由于背景信息在 8.2.1 和 8.2.2 小节已做了详细探讨，这里仅对起始标记语和问题本身进行分析。就 BBC 新闻而言，最常见的起始标记语包括 well 和 now（见 5.4.1 小节），以及一些非正式称呼语（比如 Nick、David）。例如：

例 8.8　（BBC《十点新闻》，2013 年 1 月 9 日）

| 1 | PR: | Well (.) Nick (.) you could call it advice or call it a warning (.) but |
| 2 | | how likely is it to upset David Cameron (.) do you think |

在例 8.8 中，主持人以起始标记语 well 开始。well 表示主持人对前一话语的反馈行为（backchannel behavior），意味着新闻报道将从前一话题转向当前话题。接着，主持人使用了非正式称呼语 Nick 来称呼受访者。通过非正式称呼语，一是为了提醒受访者采访即将开始；二是表明主持人正在转换谈话立场，从与观众的互动转向与受访者交流（详见 8.3 节）；三是表示话语形式正从正式互动转变为非正式互动（Scannell，1996）——尽管在观众看来，这种互动仍然是正式的。

在问责采访中，采访者可能会提出具有对抗性质的问题，作为对公众人物的监督或质疑，迫使他们对相关事件或言行负责（Clayman，1988，1992，2010；Clayman & Heritage，2002a，2002b；Ekström，2001；Ekström & Patrona，2011；Harris，1991）。因此在提问的前言部分，采访者通常会嵌入或预设具有争议的或对受访者不利的信息，为受访者的回答设置议题亦即难题（详见 7.6.2 小节）。但是，就同行采访而言，前言部分的话语并非为了给受访者设置障碍。恰恰相反，它预示着采访的开始，并帮助受访者和观众识别问题及其内容。比如，在例 8.8 中，代词 it 指的是受访者先前提到的信息（第 1 行）。主持人通过 it 一词将受访者和观众指向之前的话语，使他们能够对即将讨论的话题更加熟悉。①

另一种在同行采访中常见的起始标记语是 but 一词。例如：

例 8.9　but how likely is it to upset David Cameron (.) do you think

例 8.10　but what is your understanding of how he is likely to respond to this challenge

例 8.11　but how do you think Mr. Salmond and his colleagues will handle this from now on

例 8.9～例 8.11 均来自 BBC《十点新闻》同行采访中的起始语句。可以看到，每句的 but 都位于语句句首。它作为过渡语或衔接语，将之前的内容与当前的内容联系起来。但是，but 的词义也告诉我们，主持人正从之前的报道转向当前新闻。同时，but 也意味着与之前的话语相比，主持人提供了另一种相反的话语，形成正反话语并存的情景，以此凸显主持人的中立态度。

同行采访的提问包含两种方式。第一种方式是借助疑问句提问。由于同行采访是直播实时互动，互动双方不太可能完全按照提前准备好的脚本开展对话。相反，他们需要随时应对时不时出现的新情况。此外，同行采访的受访者都是记者，和采访者一般为同事关系，彼此交流时都比较轻松、随和。上述因素决定了他们的话语不太可能像书面语那样包含大量复杂、正式的句子。譬如，例 8.9 和例 8.11 在疑问句的基础上增加了 do you think，例 8.10 增加了 what is your understanding of。实际上，这两个插入语成分虽然用词不同，但都发挥着类似的作用，即这些表达均以插入语的

---

① 以下是该受访者早前提到的内容（BBC《十点新闻》，2013 年 1 月 9 日）（NR=Nick Robinson，记者）

1　NR:　Is it any wonder that the Prime Minister has agonised for so long (.) about whether to make
2　　　　a speech (.) and what to say in it (.) on a subject senior Conservatives call (.) a time
3　　　　bomb ticking under his party
4　　　　(.5)

方式，或以罗斯（Roth，2002）所说的"知识框架问句"的方式，表达了采访者试图与受访者进行协商的意图，使问题变得容易被受访者接受。不仅如此，在这些问句中，无论插入语还是疑问句本身，都包含了第二人称代词 you 或 your。第二人称代词属于直示指称表达，在提问中具有指定下一位说话者的作用。使用第二人称代词表达，不但凸显采访活动的"直播"特征，还能够促使受访者快速做出回应，从而推动采访活动顺利进行。正如会话分析学者指出的，在日常会话中，当前说话者可以通过提问、提名、称呼语或第二人称代词等手段指定下一位说话者（Hutchby & Wooffitt，2008；Sacks et al.，1974）。

　　第二种方式是使用陈述句。尽管大多数提问都是由问句构成的，但我们的数据显示，仍然有相当一部分同行采访的提问采用了陈述疑问句的方式（Weber，1993）。这些陈述疑问句表面上看不属于问题，但从深层次看，仍然具有问题的属性，起着提问的作用。请看以下例子。

　　例 8.12　She has been studying the figures
　　例 8.13　Our home correspondent June Kelly has the latest

　　从句型上看，例 8.12 和例 8.13 都是陈述疑问句。从意义上看，二者均预设了相关联的问题。例 8.12 表示受访者正在调查相关事件，潜在的问题有：最新情况如何？得出什么结论？等等。按照相邻对规则（Sacks et al.，1974），受访者则会根据主持人提供的背景信息，选择最合适的答案作答。类似地，例 8.13 表示受访者对相关事件掌握最新资讯，潜在的问题包括：最新消息是什么？来自何处的消息？等等。受访者则会根据 the latest 指称的内容进行回答。

　　不管是问句还是陈述句，主持人在提问时一般都会认为受访者有资格报道或评论相关事件，以此强化新闻的权威性。除了受访者权威身份的建构外（详见 8.2.2 小节），主持人也会以提问为契机，通过知识框架问句的方式假设受访者拥有最新资讯（Zelizer，1990，1992）。比如：

　　例 8.14　…do you think
　　例 8.15　…what do you make of that
　　例 8.16　please tell us…

　　上述表达都可看作知识框架问句，即这些表达预设了受访者已经拥有采访者想要知道的知识或信息（Roth，2002）。让我们再以例 8.8 为例。在此例中，主持人用疑问词 how 提问，即 how likely is it to upset David Cameron (.) do you think。这是一个典型的信息索取类问题，受访者需根据 how 提供相关的信息。但是在本问句中，主持人镶嵌了 do you think 插入语，该插入语实际上预设了受访者对所讨论的事件有充分的了解，在问句中充当了知识框架语的作用，因此受访者有资格对该事件进行进一步报道或评论。

8.3　话语过渡与立场转换

在同行采访中，主持人需要随时调节、管理采访话语的进程，包括选择交流对象、介绍受访者、提出问题、设置议程、开始或结束采访等。其中最微妙的一个环节就是他们如何根据交流对象的变化而改变自己的谈话姿态，即戈夫曼（Goffman，1981）所称的立场转换。根据他的说法，交谈中的立场表示"我们[在交谈中]对自己和交流对象的定位方式"（Goffman，1981：128）。他指出，交谈由话语生成机制和话语参与框架构成。在交谈过程中，说话者和听话者处于话语生成和话语接收两端。就话语生成而言，说话者是话语生成的主体，他既可以是话语内容的发声者，也可以是话语内容的创作者和/或责任人。就参与框架而言，听话者是话语接收的主体，根据听话方式的不同，听话者可划分为允许或未允许的听话者和直接/间接受话者。按照此标准，我们可以将听话者细化为直接受话者（direct addressee）、（允许的）间接受话者（indirect addressee）、旁听者（over-hearer）、（未允许的）间接听话者即偷听者（eavesdropper）。谈话的立场随着不同话语的生成角色和接收角色的选择而不同，因此在话语交谈过程中随时可能发生立场转换。

8.3.1　开始采访时的转换

在同行采访中，立场转换主要发生在采访的开始部分。以下摘录中主持人正在介绍受访者。

例 8.17　（BBC《十点新闻》，2012 年 1 月 13 日）

1	PR:	Our business editor Robert Peston is here with me (.) Robert (.)
2		you have a formal statement from Standard and Poor's on the
3		downgrade (.) what does it say

在例 8.17 中，主持人首先以正式的话语风格介绍了受访者，即 Our business editor Robert Peston is here with me（第 1 行）。正式话语表明，主持人将观众当作了直接受话者，因此正与他们进行互动。主持人随后开始采用非正式的、直接称呼的方式向受访者发表看法，比如 Robert 和 you 的使用。非正式表达表明，主持人选择了与受访者交谈的姿态，受访者在此时成了他的直接受话者。于是，主持人的立场便发生了转换，即他首先选择面向观众，与观众保持一致；接着选择从与观众的互动中脱离出来，与受访者保持一致，开始采访。通过立场转换，主持人巧妙地从正式的、独白式的介绍话语过渡到非正式的、互动式的采访话语。

例 8.18 中的立场转换则更加复杂。

例 8.18 （BBC《十点新闻》，2012 年 1 月 11 日）

1	PR:	Fergus is with me now (.) you asked the the central question when
2		you started to report the news (.) where does the responsibility lie (.)
3		what can you tell us tonight

例 8.18 中，第一句话 Fergus is with me now 至少执行了两种立场转换。在介绍背景信息时，主持人表现出与观众站在一起的姿态，即他是在和观众进行互动，而不是话语中提到的 Fergus。这时，观众是直接受话者，Fergus 为间接受话者。不过在上述话语中，主持人很自然地使用了称呼语 Fergus。Fergus 在这里指受访者的名（而非姓），因此属于非正式称呼语。非正式称呼语表明主持人正在和熟人 Fergus（这里为同事）交谈。如此，Fergus 则为主持人话语的直接受话者。于是我们会发现，这里出现了两个前后矛盾的立场转换。一方面，主持人将观众当作直接受话者，话语与观众保持一致；另一方面，主持人将 Fergus（即受访者）当作直接受话者，话语与 Fergus 保持一致。不过进一步分析发现，主持人不仅把观众看作了直接受话者，还将他们看作了话语的直接参与者，即属于以主持人为立足点的"我们"一方。这样，主持人实际上与受访者和观众三者之间同时保持了一致的话语姿态，即主持人站在观众的角度，和观众一起与受访者 Fergus 进行互动。主持人先与观众的立场一致，代表观众讲话，接着和 Fergus 保持一致，将他当作话语的直接受话者。戈夫曼认为，上述情况属于嵌入式立场转换，即"一种立场转换隐含在另一种立场转换之中"（Goffman, 1981：155）。通过嵌入式立场转换，主持人将自己、受访者和观众结合在一起，形成主持人、受访者、观众共现的形态，从而将新闻播报与记者和观众的参与高度融合起来。

8.3.2 结束采访时的转换

立场转换也发生在同行采访话语的结束语部分。这时的立场转换主要通过致谢和结束等话语行为实现。首先是致谢行为。一般来说，主持人在采访结束时，会以表达感谢的方式向受访者告别，这时，受访者为直接受话者。例 8.19～例 8.21 展示了主持人如何通过致谢的方式结束采访（如 thank you very much，thanks very much），可以看到，致谢语中都包含了第二人称代词即 you 或仅带有名字的称呼语，如 Robert、Nick，或起始语用法，如 thank you very much，thanks very much。这些用法表明，受访者是主持人话语的直接受话者，因为在此时，主持人正在面对受访者进行互动。

例 8.19 （BBC《十点新闻》，2012 年 1 月 13 日）

| 1 | PR: | Robert (.) thank you very much |

例 8.20 （BBC《十点新闻》，2013 年 1 月 7 日）

| 1 | PR: | Nick (.) thanks very much once again (.) Nick Robinson there for us in Downing Street |

例 8.21 （BBC《十点新闻》，2013 年 1 月 11 日）

| 1 | PR: | Ross Hawkins there outside No. 11 (.) thanks very much |

其次是结束行为。读者也许会认为，感谢就是一种结束语。不过这里的结束行为特指主持人向观众交代采访话语的结束。当向受访者表达感谢时，主持人通常以如下结构结束采访，即受访者全名+当前位置。例如例 8.20 使用了 Nick Robinson 表示受访者全名，there、in Downing Street 表示受访者当前位置，例 8.21 使用了 Ross Hawkins 表示受访者全名，there outside No. 11 表示受访者当前位置。二者均表示正式的结束语（Montgomery，2007）。从上述分析可知，结束语的话语风格都比较正式，且此时的直接受话者不再是受访者，而是电视机前的观众。

尽管我们将致谢和结束行为分开论述，但在真实采访中，这两种行为几乎都是同时发生的。甚至很多时候，致谢就是结束，二者完全融为一体。当这两种行为几乎同时发生时，就会出现主持人立场转换的现象。具体来说，主持人首先会通过致谢行为，与受访者保持一致，然后通过结束行为，与观众保持一致。在例 8.19 和例 8.20 中，主持人首先向受访者表达致谢。他用了非正式称呼语，如 Robert 和 Nick，以及祈使句和非正式话语，如 thank you very much，thanks very much once again。接着主持人向观众交代刚刚的采访活动，以此结束采访。在此过程中，他主要采用了受访者姓名+受访者当前位置的结构（Montgomery，2007）。因此，从致谢到结束，主持人的话语立场发生了如下变化："与受访者保持一致"转向"与观众保持一致"（表8.2）。

表 8.2　主持人在同行采访结束语中的谈话姿态的转换

例句	与受访者保持一致	与观众保持一致
例 8.19	Robert (.) thank you very much	
例 8.20	Nick (.) thanks very much once again	Nick Robinson there for us in Downing Street
例 8.21	thanks very much	Ross Hawkins there outside No. 11

8.4　受访者话语与中立

接下来的分析将转向受访者话语。受访者话语主要是针对采访者提问做出的回应，主要包括对相关事件最新信息的报道和评论。我们在其他章节已对报道进行了分析（详见3.8节和6.7节），这里仅对受访者的评论话语进行分析。

8.4.1　发表个人观点

在发表评论时，受访者由于其记者的身份，一般不会轻易表达个人观点。即使出现个人观点，他们也会通过各种话语形式或策略使其保持客观中立的态度。首先，他们倾向于在发表观点时插入知识框架语，比如 I think、I believe 等。将 I think 等表达插入叙述之中，可以把个人观点和新闻机构的声音区分开来。请看例8.22和例8.23的下划线部分。

例 8.22　（BBC《十点新闻》，2012 年 1 月 10 日）

1	IE:	The case being made in Edinburgh (.) <u>I believe</u> (.) is simple (.)
2		we can ask the Scottish people whatever we like (.) whenever we
3		like (.)

例 8.23　（BBC《十点新闻》，2012 年 1 月 11 日）

1	IE:	Well (.) Hugh (.) <u>I think</u> the government learnt how hard it's gonna
2		be to cut the welfare bill (.) It was defeated three times here in the
3		House of Lords over Employment Support Allowance (.) it's what
4		used to be called incapacity benefit (.) for people who have paid
5		national insurance (.) but can't work because of illness or disability (.)

在例 8.22 中，受访者对 the case being made in Edinburgh 进行了评论，并给出了一个 simple 的评价。这一评价似乎表达了新闻机构的观点。不过仔细分析发现，受访者并不是单纯地使用了 simple 一词，而是在该词前面插入了知识框架语 I believe（Hyland, 1998, 2005a; Hyland & Tse, 2004; Weber, 1993）。I believe 表明受访者对相关信息有一定的了解，因此能够做出"有把握"的评论。但与此同时，受访者通过 I believe，将自己的见解局限于个人观点之内，试图表明，有关 simple 的评价仅是他的个人观点，与新闻机构无关。例 8.23 中的第一句话也是受访者的个人评论。受访者同样使用了知识框架语（即 I think）。在发表观点之前加上知识框架语 I think，表明该观点仅局限于受访者个人的认知，因此避免了将该观点归因于新闻机构的嫌疑，保持了新闻本身的客观与中立。

除知识框架语外，受访者还使用态度标记语、评论标记语、强调标记语等强调话语的可信度，或借此限定话语的指涉范围，比如 frankly、importantly、essentially、broadly、sounds important。这些标记语能够表达一种高情态，以此增强话语的可信度和事实性。比如例 8.24 中，it is (.) frankly (.) pretty shocking（第 2 行）属于高情态评价语。为了增加评价的可信度，受访者在评价语 pretty shocking 的前面插入了态度标记语 frankly。frankly 表示坦率、诚恳的态度，说明受访者试图与观众坦诚相待，以强调他的话语的真实性。

例 8.24　（BBC《十点新闻》，2012 年 1 月 13 日）

1	IE:	Well (.) it's just landed in my e-mail basket in the last few minutes
2		and it is (.) <u>frankly</u> (.) pretty shocking (.) it's as bad as we feared it
3		<u>might</u> be (.) nine Eurozone governments have had their credit
4		rating downgraded (.) Cyprus (.) Italy (.) Portugal and Spain have
5		had their downgr (.) have their ratings downgraded by two (.)
6		notches (.) an and <u>importantly</u> (.) Portugal is now categorised in
7		the junk (.) as junk (.) <u>essentially</u> (.) which means <u>broadly</u> it's as
8		bad as Greece in the view of Standard and Poor's (.) and it <u>sounds</u>
9		<u>important</u> that sort of thing (.)

记者不能随便在新闻中发表具有偏向性的观点。这是职业操守的要求，也是新闻报道的底线。既然如此，为什么受访者在同行采访中还会发表个人观点呢？这是因为，同行采访的本质赋予了记者双重身份。一方面，他们是记者，需要对新闻事件进行客观中立的报道；另一方面，他们是评论员，需要对相关事件的最新进展发表评论。正如大量荧屏上的字幕

所显示的，同行采访的受访者通常是负责某一个专门领域或某一地区的高级编辑或通讯记者，比如 home political editor ×××或 Scotland political correspondent ×××等。这些信息实际上赋予了他们作为新闻评论员的资格和权利。更重要的是，在同行采访中，大多数问题都预设了受访者拥有相关事件的最新资讯，比如 what can you tell us tonight，please tell us，but how likely is it to upset David Cameron (.) do you think，表明他们具有一定的资质权威，因此有资格对相关事件发表看法。此外，受访者的评论并非毫无根据，而是由事实或具有其他来源的评论所构成的。以例 8.24 为例，其中超过一半的摘录涉及受访者的个人评论（第 2~3、7~9 行）。这些评论建立在一定的事实基础之上，因此具有较高的可信度。比如，受访者认为，很多欧洲国家的债券信用等级如希腊一样糟糕（第 7~8 行）。为了支撑该观点，受访者一方面对相关事实进行了陈述，包括 "9 个欧元区国家的债券信用等级被下调"、"塞浦路斯、意大利、葡萄牙和西班牙等国的债券信用也被调低了两级"（第 3~5 行），"葡萄牙现在还被调整为垃圾级"（第 6 行）。另一方面，受访者使用了大量的态度标记语和强调标记语，用于加强语气，如 importantly、essentially、sounds important 等。此外，受访者并没有直接将上述观点看作是自己的个人观点，而是将它归因于评级机构标准普尔公司，如 in the view of Standard and Poor's。因此，受访者似乎只是在转述标准普尔公司的观点，以使自己的评论显得更真实可信。

8.4.2 第三方归因

实际上不发表评论并不代表记者应该被限制发表任何个人的观点。这取决于他们在讨论的事件/问题上的权威地位。当然，这并不意味着所有的评论都应该来自新闻报道。恰恰相反，大多数评论来自非新闻人员。记者通常把这些评论归因于相关的第三方，即第三方归因。之所以为第三方归因，是因为受访者引述的内容并非来自话语的直接参与双方即说话者和听话者，而是他们之外的他者或第三方。通过第三方归因，记者可以将想要表达的观点或信息归因到第三方名下，与话语内容保持一定距离，从而确保他们作为记者的中立态度（Clayman，1988；Montgomery，2007）。例 8.25 中多数观点来自第三方，比如 he said，he knows，Alex Salmond is saying。芭芭拉·泽利泽（Barbara Zelizer）认为，第三方归因不但能够展示来自新闻之外的权威，还能为记者带来权威，彰显其新闻报道的真实可信（Zelizer，1989）。冯（Feng，2022）曾在别处对例 8.25 进行了详细分析。

例 8.25 （BBC《十点新闻》，2012 年 1 月 10 日）

1	IE:	You are right about the absence of compromise (.) the the
2		Scottish Secretary (.) Michael Moore smiled wryly when
3→1a		he said he was welcoming Alex Salmond's statement as in fact
4→1a		that's the first response to his consultation (.)
5→1b		but he knows (.) of course (.) that it's rather an act of defiance
6→1b		and what's probably an act of calculated disdain (.)
7→2a		Alex Salmond is saying he proceeds with his own plans (.)
8→2a		regardless of the views and the advice expressed from
9		Westminster (.) might he move (.) I think he might move to
10		some extent (.) I think (.) for example (.) it is possible the
11		Electoral Commission's status would be recognised as the body
12		to supervise and scrutinise and run the referendum (.) but as of
13		tonight (.) Alex Salmond is making no concessions (.) giving no
14→3a		ground (.) whatsoever (.) he says he has the mandate and the
15→3a		authority (.) regardless of what Westminster says

冯（Feng，2022）认为，例 8.25 至少有四个观点被受访者分别归因于两位参与者。第一个观点是 he was welcoming Alex Salmond's statement（第 1a 行），该观点被受访者直接指定为迈克尔·摩尔（Michael Moore）的观点。第二观点是 it's rather an act of defiance（第 1b 行）。它的归属比较复杂。表面上看，该观点来自摩尔，但实际上是受访者对摩尔内心活动的解读。受访者只是武断地把该观点归因于摩尔（比如 of course 的使用），似乎在告诉我们：他只是客观地呈现了摩尔的内心活动。受访者试图通过该手法展示自己的客观、中立姿态。第三观点是 he [Alex Salmond] proceeds with his own plans (.) regardless of the views and the advice expressed from Westminster (.) might he move (.) I think he might move to some extent（即萨尔蒙德将不考虑来自英国议会的施压，坚称继续推进独立公投计划）。该观点被受访者直接归因于萨尔蒙德本人（Alex Salmond is saying...）。第四个观点是 he [Alex Salmond] has the mandate and the authority (.) regardless of what Westminster says（即萨尔蒙德不会在苏格兰独立公投上让步）。该观点被受访者归因于萨尔蒙德（he [Alex Salmond] says...）。通过第三方归因，受访者以超然的态度传达了他人的观点，给人以客观中立的印象——即使有些观点来自受访者本人（如对摩尔内心活动的解读）。

除了直接将观点归因于第三方外，还有一种归因方式，即蒙哥马利（Montgomery，2007）所称的命题式腹语。所谓命题式腹语，表示说话者

"以模仿的口吻，发表第三方的观点"。命题式腹语表达的不是模仿者的观点，而是被模仿者发表的言论。命题式腹语因其生动形象的语言形式容易引起听者的注意。例如：

例 8.26　（BBC《十点新闻》，2012 年 1 月 11 日）

```
1    IE： It's significant for this reason which's up until now there's been lots
2        of talk of the need for the unionist parties to get together but they
3        have done it yet (.) we saw that unlikely alliance today between
4        David Cameron and Ed Miliband (.) though he didn't speak about it
5        (.) Nick Clegg is part of that alliance too (.) in other words (.) the
6→       three big UK parties are standing as one (.) saying there should be a
7→       referendum on independence (.) it should be sooner rather than later
8→       (.) but crucially there should only be one vote (.) a simple yes or no
9→       vote on independence (.)
```

在例 8.26 中，箭头指向的内容都属于命题式腹语，即 there should be a referendum on independence (.) it should be sooner rather than later (.) but crucially there should only be one vote (.) a simple yes or no vote on independence。这些观点尽管被受访者以个人的声音表达出来，但显然不是受访者本人的观点，而是来自英国"三大政党"，即卡梅伦领导的保守党、米利班德领导的工党和克莱格领导的自由民主党。为了再现三大政党在苏格兰独立公投上的一致性立场（尽管他们在其他方面经常吵得不可开交），受访者采用了命题式腹语的方式，代表他们发声，转述他们的观点。以这种方式传递三大政党的立场，不但能够使受访者远离他们的观点，还能对他们的政治表演进行一定程度的嘲讽。

8.4.3　诉诸新闻价值

在同行采访中，作为记者的受访者在回答主持人的问题时，往往会诉诸事件的新闻价值。新闻价值，又称新闻性，是对新闻故事进行选择、写作和编辑的标准或影响新闻故事选择、写作、编辑的因素。如前文所述，系统性的新闻价值研究最初来自加尔通和卢格（Galtung & Ruge，1965）的研究。他们将影响新闻故事选择的因素归纳为 12 种，包括频率、准入门槛、清晰度、意义相关性、一致性、突发性、接续性、综合性、大国效应、精英人士、人格化和负面性（Galtung & Ruge，1965）。在此基础上，范·戴克（van Dijk，1988b）认为应考虑经济因素、意识形态和认知因素。哈尔卡普和奥尼尔（Harcup & O'Neill，2001）认为，除上述因素外，新闻价值还包括新闻故事的娱乐性和积极性。国外学者还强调了其他一些因素,包括活动的规模/范围、突出、强度或超强度(Bednarek & Caple,2012;Montgomery,2007)、冲突与权力等(Montgomery,2007)。我国学者则强调新闻价值应注重事实的重要性、公众的关注度、传播的及时性、地理的接近性和事件的有趣性(如陈力丹,2008;徐宝璜,2016;杨保军,2002,2003a,2003b)。此外,杨保军(2002,2003a,2003b)还认为,新闻文本应体现新闻价值,因此提出新闻文本应该注意再现事件的及时性、再现内容的针对性、再现方式的亲和性。

在同行采访中,新闻价值常常会被受访者提及并加以强调,其中常见的有独家性(exclusiveness)、接近性、个性化、即时性、就近性等。独家性表示记者是相关事件最新资讯的唯一拥有者。在受访者话语中,独家性一般会通过话语标记语的方式体现出来。BBC 新闻中使用比较广泛的是知识框架语(Hyland,1998,2005a;Hyland & Tse,2004;Weber,1993),如例 8.27 中 I've been told 的运用。

例 8.27　(BBC《十点新闻》,2012 年 1 月 9 日)

```
1    IE:    Well (.) Hugh (.) what I've been told is that tomorrow the Government
2           would say that the new high-speed railway line from London (.) to
3           Birmingham (.) to Manchester and Leeds (.) and would not limit the
4           ambition (.) and the ministers make clear that this is just the
5           foundation for the further extensions to the network potentially as far
6           north as Scotland (.) but for this they are clearly going to pay a
7           political price (.) I have been told that opponents and consults up and
8           down the line are actively considering taking legal action against the
9           proposals (.) seeking judicial review against the way that the
10          consultation was carried out (.) the environment impact (.) the
11          compensation packages and so on (.) not only does this cost a lot of
12          money but it could also delay the project substantially
```

在例 8.27 中,受访者重复使用了 I've been told 这一表达。该表达预设了受访者拥有所提及的新闻事件的最新信息,并且暗示该信息来自权威的渠道,具有独家性。这一表达的重复出现不仅强调了受访者拥有相关信息的独家性,还强调了该信息的真实性。因为 I've been told 表明,该信息不是受访者随意编造的,而是从未具名的第三方获取的。

为了突出新闻的独家性,受访者往往会明确指出自己的参与或新闻机构的介入。在例 8.28 中,受访者正在讨论威斯敏斯特和苏格兰议会在苏格兰独立公投上的分歧。

例 8.28 （BBC《十点新闻》，2012 年 1 月 11 日）

```
1    IE:  what was striking today is that beneath the rhetoric here in
2         Westminster and in Edinburgh (.) the war of words (.) if you like (.)
3→        there are signs of the possibilities of a deal emerging (.) I spoke to a
4→        senior government source today who made it clear that despite all
5         the fuss about the date of the referendum (.) now Alex Salmond has
6         talked about it being in autumn 2014 (.) they are pretty relaxed
7         about giving him that (.) provided this (.) they get simply that one
8         vote (.) a yes-no vote on independence
```

受访者首先通过 I spoke to a senior government source today（第 3、4 行）强调了他亲自参与到了该新闻事件的调查之中。这是一种"自我提及"（self-mention）的表述方式（Hyland, 1998, 2005a; Hyland & Tse, 2004）。通过自我提及，受访者有意识地提及自己在事件中的亲身经历，以显示自己对事件的报道和评论具有权威性（Tannen, 2007）。不仅如此，这种权威性还通过对时间（today）和渠道（a senior government source）的描述得到了加强。

其次，对事件进行评述时，受访者倾向于使用指示词和直示语，营造记者和受众之间的共现氛围，从而增强事件的接近性、即时性和事实性等新闻价值（Allan, 2005, 2010; Montgomery, 1986, 2007; Scannell, 1991a）。在例 8.29 中，受访者将自己的当前位置描述为 here in the House of Lords。here 既表明了这是直播新闻，还表明了受访者目前正在新闻现场进行报道，因此给人一种身临其境的感受，犹如新闻事件就在身边发生。

例 8.29 （BBC《十点新闻》，2012 年 1 月 11 日）

```
1    IE:  Well (.) Hugh (.) I think the government learnt how hard it's gonna
2         be to cut the welfare bill (.) It was defeated three times here in the
3         House of Lords over Employment Support Allowance (.)
```

类似地，例 8.30 中的受访者也使用了直示语，比如 today、here 和 now，以及第一人称、第二人称代词（I，you），以此突出新闻事件的即时性、就近性和事实性。此外，元话语 If you like（第 2 行）还表明受访者似乎在跟听话者互动，试图以此吸引主持人和观众的注意。

例 8.30 （BBC《十点新闻》，2012 年 1 月 11 日）

```
1    IE:  what was striking today is that beneath the rhetoric here in
2         Westminster and in Edinburgh (.) the war of words (.) if you like (.)
3         there are signs of the possibilities of a deal emerging (.) I spoke to a
```

4	senior government source today who made it clear that despite all
5	the fuss about the date of the referendum (.) now Alex Salmond has
6	talked about it being in autumn 2014 (.) they **are** pretty relaxed
7	about giving him that (.) provided this (.) they **get** simply that one
8	vote (.) a yes-no vote on independence

不仅如此，上述指示表达还与现在时态相互呼应。比如，受访者大量使用了现在时态的表达，如 is、are 和 get 等。这些表达凸显了新闻的时效性，表示事件正在发生。正如蒙哥马利指出的，现在时态不仅彰显了新闻的现场感、时效性和事实性，还消除了"新闻现场与新闻报道之间的距离"，给人以"事件正在身边发生"的印象（Montgomery，2007：93）。

8.5 同行采访的会话化和直播性

在当前的媒体生态下，越来越多的电视新闻日益注重直播类采访新闻的播出。这种现象的兴起可以说与当下正在经历的话语变迁不无关系，即：公共话语越来越会话化（Fairclough，1995a；Scannell，1996）。由于过去缺乏交流的渠道，人与人之间在公共平台的沟通主要通过书面文字或比较正式的讲话进行，比如书信、公文、报刊、公告、演讲、政治演说、电视新闻等。随着互联网时代的到来，人们的交流变得更加快捷、广泛，社会日常生活也越来越娱乐化、平民化。话语方式也因此发生了巨大的变化，以前推崇的高雅、正式、庄重等语言风格逐渐被民俗化（folksiness）、娱乐化（infotainment）、接地气（earthliness）等话语风格取代（Fairclough，1992，1995a；Montgomery，2007，2020；Scannell，1996；陈江华，2009；秦小建，2005；汤铭明，2010；赵悦，2007）。电视新闻作为一种公共话语，也变得更加具有互动性和会话化。比如，从早间新闻的双主持人模式，到越来越多的经验采访、专家采访、问责采访（详见第 7 章），再到主持人与记者的直接面对面或直播连线交流（即同行采访），这些播报方式的转变无一不在告诉我们，电视新闻正在朝着交互性、会话化的话语风格大踏步地迈进。正如本书所展示的，大量采访话语的运用有力地证明了电视新闻中会话化话语的兴起。同行采访可以被看作公共话语会话化的典型例子。正是通过主持人与记者之间的同行采访即互动交流，主持人单方面的新闻播报和记者独白式的报道才不会看起来枯燥乏味、单调冗长。同行采访就像一剂调味品，为单调的广播或报道增添了鲜美的味道，使其更具吸引力。从视觉上看，同行采访是记者与主持人的实时互动。双方同时面对镜头，将自己的言行呈现给电视观众。这在以前是不可想象的。然而，在现代社会，人们越来越强调公共话语的互动性和娱乐性（Scannell，1996），从而导致公共话语正变得越来越会话化（Fairclough，1995a）。在这种趋势下，新闻作为一种公共话语，无疑越来越重视以"民俗化""接地气"为特征的人际互动和信息传递（Montgomery，2007，2020），以此增强新闻播报的亲和力和吸引力（东方滢，2022；周莹，2022）。

尽管如此，同行采访的最大优势并不在于它的会话化（其他采访话语如经验采访、专家采访和问责采访均具有会话化的特性），而在于同行采访话语的直播属性。实际上，人们观看新闻时普遍关心的是新闻是否符合"事实性"、"即时性"、"就近性"等新闻价值。同行采访中的直播性与上述价值指标具有紧密的联系。直播预设了信息"更新"的含义，即新闻的实时更新（王小蓓，2009；谢欣新，2001；周小普、黄伟，2003）。这正是主持人在与记者互动的同时还需要与电视机前的观众进行互动，并灵活转换话语立场的原因所在。另外，直播还是电视新闻在话语空间上的戏剧化表达。我们知道，同行采访要么发生在演播室，要么发生在演播室和新闻现场之间。现实世界的新闻现场和演播室之间的关系明显不同于通过电视传递出的现场与演播室之间的关系。在现实世界中，演播室和现场也许近在咫尺，也许相隔万里。但是在直播连线的同行采访中，新闻现场和演播室的距离不再遥远，采访双方犹如面对面交谈一般，尽管这种面对面仍然具有深深的模仿痕迹。

电视新闻的播报方式实际上促进了演播室表达空间和现场行动空间的持续性关联。二者之间通过直播连线的方式，把主持人和记者之间的互动连接起来。这种方式为现代传播学界普遍关注的核心概念即"时空分离"提供了一个反例（Thompson，1995；李文明、吕福玉，2008）。在早期的传播研究中，时间和空间之间通常表现为一种正比关系，即事件距离越远，获取的时间就会越久。然而，现代媒体技术不再受此限制。信息传播的快慢不再以距离为标准。恰恰相反，世界各处的信息能够在全球范围内瞬间传播。直播连线充分发挥了这一技术优势，它能够通过时空的消解以最快的速度传递最新的消息。同行采访则是直播连线的最好写照。它充分利用了现代大众传媒的通信技术，通过双向连线的方式，实时地将遥远的事件传递到千家万户的电视机前，从而消解了过去难以逾越的"时空分离"的鸿沟。可以说，实时双向互动俨然已经成为现代新闻传播的新常态。

8.6 小　　结

　　本章讨论了 BBC《十点新闻》中的同行采访新闻。我们根据蒙哥马利（Montgomery，2006，2007）的观点，将新闻中主持人与现场记者之间的直播连线或演播室主持人和记者之间的面对面实时交流看作同行采访。在采访过程中，主持人（或采访者）需要对整个采访话语进行管理，包括引入采访话题、确定受访者身份、提问、立场转换等。同时，受访者需要面对镜头报道、评论事件，并根据记者身份，将话语打造成权威且具有新闻价值的信息。

　　新闻话语日益强调将对话作为信息传播的方式在公共话语中传播。这种变化不仅出现在电视新闻之中，也日益出现在各种公共领域的话语之中。同行采访为这一变化提供了一个鲜活的实例，让我们对这一变化有了更深刻的认识。但是，这种变化也给新闻话语的标准认定带来了新的不确定因素。比如，我们应该拿什么标准来评判公共话语的有效性？是不是说越会话化、越具有社交性的话语才更具传播性呢？在自然交谈中，会话者一般同时承担了三种不同的角色，即话语的发声者、创作者和责任人。一般来说，这种情形下的会话会真正传递会话者的所感、所想，因此其话语通常属于鲜活话语（Goffman，1981）。这种话语是自发的、没有剧本的，因此是通俗易懂的、轻松随意的，且看起来真诚、自然和真实。当然，电视新闻本身并非真正的鲜活话语，因为它是事先录制的、提前安排的、带有脚本的（Montgomery，2001b）。不过，我们可以根据新闻的表现手法，将新闻设计成尽可能接近鲜活话语。比如，我们可以少些演播室独白，多些演播室与现场之间的互动，如同行采访或与专家学者的直播连线。这些报道方式虽然处于聚光灯之下，但属于真实语境下的即兴表达，话语更显客观、鲜活、真实（李文明、吕福玉，2008）。费尔克劳夫（Fairclough，1992）将这种人为加工的"鲜活话语"看作话语的"会话化"。会话化的新闻具有非正式性和交互式性。这种话语不再是单调乏味的朗诵或背诵（Goffman，1981），也不是刻板、严肃的照本宣科，而是接近日常会话般的随意的、自然的交谈。这种话语不但没有削弱新闻的严肃性和庄重性，反而使新闻变得更加真实可信。同行采访则是这种人为加工的鲜活话语的最好例证。同行采访表明，新闻信息不再是主持人的单向传播，而是主持人和记者之间的双向互动（Montgomery，2006）。与庄严、正式的演播室播报相比，同行采访充满了访谈双方口语化的语句和表达，如短句、缩写、停顿等，这些表达不再让我们感到新闻报道的枯燥与乏味。

不仅如此，同行采访的新闻还能够进一步彰显事实性、即时性、就近性等新闻价值。首先，同行采访通过记者身份、第三方归因、自然叙事等话语策略，既能够确保记者的中立立场，还能够强化新闻在受众心中真实客观的印象。其次，通过同行采访，记者在评论和报道新闻时显然不同于严肃、庄重的报道风格。他们往往通过非正式表达来传达信息，如大量的短句、缩写、停顿、非限制小句和常用习语。这种非正式的报道风格使新闻不再显得高高在上，而是变得更加容易被观众接受。再次，在同行采访中，新闻报道就像主持人和记者之间的谈话节目。通过他们的对话，观众可以在不知不觉中获得新闻信息。这种对话式的新闻呈现显然更具有吸引力，给人以身临其境、在场共现的感受。最后，同行采访不仅是主持人与记者之间的直播连线，也是记者的现场报道，这无疑预设了记者亲身参与新闻事件的过程，而记者的亲身参与则是新闻是否符合事实的直接依据。

第9章 结　语

9.1 总　结

以下是对本书的简要总结。第1章作为导入部分，概述了本书的研究背景、研究对象、研究问题、研究意义、研究数据和研究方法等，并简要阐述了新闻话语研究的现状和研究涉及的关键术语，如机构话语、话语结构、话语实践等。第2章为文献综述，旨在为本书的研究构建理论基础和分析框架。首先，本章在梳理机构话语基本要素的基础上，将电视新闻定义为一种新闻机构话语。其次，本章对新闻价值和意识形态的研究进行了梳理，指出新闻价值和意识形态等属性是电视新闻话语的重要特征。最后，本章在回顾以往相关研究的基础上，将话语研究的不同范式（如会话分析、批评语言学、批评话语分析、多模态话语分析等）整合到蒙哥马利（Montgomery，2007）的广播电视新闻话语分析模型中，构建出一个综合的研究框架，用于考察电视新闻节目中的不同话语类型。

第3章考察了BBC《十点新闻》的播报类型及其与声音呈现的关系。分析显示，BBC新闻倾向于使用各种播报类型，以此呈现新闻和新闻中的各种声音。这些类型主要包括直接视频呈现、画外音、出镜报道、原声摘录、采访片段、直播连线、结束语等。从节目编排看，BBC新闻具有以下特征：①新闻核心以直接视频呈现为主，以演播室画外音为辅；②新闻辅助的播报方式多样，其中尤以原声摘录、采访片段、出镜报道和现场画外音为主；③从结构上看，新闻报道的结束语相对比较固定，即"×××电台×××来自×××的报道"，几乎成为了BBC新闻的仪式化表达。总体上，BBC《十点新闻》的播报结构呈现出形式均衡、多样的特征。从声音呈现看，BBC新闻倾向于以不同的播报类型同时呈现不同乃至对抗的声音（或立场），以此凸显新闻报道的客观性、中立性和权威性。

第4章考察了BBC新闻标题的话语结构、交际功能和话语策略。电视新闻标题通常由"核心（+补充）"形式构成。核心一般由词组、非限定小句或完整小句构成，补充一般为完整的小句，对核心起到详述、强调的作用，或者表达新闻标题的结束与过渡。从功能上看，电视新闻标题起着概述和预告的作用。概述主要通过压缩和名词化两种策略实现，预告则通过诗意化表达、设置悬念、原声摘录、强调冲突等策略实现。

第 5 章讨论了电视新闻的开场白即新闻核心的话语结构和实践特征。从组织结构来看，新闻核心一般由起始语、新闻事件、言语反应、记者身份和警示语构成。相对于对新闻事件的呈现，BBC 新闻核心更加强调新闻事件参与者的言语反应。呈现言语反应时，主持人代表 BBC 新闻机构发声，将不同参与者的（不同甚至对立的）声音同时呈现出来，以此展示出一种"客观中立"的主持人形象。此外，主持人不仅需要管理话语（如介绍或结束新闻，介绍或告别记者，在观众或记者之间切换等），还需要为接下来的新闻做背景介绍、话题引入和基调设置。不仅如此，主持人还在协调各种声音方面发挥作用。一般来说，主持人所代表的新闻机构的声音无疑主导了新闻核心的全过程。然而，新闻机构的声音也与其他声音混合在一起，形成了不同立场相互碰撞的"复调"话语。这些声音可能来自记者个人，也可能来自新闻机构之外的政府官员、当事人、目击者、观察员、评论员或专家等。主持人则通过与访谈互动、立场转换、话题介绍等方式，将这些声音有机地整合到后续的新闻报道中。

第 6 章讨论了电视新闻中的指称关系。分析发现，电视新闻的图像指称也可以和文字指称一样，形成人称、指示和比较三类指称体系。其中，图像的人称指称以再现的方式实现，包括部分再现和完全重复两类。图像的指示指称通过方向和距离实现。方向由相机移动和参与者方向实现，距离则通过颜色和大小实现。图像的比较指称主要通过图像之间在形式和内容上的相似和差异实现。除了图像和文字各自内部的指称外，电视新闻还包括图文之间的指称，主要包括图文共指、图像过渡和图文平行三类。本章将上述指称系统应用于 BBC 新闻的分析，结果发现：①BBC 新闻倾向于用直示表达指称事物。直示表达能够进一步凸显新闻的接近性和事实性，从而增强新闻的可读性。②BBC 新闻倾向于以实时的方式提及参与者的行为和态度。这种方式不仅使新闻中的图文意义变得更加连贯一致，还使信息变得更加接近真实。③BBC 新闻倾向于使用图文指称的方法，例如图文共指和图像过渡等。这些方法可以有效地展示新闻的即时性、真实性和接近性特征，从而提高新闻的可读性和易接受性。

第 7 章分析了电视新闻中的采访片段。从分析可知，各种类型的采访片段占据了 BBC 新闻报道的大部分篇幅，主要包括经验采访片段、专家采访片段、问责采访片段和同行采访片段，其中问责采访片段占了接近一半的篇幅。大多数采访都以"介绍部分+采访片段"的形式出现在报道中。介绍部分不是采访活动本身的内容，而是主持人或记者用来介绍话题和受访者的话语，一般由文字通道的身份标记语和/或荧屏上的字幕组成。采访片段是从较长的采访中截取的话语片段，通常由受访者的回答话轮组成，偶尔以"提问—回答"的序列结构出现。本章重点分析了经验采访片段、问责采访片段和专家采访片段。从经验采访片段看，BBC新闻倾向于展示受访者的个人经历和个人看法，以便戏剧化新闻事件或受访者的所见所闻，其目的是吸引观众。专家采访片段倾向于通过文字通道的身份标记语和荧屏上的字幕构建受访者的专家身份。在采访中，受访者倾向于使用专业术语、逻辑推理、第三方归因等话语手段，为自己话语的权威性和合理性寻找理由。问责采访片段的采访者往往以质询的方式提问受访者，同时确保提问方式的客观性。面对"质询"，受访者一般采取回避和防御的策略，或者以此为契机，在为自己的言论和行为辩护的同时，批评和攻击政治对手。

第8章讨论了电视新闻中的直播连线即同行采访。主要从采访者话语和受访者话语两个方面分析了同行采访新闻的话语结构和话语实践特征。分析表明，主持人（或采访者）在同行采访中主要起到了管理话语的作用，主要包括介绍采访话题、描述和确认受访者的身份、向受访者提问、在观众和受访者之间进行立场转换等。受访者是记者，在采访中兼具记者和评论员的角色，因此他们需要在面对摄像机报道时分析、解释和评论新闻事件。这两种角色赋予了受访者几乎相互矛盾的话语立场：一方面，作为记者，受访者需要秉持客观和真实的立场，在回答问题时尽量避免表达个人意见；另一方面，作为评论员，受访者需要对事件进行解读和分析，因此不可避免地要表达自己的个人观点和意见。为了解决这一矛盾，受访者主要采用了以下策略：①借助话语标记语强调新闻本身的客观性、真实性；②通过第三方归因的方式将带观点的话语或言论归因于他人或第三方，受访者自己则处于超然、客观的立场；③以诉诸新闻价值的方式对新闻事件进行解读，以此淡化受访者的个人观点和立场。

9.2 研究结论

本书的主要发现在于，为了吸引观众，BBC新闻倾向于从话语层面强调或构建新闻事件的新闻价值和新闻的客观性、真实性，以营造新闻真实的幻觉，即新闻中的一种"话语真实"（Feng，2022）。这种真实既不是

"绝对"的客观现实，也不是说话者的心理真实，而是一种通过话语策略和手段建构出来的真实，即"话语真实"。"话语真实"的建构主要体现在以下三个方面：记者权威身份的建构、对新闻事实的重视、记者中立态度的呈现。这些策略和手段主要表现在新闻的播报结构、话语结构和话语实践三个方面。

9.2.1 BBC 新闻的话语特征

从播报结构看，BBC《十点新闻》倾向于以观众为导向，通过形式多样的、交互式的方式呈现新闻，营造新闻客观、中立的播出风格。首先，BBC 新闻的播报类型丰富多样：基于演播室的播报类型包括直接视频呈现、演播室画外音、演播室采访、直播连线等；以新闻现场为主的播报类型包括出镜报道、直播连线、原声摘录、现场画外音、采访片段、现场结束语等。从播报类型的分布情况看，大部分新闻都是直接来自新闻现场，即以新闻现场为出发点，主持人经由演播室呈现给电视机前的观众。BBC 新闻很少允许主持人在没有记者报道的情况下向电视机前的观众播放完整的新闻。其次，BBC 新闻注重具有直播效果和对话特征的播报类型的使用，如直接视频呈现、直播连线、出镜报道、采访片段、原声摘录等。BBC 新闻较少采用独白风格的新闻播报类型，如由主持人或记者转述的演播室画外音和现场画外音等。最后，BBC 新闻注重借助不同的播报类型呈现不同的声音，并将不同乃至对立的声音（如不同政党之间的声音）并置。上述做法至少在两个方面促进了 BBC 新闻的"话语真实"：一方面，通过呈现具有直播效果的出镜报道、原声摘录或采访片段，在一定程度上强化了新闻的真实性、接近性、实时性等特征，具有强调新闻事件的真实性和新闻性的作用；另一方面，除了转述第三方话语外，BBC 新闻还通过原声摘录、采访片段、直播连线等形式插入了大量来自不同领域、不同阶层和不同机构的声音。在多数情况下，这些声音一般并非来自同一个组织或机构，而是不同甚至立场对立的个人、团体或党派。在呈现这些声音时，记者试图将自己置于一个超然的位置，从而给人一种客观、中立的印象。

从话语结构和话语实践看，BBC 新闻倾向于通过互动式的、非正式的话语来报道新闻，从而营造出"新闻客观真实"的印象。BBC《十点新闻》与其他公告类新闻节目的编排没有大的区别，其总体结构大致可以概括为片头曲+新闻标题$_{(1\sim n)}$+问候语+新闻条目$_{(1\sim n)}$+新闻标题$_{(1\sim n)}$+新闻条目$_{(1\sim n)}$+片尾语，其中新闻条目为节目的主体部分（Montgomery,

2007；Feng，2016c），即对当天主要新闻的报道。表 9.1 列举了 BBC《十点新闻》在话语结构上的主要特征，其中，片头曲一般由 BBC 图标的动画和雄伟的音乐构成，主要起到为节目营造权威、庄严的氛围的作用。与片头曲几乎同时出现的是新闻标题。新闻标题由核心（+补充）构成。核心主要通过词组、非限定小句、限定小句实现，补充主要由详述、聚焦、结束、过渡实现。新闻条目是节目的主体部分，由多条新闻（报道）构成。一条新闻包括新闻核心和新闻辅助两个部分（Montgomery，2007）。新闻核心是每则报道的开头白，是对新闻报道的总结或摘要（Bell，1991；van Dijk，1988b），一般包括新闻故事的时间、地点、人物、事件以及记者的介绍，在 BBC 新闻中主要表现为以下几个环节：起始语、新闻事件、言语反应、记者身份和警示语。这些环节主要通过主持人出镜播报、画外音、视频片段、原声摘录等实现。新闻辅助是一则新闻报道的主体部分，是对新闻核心的展开和具体说明，主要包括新闻报道和新闻采访。新闻报道一般通过出镜报道、画外音、直播连线、结束语等播报类型实现。新闻采访主要为新闻采访片段，由介绍部分和采访片段构成。介绍部分一般包括起始语、背景信息、话题介绍、提问等环节。采访片段主要通过提问和回答话轮实现。片尾语则由主持人的预结束、结束语、告别语、预告等话语构成。

表 9.1　BBC《十点新闻》在话语结构上的主要特征

片头语	1. 片头曲+新闻标题 +问候语（单主持人、音乐视频）
新闻标题	2. 核心（+补充） 3. 核心由词组、非限定小句、限定小句实现 4. 补充由详述、聚焦、结束、过渡实现
新闻条目	新闻核心 5. 新闻核心包括起始语、新闻事件、言语反应、记者身份和警示语 6. 播报类型：主持人出镜播报、画外音、视频片段、原声摘录等 新闻辅助 7. 新闻报道+新闻采访 8. 新闻报道由出镜报道、画外音、直播连线、结束语等实现 9. 新闻采访由介绍部分+采访片段构成 10. 介绍部分包括：起始语、背景信息、话题介绍（受访者介绍）、提问 11. 采访片段由提问和回答构成，以回答话轮为主
片尾语	12. 预结束+结束语+告别语（+预告）

BBC 新闻在话语结构上的特征进一步反映在话语实践方面，如表 9.2 所示。

表 9.2　BBC《十点新闻》在话语实践上的主要特征

片头语	1. 通过 BBC 图标和有节奏、浑厚的音乐和鼓点声为节目设置庄严、权威的基调
新闻标题	2. 新闻标题通过概述和预告的功能，实现吸引观众的目的 3. 新闻标题通过名词化和压缩的方式概述新闻故事，对新闻报道起到画龙点睛的作用 4. 新闻标题通过诗意化表达、设置悬念、原声摘录、强调冲突等手段预告后续报道，吸引观众
新闻核心	5. 新闻核心既是新闻故事的总结，又是新闻报道的开场白 6. 新闻核心起着介绍话题的作用：简介新闻事件及其言语反应 7. 新闻核心起着介绍记者的作用：描述并建构记者的新闻权威身份 8. 新闻核心具有管理话语的作用：在不同报道之间承上启下，在演播室话语与新闻现场话语之间进行转换 9. 新闻核心具有预警的作用：向观众发出不宜观看的提醒，体现新闻专业主义 10. 新闻核心倾向于呈现不同乃至对立的声音，凸显新闻的客观中立立场
新闻辅助	11. 通过文字、图像和图文之间的指称关系使新闻语篇连贯一致 12. 通过文字指称、图像指称、图文指称等指称关系凸显新闻的事实性、实时性和就近性等特征，营造"新闻真实"的幻象 13. 通过出镜报道、现场结束语、采访片段和直播连线等，制造新闻的互动性、现场感，凸显新闻的真实性
采访片段	14. 经验采访片段：将受访者的身份构建为目击者或亲历者。以其个人经历或所见所闻作为采访内容，增强新闻的真实性和可信度 15. 专家采访片段：通过文字通道的身份标记语和荧屏上的字幕建构受访者专家身份。受访者通过专家知识和论述逻辑增强其话语的权威性与合理性 16. 问责采访片段：通过文字通道的身份标记语和荧屏上的字幕建构受访者的公众人物身份。采访者通过提问问责受访者，以体现媒体的监督职责。面对责问，受访者通常采用回避或防御策略，以捍卫自己或机构的利益，或以此为机会批评政治对手 17. 同行采访片段：通过文字通道的身份标记语和荧屏上的字幕建构受访者作为记者和评论员的双重身份。受访者通过话语标记语、第三方归因、诉诸新闻价值等话语手段，维护作为记者的客观中立态度 18. 采访片段的广泛运用增强了 BBC 新闻的新闻价值和客观真实性
片尾语	19. 通过告别和预告等话语行为与观众互动

9.2.2　BBC 新闻的"话语真实"

从上文可知，BBC 新闻注重从话语中体现新闻的真实性，即通过话语结构、话语实践和话语策略的运用，形成一种"话语真实"，使新闻话语听起来客观真实，从而形成"新闻真实"的幻觉。BBC 新闻的"话语真实"是怎样产生的？理论依据是什么？它具有哪些启示意义？以下将就这些问题深入探讨。

BBC《十点新闻》是 BBC 电视频道的旗舰新闻节目。长期以来，BBC 一直被视为公共服务广播公司（McNair，2003；Scannell，1990）。在 BBC 官网的简介中，BBC 将自己描述为：致力于为公众提供有价值的信息、有教育意义的知识和有娱乐性的资讯（BBC，2022a；Scannell，1990）。为了保持新闻报道的客观性，BBC 试图使自己独立于政党、政府或商业团体。早在 1923 年和 1926 年，负责 BBC 新闻运营的塞克斯委员会（The Sykes Committee）和克劳福德委员会（The Crawford Committee）便提出，BBC 应"不受政府控制""独立于商业团体""避免受到各种苛刻的商业要求的制衡"（McNair，2003：81）。

尽管如此，我们并不认为 BBC 能够完全做到以超然和中立的姿态报道新闻。首先，任何新闻话语的形成都受到新闻人员及其机构所处环境、意图、身份、角色、任务与目标的限制。这些机构特征往往通过新闻话语的结构和实践隐含地体现出来。其次，新闻是社会的产物，它是政治、经济、文化等各种因素相互影响、相互制约的结果（McNair，1998；Schudson，2003，2005）。既然如此，BBC 新闻是如何做到让观众相信它的报道是客观、真实的呢？我们的分析表明，BBC 新闻充分利用了电视新闻的各种资源，使新闻话语看上去客观、真实[①]。这种客观性和真实性不一定是新闻事实的客观呈现，而是从话语层面建构的"客观性"和"真实性"的幻觉。这只是一种"话语真实"，并非现实世界的客观真实（Feng，2022）。当然，"话语真实"也能够反映新闻事件的客观、事实，但它并不是事实的全部。早在 19 世纪 80 年代，塔奇曼就指出，新闻是一扇通往现实的窗户，我们可以据此看到被建构的现实（Tuchman，1978）。但这种"现实"并非现实本身，而是一种通过新闻话语表征出来的、被建构的现实（constructed reality）。BBC 新闻显然比其他新闻更善于构建这种"现实"，一种存在于新闻话语层面的"现实"，即"话语真实"。BBC 新闻是怎么做到的呢？要回答这个问题，我们需要对新闻的真实性和话语的有效性加以说明。

新闻的真实性是新闻的核心价值（何萍、吕艺，2013；林纲，2006；刘军利、雷春翔，2008；隋岩，2010）。蒙哥马利指出："对真实的主张是新闻的本质特征。"（Montgomery，2007：218）一般来说，新闻吸

[①] 当然，新闻的真实性主要来自记者对新闻事实客观、忠实地记录、采写、编辑和传播。话语层面的客观和真实（即构建的客观事实）可能反映也可能不反映新闻的真实性。

引观众的首要原因是它对真实的主张，但并不是说这一主张就必然适用于所有类型的新闻。就新闻呈现和新闻报道而言，对真实的主张也许会变得格外显著。但是在某些新闻话语中——比如直播连线或经验采访中——话语的真实性并不取决于话语是否与事实相符，而是取决于说话者是否真诚，以及其话语是否表达了说话者的真实情感或经历。简言之，不同的新闻话语类型具有对话语真实性不同的评判标准。

哈贝马斯（Habermas, 1979, 1990）认为，话语的有效性包含三个评判标准，即真实（truth）、适切（rightness）、忠实（truthfulness）。真实是对"外部"世界的主张，即话语对事实的再现或表征。适切是对"我们的"世界的主张，即话语对人际关系得体性的建构。忠实是对"我的"世界的主张，即话语对说话者主体性的反映。蒙哥马利（Montgomery, 2001a, 2001b, 2007）认为，新闻话语的真实性可以根据哈贝马斯的有效性标准来判断，即新闻话语的真实性主要体现在话语是否真实、真诚（sincerity）、得体（appropriateness）三个方面。所谓真实，表示话语与现实保持一致。当话语内容反映现实或事实时便是真实的话语。比如，通过现场直播进行全方位报道的新闻事件一般为真实事件。所谓真诚，表示话语与说话者的内心活动如感受、感知、推理和思考等保持一致。当话语内容反映说话者的真实情感时（比如对某人发自内心的爱慕或赞誉），这时的话语便是真诚的话语。所谓得体，表示说话者为了维护良好的人际关系而在适当的情景下使用的适当的表达，比如见面时的相互问候。与之相反，将问候语用于离别的场合或在"初生贵子"的喜庆时刻谈论死亡就属于不得体的话语行为。在一定条件下，新闻话语可以同时表现出真实、真诚、得体的含义。但在大多数情况下，新闻话语并不能完全反映这三个方面的特征，只能针对不同话语体现出不同的侧重。比如，新闻报道的话语主要为断言类的言语行为，目的在于对现实客观事实进行表征，因此话语侧重事件的事实性和真实性（即对真实的主张）。新闻采访的话语主要为受访者对新闻事件的个人观点和个人陈述，强调说话者是否真实地表达了自己的真实经历、感受和看法，因此话语侧重说话者的真诚度（即对真诚的主张）。但介绍记者或受访者时，记者或受访者是否有资格以权威的身份说话则显得更加重要，因此这时的话语会更多地强调记者或受访者身份的正当性和合理性（即对得体的主张）。总之，判断新闻话语的真实性并没有统一的标准。一种话语的主张可能与另一种话语的主张相冲突。比如，在新闻采访中，记者与受访者观点保持一致可能被视为与追求客观中立相矛盾（Montgomery, 2007）。但是，一味地主张真实并不一定能够反映受访者的真实见解或经历。比如受访者可能对地震事件本身一语带过，但对自己在地震发生时的感受和看法则大书特书。我们并不能因此就认定受访者的话语不真实。恰恰相反，因为他讲述的是地震发生时自己的真实感受，即他的话语是真诚的，因此属于真实话语（Montgomery，2001a，2001b；Scannell，2001）。

当新闻话语在上述几个方面达到一定效度时，也就是说，当记者通过各种话语资源的整合与应用，使话语具有一定合理性和合法性，能够被大多数读者或听众接受时，新闻播报就会形成一种"话语真实"。冯（Feng，2022）曾另文对"话语真实"现象进行了比较系统的论述，认为新闻中的"话语真实"大致表现在以下三个方面。一是记者如何成为值得信赖的新闻播报者或报道者，即对记者的新闻权威身份的建构（对得体的主张）。各种话语策略和话语资源的选择和应用，是实现权威身份建构的基础与前提。索恩博罗认为，说话者可以通过身份标签建立自己的权威性，从而合法化自己作为合格说话者的角色和身份，增强话语的可信度（Thornborrow，2001）。泽利泽则认为，新闻工作者可以通过提喻、省略、个性化等修辞策略实现对新闻报道的知识权威（Zelizer，1990）。此外，在话语中谈论自己的亲身经历同样可以作为评判合格说话者角色的重要指标（Montgomery，2001b；Scannell，2001；Hutchby，2001）。二是新闻记者如何呈现新闻事实，即对新闻事件真实性的强调（对真实的主张）。真实性一般有不同的定义：①表示一种不可复制的真实特质；②表示对事物的复制或再现；③表示自我或其他事物的本质属性（van Leeuwen，2001）。对真实性的强调（或对真实的主张）与上述第二种定义类似，即记者对事件的"忠实"记录，是对新闻事件实际发生状态的复制或再现。这种真实性主要来自事实本身，在话语层面则表现为说话者对事实的描述和呈现方式（Bell，1984，1991）。它可能来自记者参与或接触事件的实际经历，类似于记者对新闻事件的"目击"行为（Hutchby，2001）或"参与"行为（Tannen，2007）。它也可能来自话语中对情态表达的选择与应用，比如：针对不太明了的事实，记者倾向于采用低情态的表达，以此强调说话者话语的可信度（即对真诚的主张）；针对确信无疑的事实，记者倾向于采用高情态的表达，以此强化事件的事实性（即对真实的主张）。此外，记者还可以借助话语标记语来提高新闻的真实性。比如，通过"坦率地说""毫无疑问""确实"等短语，可以增加观众对记者所传达信息的信任。三是新闻记者如何体现新闻的中立立场（即对真诚的主张）。纯粹的新闻中立，就像客观性一样，是一个无法实现的"迷思"

(myth)。但是，记者可以诉诸各种话语资源。比如，记者可以通过立场转换或第三方归因确保自身态度的客观与中立（Clayman，1988，1992；Clayman & Heritage，2002a，2002b），还可以通过不同观点的并置确保观点之间的平衡（Tuchman，1972），也可以通过正反对比来体现记者的客观态度（Hutchby，2006）。不仅如此，记者还可以通过"推拉"（Montgomery，2007）、迂回、预设、诉诸权威或公众等话语策略，维护作为记者身份的中立姿态。比如，在问责采访中，记者在提问时可以将带有主观判断的话语编码进"提问"话论的前序列中（Schegloff，2007b），通过预设或迂回的方式向受访者提问，使提问行为本身看起来客观、中立——尽管问题本身对受访者而言可能仍然比较棘手。

BBC《十点新闻》中的话语结构和话语实践进一步证实了上述观点。首先，就权威身份建构而言（即对得体的主张），BBC 新闻主要注意了以下几个方面：①通过紧张、雄伟的片头曲和严肃、紧凑的节目编排，建立整个节目的权威（见第 3 章）；②通过新闻核心中的记者身份介绍，确立记者的新闻权威身份，同时，在采访新闻中对受访者进行介绍，确立受访者身份的合法性和合理性（见第 5、7、8 章）；③将记者描述为相关新闻信息的独家拥有者，从而确立记者的新闻权威（见第 8 章）；④强调记者亲临新闻现场的经历，建立记者权威身份（见第 6、8 章）。其次，就新闻真实性而言（即对真实的主张），BBC 新闻主要采用了以下话语策略：①通过直接视频呈现、出镜报道和直播连线等方式，强调新闻的事实性、实时性等新闻价值（见第 3、4、5、8 章）；②通过采访片段、原声摘录等形式，将受访者的真实经历和个人言论插入到报道中，强化新闻的真实性（见第 3、4、7 章）；③通过文字指称、图像指称、图文指称等指称关系凸显新闻的事实性、接近性、即时性等价值（见第 6 章）；④通过表示强调、态度、自我提及等意义的话语标记语，强化新闻的真实性（见第 7、8 章）。再次，就中立态度而言（即对真诚的主张），BBC 新闻主要注重以下策略的运用：①通过多种播报类型呈现不同声音（如在同一条新闻中同时采用原声摘录和直播连线，呈现不同参与者的声音），以此体现新闻的中立态度（见第 3 章）；②通过第三方归因或观点并置等策略传达他人的观点，呈现出一种记者远离新闻事件的超然姿态（见第 4、5、8 章）；③通过话语标记语和情态表达的选择与运用，确保记者态度的客观、中立（见第 8 章）；④通过诉诸新闻价值，强化记者的中立立场（见第 4、5、8 章）。最后，BBC 新闻注重记者与观众之间的互动。尽管与观众互动不能直接体现新闻的真实性，但互动本身说明了新闻的实时性传播,拉近了与观众的距离,能够间接体现出新闻的可信度。这主要表现在:①在节目的首尾,主持人倾向于通过问候语与观众互动,拉近与观众的距离(见第 3 章);②使用原声摘录、采访片段、出镜报道,使新闻播报呈现出互动的氛围(见第 3、7、8 章);③BBC 新闻善于通过直播连线形成互动的新闻传播范式(见第 5、8 章)。

当然,仅仅依靠记者对真实、得体和真诚的主张建立新闻的"话语真实"是远远不够的,因为这些主张主要来自说话者的视角。除了说话者,我们还需要从听话者的角度思考,将观众纳入其中。毕竟,观众对新闻的关注是新闻赖以生存的基石。然而,本书的目的不是判断新闻的真实性,而是探索新闻如何实现其对客观性和真实性的主张。新闻是否真实,无疑是记者和新闻机构最应关心的问题,也是观众判断新闻质量的主要标准。

9.3 新闻话语的真实性与会话化

BBC 新闻中的"话语真实"现象与时代变迁不无关系。费尔克劳夫通过对大量媒体话语和政治话语的研究,发现新闻报道、政府文件、公共演讲和其他公共话语正变得越来越非正式、口语化、接地气,这与传统的公共话语强调权威性和正式性形成鲜明的对比。BBC 新闻之所以注重从话语层面构建新闻的真实性,除了与新闻的本质属性相关外,还与社会的变迁和公共话语的变化趋势密不可分。

9.3.1 电视新闻的现实挑战

时代的急剧变迁和社会转型给电视新闻带来了前所未有的挑战和困境。首先,科学技术的日新月异和社会环境的加速变化是电视新闻面临的主要挑战之一。电视新闻的首要任务是服务公众,需要根据公众的需求而不断改进。公众是社会的主要群体,他们不仅是时代变化的感知者,也是时代变化的实践者和创造者。因此,电视新闻必须与时俱进,不断适应时代的变化,处理好与公众的关系。然而,随着基于互联网的媒体技术的兴起,新闻受众正呈现出从大众媒体转向媒体融合和小众媒体的趋势。网络媒体和社交媒体的勃兴导致新闻传播的方式和途径发生了根本性的变化(Facchinetti, 2021)。随着数字传输的到来,人们已经从"渠道稀缺"的年代走向"平台泛滥"的时代。过去,人们习惯于在晚饭后守在电视机前观看各类新闻,了解当天发生的生活趣闻和天下大事。如今,人们——

特别是年轻人——可以随时随地拿出手机等便携式电子产品，搜索和翻阅国内外的最新资讯。人们不再满足于通过天线或电缆接收信号和信息，而是通过无线网络接收来自各大电视台的资讯，因此人们对新闻的选择变得越来越广泛和个性化。新的信息、新的平台和新的节目形式不断涌现，而新闻平台或频道的激增又同时加剧了新闻节目对观众的争夺，促使广播公司不断评估和试验新的沟通方式和话语的呈现形式，以最大限度地吸引观众。

其次，老龄化问题也导致了观看电视新闻的人群的分化。现代工业文明给人们的生活方式带来了根本性的变化。物质丰富和生活条件的改善促进了人类平均预期寿命的延长，而预期寿命的延长和出生率的下降导致人口老龄化。因此，观看电视新闻节目的观众在人口结构上越来越老龄化，而年轻人则越来越追求个人生活方式的自由化。与过去人们只能选择电视频道的节目不同，当下的年轻人更喜欢并且更经常地依托于互联网以个人定制的方式去了解新闻。大量的年轻观众不再关心电视新闻，而是一边倒地转向网络新闻——他们越来越多地通过网页或社交媒体平台获取新闻，而不是依赖印刷和广播等传统媒体。为了赢回年轻人的关注，广播公司不得不改变策略，从传统的大众传播方式转向新兴的网络平台，将传统媒体（如电视、广播）融入网页、社交媒体和网络平台，设置越来越多的个性化的新闻版块，以满足不同受众特别是年轻人的信息消费需求。

再次，生活方式和消费方式的变化改变了人们获取新闻的习惯。如今，信息技术的快速发展以及支付方式和物流快递的便利性极大地丰富了人们的生活方式和消费方式。以衣、食、住、行为基础的传统消费模式正在加速转向教育、医疗、旅游、娱乐等方面。与电视、广播、报纸、杂志等传统媒体相比，人们越来越多地通过社交媒体和新闻聚合应用程序获取新闻和信息。传统媒体不再被认为是唯一的权威新闻来源。吸引年轻人的大多数新闻是关于娱乐、文化、生活、草根、博客、短片和其他边缘的新兴资讯。通过印刷媒体、广播电视等传播的严肃新闻只是他们获取上述资讯的"背景"信息或"间接"信息。对他们来说，定制的私人内容是最好的新闻，而大多数传统的新闻与他们热衷的既实用、有趣，又轻松、愉悦的新闻内容相去甚远。

最后，新旧媒体融合对电视新闻带来了巨大的挑战。如今，互联网技术大大降低了信息传输的成本，现代数字技术使网络传输系统与文字、图片、声音、视频等传统媒体手段兼容，从而促进了新旧媒体的互动和融合。例如，电视新闻可以通过互联网作为文件被广播或下载，并能根据事件的发展和观众的反馈实时更新。报刊新闻可以利用来自网络博客、短视频、在线用户评论等信息，不断丰富自己的传播内容、方法和渠道，最大限度地吸引潜在受众。如果说电视新闻削弱了报刊报道新闻的能力，那么网络新闻和社交媒体新闻则使电视传播新闻事件变得更加相形见绌（Feng & Wu, 2018）。

这些趋势无疑强化了传统媒体所面临的挑战，促使它们不断去思考、创新与变革新闻的传播途径与方式和新闻话语的呈现方式。作为全球最具权威的广播公司之一，BBC 无疑是这一变革的领跑者。就话语的呈现方式而言，BBC 新闻的典型变化就是新闻话语变得越来越会话化。

9.3.2 新闻话语的会话化

过去，由于缺乏沟通渠道，人与人之间的公开性沟通主要依靠公共场所的书面文字或正式演讲，如信件、报纸、公告、官方文件、政治演讲、电视新闻等。随着互联网时代的到来，人们的交流变得更加便捷而广泛，日常生活与社交活动也变得越来越有趣。话语方式因此发生了巨大的变化，先前倡导的优雅、正式、庄严的语言风格逐渐被民俗化、娱乐、接地气的话语风格所取代，公共话语越来越会话化（Fairclough, 1992, 1995a; Scannell, 1996; 陈江华, 2009; 秦小建, 2005; 汤铭明, 2010; 赵悦, 2007）。在这种背景下，电视新闻越来越注重互动新闻的播出，强调新闻话语的口语化和互动性。虽然从议程和内容上看，电视新闻仍然沿袭了传统的做法，比如以严肃新闻为主，传播当天发生的重大国际国内新闻等。但是，新闻的呈现方式比如传播形式、话语风格和话语结构都发生了显著的变化（Boyd-Barrett, 2019; Tryon, 2020），比如：电视新闻从早间新闻的双主持人模式越来越多地转变为单主持人模式；从单一的播音员口播新闻转变为各种原声摘录、采访片段等类型（见第 7 章），再到主持人与记者面对面交流或直播连线（见第 8 章）。这些新闻呈现方式的转变无一不在告诉人们，电视新闻正变得日益具有交互性。这正是费尔克劳夫（Fairclough, 1992）所说的"公共话语会话化"趋势。

费尔克劳夫指出，公共话语会话化是一种"话语民主化"现象（Fairclough, 1992: 201-207; Fairclough, 1995a: 79）。在他看来，公共话语会话化是权势不平等的互动者之间在交往中变得日益平等的标志。与"话语民主化"现象有关的是一种被费尔克劳夫称为"合成人格化"（synthetic personalization）的现象，即"出现在公共话语中的、模仿个人面对面交流的话语现象"（Fairclough, 1995a: 80）。会话化现象是当代公共话语变迁的典型特征。一方面，会话化是私人话语对公共话语的殖民和入侵，是对公共话语的精英化和排他性的否定；另一方面，会话化也是公共话语对私人话语的一种顺应，因为当人们在公共场合进行正式、陌生的互动时，需要通过随和的话语来缓和紧张、复杂的人际关系以及完成身份和角色的转换（Fairclough，1995a）。作为批评话语分析学者，费尔克劳夫倾向于以怀疑的眼光看待这一变化，将会话化现象看作一种话语的伪装，以掩饰真正的权力关系（Fairclough，1992，1995a，1995b）。斯坎内尔（Scannell，1996）则从广播话语发展的历史出发，认为会话化是广播话语日益趋向平等交流的一种表现。他认为，会话化现象可能是广播、电视话语不断创新的结果。也就是说，传播者和受众之间的关系正在从过去等级森严的上下级关系转变为更加平等、开放、易接近的平级关系（Scannell，1996）。

实际上，正是这种平等、开放、易接近的话语（即会话化话语）强化了新闻话语的真实性特征。戈夫曼（Goffman，1981）认为，言语互动不仅涉及说话和倾听，还包括说话和倾听之间的一系列话语角色及其行为。就说话而言，说话者因承担的话语任务不同而呈现出不同的话语角色，如话语的发声者、创作者和责任人。就倾听而言，听话者因参与话语倾听的方式不同而呈现出不同的话语角色，如直接受话者、间接受话者、旁听者、偷听者等。当说话者同时担任发声者、创造者和责任人时，他的话语就是鲜活话语（Goffman，1981）。鲜活话语是自发的、即兴的，因此是"真实的"话语（Montgomery，2001a）。诚然，我们不能说 BBC 新闻就是鲜活话语。相反，BBC 新闻中的大多数话语都是记者对预先准备好的脚本进行朗读（或背诵），或是转述他人的话语，因此不属于鲜活话语。在这种情况下，记者只是新闻话语的发声者，并非新闻话语的创作者或责任人。仅在少数情况下，他们才需要对报道的话语负责。尽管如此，BBC 新闻中存在大量貌似鲜活话语的例子，如同行采访、出镜报道等。正如戈夫曼所言：

> 广播、电视话语不是传达给聚集在台下的可见观众（例如公众演说），而是传达给想象中的话语接受者。事实上，广播、电视面临着巨大的压力，需要将话语设计成类似于与单个观众交流的模式，因此通常以对话的形式出现，尽管这种形式只是模拟的。（Goffman，1981：138）

模拟互动这一形式在一定程度上强化了话语的真实性。因为对观众而言，它听起来或看起来是自然的、自发的、不做作的。更重要的是，它是在直播的情景下进行的，话语的生成和接收几乎同时发生，因此能够在播报者和观众之间产生一种"共现"和"同步"的幻觉。BBC 新闻很好地体现了这一特点，在新闻播出中采用大量的新闻采访、出镜报道、原声摘录、画外音、直播连线等，从而形成各种声音之间的对话，即模拟互动（Feng, 2020）。这些话语虽然处于聚光灯下，但不是单调乏味的朗读或背诵（Goffman, 1981），也不是刻板、严肃的照本宣科，而是类似于日常生活话语的随意的、自然的交谈。其中的同行采访即直播连线可以说是电视新闻中互动话语的典范。同行采访使记者在评论和报道新闻时，能够通过大量口语化的表达来传递信息，如短句、习语、缩写式、首字母缩略词等。这种非正式的报道方式使新闻听起来轻松随意且易于接受。同时，同行采访不只是主持人和记者之间的实时互动，也是记者的现场报道。现场报道预设了记者的个人参与——即记者深入新闻现场，记者的个人参与则是新闻真实最好的证明。这种话语不但没有削弱新闻的严肃性和庄重性，反而使新闻变得更加真实可信。总之，在新闻报道中尽量嵌入来自新闻现场的直播镜头、出镜报道或采访实录，能够有效地增强新闻的会话化效果和新闻报道的真实性。

9.4　本书的启示

本书全面分析了 BBC《十点新闻》的话语结构、话语实践和机构属性，指出了 BBC 新闻话语中独特的话语结构和话语实践特征，揭示了 BBC 新闻注重"话语真实"建构的结论。该结论具有两方面的启示意义：一方面，就新闻制作而言，本书的发现和结论可以在播报类型、话语结构和话语实践等方面为新闻工作者提供指导。另一方面，就舆论导向和真、假新闻而言，本书的发现和结论对甄别、审查和揭示新闻中的真、假信息具有启示意义。

从播报类型看，以下几方面值得关注和参考。首先，BBC 新闻倾向于借助多样化的播报方式来呈现或报道新闻。以演播室为主的播报方式包括直接视频呈现、演播室画外音、演播室采访、直播连线等。以新闻现场为主的播报方式包括出镜报道、直播连线、原声摘录、现场画外音、采访片段、结束语等。多样化的播报方式能够更加均衡地呈现新闻事件中的不同声音，从而彰显新闻的客观性和中立性。其次，BBC 新闻尤以采访片段、出镜报道、原声摘录、同行采访等为主。这些播报类型具有凸显新闻的事实性、就近性、即时性等新闻价值的作用，因此能够有效吸引观众。最后，无论从话语结构还是话语实践看，BBC 新闻都倾向于通过直接视频呈现、直播连线、出镜报道、采访片段、原声摘录等直播类、交互式的播报方式来呈现新闻，而极少使用主持人或记者转述的、独白式的现场画外音。一般来说，为了增加新闻的时效性和事实性，新闻制作应尽量强调来自新闻现场的声音，避免通篇采用主持人转述的话语。在新闻播报环节，新闻人员更应采用形式多样的现场播报方式，如基于现场的采访片段、原声摘录，以及记者的出镜报道等。如果条件允许，还可以采用演播室与现场直播连线的方式，以增加观众的在场感和新闻的时效性。

从新闻标题看，至少有两点值得一提。一是有关新闻结构的设置。BBC 新闻标题通常由核心（+补充）构成。一般来说，标题的核心由词组、非限定小句或限定小句构成。标题的补充由完整小句或视频片段构成，对核心部分起着解释、强调或过渡的作用。标题的核心一般都极其简略，语句简短但含义丰富，对新闻内容起到画龙点睛的作用。补充部分则相对详细得多，主要起着进一步补充、解释、说明的作用（Montgomery & Feng，2016）。这种核心（+补充）的设置策略能够有效激发观众的兴趣，并吸引他们深入了解新闻的内容。这种设置方式有助于提高新闻报道的关注度和吸引力，引导观众更好地理解并参与到新闻报道中来（Montgomery & Feng，2016）。二是对新闻标题预告功能的建构。就 BBC 新闻而言，与其说新闻标题是对新闻故事的总结（van Dijk，1988b；Bell，1991），倒不如说新闻标题起着预告新闻报道的作用（Montgomery & Feng，2016）。分析表明，BBC 新闻倾向于通过诗意化表达、设置悬念、原声摘录、强调冲突等策略，使新闻标题起到预告接下来新闻报道的作用，从而激发观众对相关报道的兴趣。上述发现有助于我们更加关注新闻标题的形式和功能，从标题的采写、编辑和播报等方面入手，精心制作新闻标题，以有效地吸引观众的注意力。同时，通过深入研究新闻标题的特点，我们能够更好地理解如何设计引人入胜的标题，从而有效地提高新闻的关注度。

从新闻核心看，本书的发现具有以下启示。一是关于记者与观众的互动方式。BBC《十点新闻》的新闻核心主要由起始语、新闻事件、言语反应、记者身份和警示语构成。起始语尽管看上去无足轻重，但在新闻中却起着与观众互动的作用。起始语如 well、now 等并不包含实质性的信息，但是它们传达了主持人试图与观众互动的姿态，一定程度上能够吸引观众的注意力。二是新闻核心中言语反应和新闻事件的重要性问题。换言之，新闻核心倾向于呈现新闻事件产生的后果（比如伤亡情况）和各方对事件的看法（比如官方的应急措施、受害者的无助、专家的评论等）。分析结果显示，新闻核心中最常见的信息不是新闻事件本身，而是事件带来的后果及其言语反应（详见5.4.2节）。因此，主持人在呈现新闻核心时往往会一笔带过新闻事件，只在辅助部分即新闻报道时才详细呈现。这是因为，当事件发生后，观众最关心的是事件带来的影响（如出现多少伤亡），以及事件的处理结果（如官方或民间的解决办法等）。三是关于新闻核心中不同声音的呈现。BBC新闻在传递新闻机构声音的同时，还注重呈现非新闻机构的声音，以此形成多声性话语（Bakhtin，1981，1986）。从不同角度呈现多方声音，既可以确保记者的客观中立态度，还可以兼顾不同参与者的立场和观点。

　　从指称关系看，至少有两点可供参考。第一点涉及指称手段与新闻价值的关系。例如，在呈现图像时，BBC新闻倾向于通过视觉符号的大小、方向等指示意义凸显参与者的行为及其连贯性；通过图文共指和图像过渡等指称关系凸显新闻事件的事实性、即时性等价值。由此可见，在新闻报道中，使用纪实性的画面更能引起观众的共鸣。在制作和编辑图像新闻时，应该选择真实且与文字信息相呼应的纪实性画面。只有这样，才能让观众感受到生动逼真的新闻事件，从而激发他们对新闻的兴趣和共鸣。其中，特别值得一提的是直示表达式的运用。从分析看，BBC新闻倾向于通过直示表达式来指称事物（如now、here），以此凸显新闻的就近性、即时性等价值。直示表达式表示用语篇中的表达式（符号）指向现实生活中的事物，从而建立一种"在场的""共时的"氛围，以此增强新闻报道的时效性、事实性等新闻价值。第二点涉及图文共指与语篇连贯的关系。从分析可知，在电视新闻播报中，单纯的文字一般很难形成连贯的语篇，但是，经常将文字和图像结合起来运用，就能形成相互指称、相互依存且整体连贯的新闻话语。换言之，文字和图像在电视新闻中处于同等重要的位置，新闻播报时宜充分发挥电视新闻中图像和文字各自的优势，形成图像和文字之间相互兼容、相互补充的关系。

　　从采访片段看，本书的发现具有以下启示。首先，采访片段在新闻中扮演着举足轻重的角色。BBC新闻在报道新闻时通常会使用各种采访片段，借此再现事实或事件的前因后果。这些采访片段包括对受害者或见证者的经验采访、对专家学者的专家采访、对公众人物的问责采访，以及对现场记者的同行采访。电视新闻的优势之一便是在新闻报道中嵌入以视频方式呈现的采访片段。视频能够同时呈现采访片段中的声音、图像和文字,以此缩短电视机前观众与新闻现场和演播室之间的心理距离,从而形成一种观众与记者和事件之间实时的、模拟互动的"共现"关系(Allan,2010;Feng,2020;Montgomery,2007;Scannell,1991a)。这种"共现"关系不但能够强化新闻信源和现场记者之间的互动关系,还能够增加新闻报道的现场感和事实性。其次,强调对受访者身份的建构。受访者身份体现了他们作为受访者的资格和合法性。在嵌入采访片段中对受采访身份进行描述有助于增加受访者话语的可信度。另外,受访者身份的明示在一定程度上还反映了新闻的透明度。对受访者身份的明示意味着受访者应当承担的责任和义务。因此,他们在接受采访时需要为自己的言行负责,任何言辞不当和失误都会受到观众或公众的监督与质疑。最后,通过采访片段维护新闻中立。在一段报道中采用多个采访片段意味着同时呈现多个受访者的不同立场或观点,而记者则可以采取置身事外、不偏不倚的中立姿态。新闻本质上是人为构建的话语,其中融入了记者的个人喜好或新闻机构的价值理念,因此新闻不可能做到绝对的客观与中立。然而,记者需要充分运用各种话语资源和策略来展现新闻内容,使观众相信新闻的客观真实性。呈现具有不同立场的采访片段便是一种便捷、有效的策略。它有助于展示新闻的客观性,进而增强观众对新闻的信任。

从同行采访看,本书的发现具有以下启示。首先,同行采访体现了新闻的直播属性。同行采访是演播室主持人与新闻现场的记者之间的直播连线。同行采访的直播属性要求记者不仅需要熟悉新闻事件和相关知识,还要具备应对突发事件的能力。由于涉及同行采访的新闻通常与重要事件相关,因此需要记者在新闻现场实时跟进。如果类似播报方式能够运用到更多的新闻报道中,新闻节目将会吸引更多的观众,甚至可以带动新闻节目整体质量的提升。其次,同行采访体现了记者的多重身份和角色。作为记者,被采访者在连线过程中需要对新闻事件进行客观的陈述。作为受访者,他/她需要对相关事件进行一定的分析、解读和评论。这就需要受访记者在分析、解读或评论事件的同时确保自身作为记者身份的立场的客观性和中立性。在这方面,BBC新闻提供了一些可供参考的做法,比如引用他人言论、第三方归因、观点并置、话语标记语、情态表达、诉诸新闻价值等。最后,同行采访中主持人的角色同样举足轻重。一方面,主持人需要管理话语,为观众呈现连贯而有价值的新闻。譬如,主持人需要在不同新闻之间或语域之间进行转换(比如演播室话语和新闻现场话语),需要提问受访者或对受访者话语进行评论等。同时,主持人需要与观众保持互动，确保观众作为信息接收者的中心地位。另一方面，主持人需要管理、调节采访话语，比如介绍采访的主题和受访者，保持与受访者互动，转换采访话题，加速采访进度，结束采访等，以确保采访活动顺利向前推进。这同样要求主持人在整个过程中保持中立的立场，以确保新闻的客观性。

综上，BBC 新闻比较注重从话语层面建构新闻的真实性，即通过新闻话语的形式、结构和实践来建构新闻的客观性和真实性，从而形成一种"话语真实"（Feng，2022）。新闻中出现"话语真实"并非表示该新闻就是客观真实的。实际上，BBC 由于自身存在的意识形态偏见，常常针对非西方国家进行虚假宣传和歪曲报道。比如，BBC 对新冠疫情的报道，便跟随西方国家的部分政客，如美国前国务卿迈克·蓬佩奥（Mike Pompeo）将新冠病毒污称为"中国病毒"（Zhu，2020）。因此，在对 BBC 新闻进行考察时，我们需要以批判的思维和更敏锐的眼光看待其报道，对其中存在的虚假宣传和歪曲报道保持高度的警惕。从分析可知，BBC 新闻对真实的主张主要来自其在话语层面对真实的建构，从而形成一种"话语真实"（Feng，2022）。尽管"话语真实"不能作为判断新闻真假的标准，但这一结论对于我们解构新闻的真实性以及引导舆论良性发展具有十分重要的意义。

一方面，"话语真实"既不是"绝对的"客观事实，也不是记者或新闻参与者的"心理"真实，而是一种话语层面的真实，即"话语真实"。虽然"话语真实"可以增加观众对新闻的认同度和可接受度，但"话语真实"不能作为判断新闻真实性的标准。不仅如此，如果受到不良媒体的利用，"话语真实"还会成为一种语言陷阱，误导公众仅凭话语层面的"真实"判断新闻的真实性。本书揭示了大量用于建构"话语真实"的手段和策略，比如事实与观点的区分、多声性的呈现、第三方归因、诉诸权威、诉诸新闻价值等。如果我们能从话语中识别出这些话语手段和话语策略，就能更加深入地分析新闻的真实性，并辨别真实性是否来自话语的建构和表征，即"话语真实"。我们应该对这种"真实"保持高度警惕，并联系上下文和事件的来龙去脉对其进行辨析，从而揭示出新闻话语背后的真实信息或可能的虚假信息。

另一方面，"话语真实"的概念不仅警示着我们避免陷入新闻真相的"语言陷阱"，还启示我们如何合法、理性地运用"话语真实"构建我们的话语和话语体系。首先，针对公平、正义、合理的诉求，我们可以通过对"话语真实"策略的运用，建构喜闻乐见、真实、正当、理性的话语，以吸引观众，获得他们的支持。例如，我们可以采用接地气的、民俗化的、日常生活化的语言与观众进行沟通，或向世界讲述中国的故事。其次，我们可以通过对"话语真实"的识别来抵制虚假信息的传播。在当今信息爆炸的时代，虚假信息层出不穷，它们往往伪装成"话语真实"，让人们难以分辨，防不胜防。然而，如果我们了解"话语真实"的建构策略和内在本质，就能够有效解构这类信息的"真实性"，揭露其中的虚假信息及其伎俩。这不仅有助于保护我们的社会免受虚假信息的侵害，还能够增强公众对真实信息的信任。最后，对国家外交和国际舆论而言，我们同样需要辨别信息的真实性。在处理国际事务时，我们必须能够从别有用心和带有意识形态偏见的不良媒体新闻中辨别出虚假的信息，因为虚假信息不仅会损害我们的外交关系，还会影响我们的国际声誉，甚至可能引发严重的地缘政治冲突。本书针对新闻真实性的分析以及"话语真实"概念的提出，不仅有助于我们更好地理解虚假信息的生成和传播机制，还能够指导我们采取有效的措施来揭露虚假信息，以维护国家的安全、利益和国际声誉。

9.5 局限与展望

本书尽管在上述各方面提出了一些极具创新的观点和有意义的发现，但在以下方面仍然存在一定的局限性和提升空间。

首先，本书的数据收集相对比较单一。本书的研究对象主要为BBC《十点新闻》，这在一定程度上限制了我们对BBC新闻全貌的描述。由于数据有限，结论和观点可能存在一定程度的欠缺和疏漏。今后的研究可以在条件允许的情况下收集更多与BBC新闻相关的语料，如BBC《针锋相对》、BBC《世界新闻》、BBC《新闻之夜》等，使研究语料更加丰富、结论更具说服力。尽管如此，BBC《十点新闻》属于BBC新闻的旗舰节目，代表了西方公告类新闻节目的最高水平。专注于BBC《十点新闻》能够使我们对BBC新闻话语进行更深入、更细致的分析，从而促进我们更加全面、系统地理解BBC新闻话语的典型性特征和本质属性。

其次，本书主要聚焦BBC新闻的视频文本，对BBC新闻的制作过程或接收过程关注较少。正如前文论述的，电视新闻是一个动态的社会行为过程。在该过程中，记者和当事人、受访者、信源之间各自扮演着不同的角色，承担着不同的任务。仅通过文本分析无法了解BBC新闻的生产和接收过程。比如，记者如何与受访者或信源互动？记者如何收集、采写、编辑新闻素材？主持人如何选择和呈现新闻事件？选择新闻事件的规范和规则有哪些？如何在新闻制作和播报中规避记者的个人见解？这些都是电视新闻实践过程中的基本问题，必然会对电视新闻话语的形成产生深刻影响。除新闻制作外，本书也没有充分探讨新闻接收端即观众的行为。从分析看，BBC 新闻的记者普遍强调与观众互动。他们在播报新闻时总是试图与观众模拟互动，以吸引他们参与到新闻之中（Feng，2020）。但是，如何界定观众？怎么吸引他们？针对不同内容的新闻，他们有何种反应？无论是传播研究还是话语研究，这些问题都值得深入探讨。

最后，本书主要借鉴了会话分析的研究理念，即以语言现象为对象、以"相信文本"为出发点，对新闻话语进行探析。因此，分析过程特别强调以微观的、文本细读的方式探究新闻话语现象背后的社会文化意义，如社会结构、社会关系和社会秩序。这种研究范式一定程度上导致本书的内容缺乏来自宏观视角的量化分析。文本细读即质性分析是区分话语研究（特别是会话分析）与宏观社会学研究的基本特征之一。宏观社会学研究侧重于对海量的数据进行统计和量化分析，话语研究则倾向从微观角度对话语现象进行仔细的描述、分析和阐释（Bell，2011；Sinclair，1994）。对于话语研究学者来说，虽然不能仅凭几分钟的口头话语或几百字的书面文字就得出具有说服力的研究结论，但是深入细致地分析看似普通的、真实的话语现象，可以有力地揭示该话语现象背后的一般社会规律和社会结构秩序。因此，我们选择从微观层面而不是宏观层面研究 BBC 新闻的话语特征，有助于我们更加准确地把握 BBC 新闻的言语特点。通过深入分析 BBC 新闻话语中微观层面的话语行为、结构和实践方式，我们能够更好地描述并解释 BBC 新闻传递的信息和隐含意义。当然，适当的量化分析能够更进一步地验证质性分析得出的结论。因此，未来的研究可以结合语料库研究方法，结合定性和定量分析，得出更有说服力的结论。

随着新思想、新媒体、新技术的快速发展，话语研究无论从研究方法还是研究范式看，都是当前和未来一个时期的热门领域。话语研究的发展已经成为语言学、新闻学、传播学、社会学等领域不可忽视的力量。从研究内容看，话语研究逐渐从关注语言本身或话语本身转向探索话语与社会结构和社会秩序的关系。从研究方法看，话语研究不再局限于依托语言学理论，而是同时借助社会学、心理学、传播学、文化批评等相关理论，将语言运用与语言表征相结合，探索话语背后的社会文化意义。例如，会话分析依托社会互动理论、现象学、民族志方法论等来讨论日常对话、机构话语和网络话语。批评话语分析借助社会建构理论、阐释学、框架论、霸权与意识形态等来分析社会不平等现象。多模态话语分析以符号学、社会建构主义和社会互动理论为基础来探索语言符号和非语言符号及其与社会文化的关系。总之，话语研究不再是语言学领域的一个分支，而是广义社会学的新学派。我们相信，在未来五到十年内，（批评）话语分析和社会符号学等研究范式将成为语言学和跨学科语言研究的主流。同时，从语言现象出发，以"相信文本"为原则（Bell，2011；Scannell，1998；Sinclair，1994），话语互动研究必将在国内外迅速兴起，其中话语与媒体、话语与社会、话语与商业、话语与生态、话语与医疗、话语与健康、话语与人工智能等领域的研究将逐渐成为该领域的热点话题。本书的研究成果将进一步推动相关领域的发展，促使我们聚焦更广阔的社会文化语境，将话语研究与社会现实紧密结合，使研究更加具有人文性、社会性、适用性。毕竟，我们的话语植根于社会的结构和秩序，并受其支配：一方面，话语反映和建构了社会的结构和秩序；另一方面，社会的结构和秩序不断塑造和促进新话语的形成和发展（Fairclough，1995a）。只有将话语研究与社会现实相结合，才能更全面、有效地理解社会中的话语和话语建构的世界，减少话语冲突，促进社会的和谐与进步。

参考文献

白红义. 2017. 在新闻室做田野：作为方法的新闻民族志研究. 现代传播, 39（4）: 61-67.
毕一鸣. 2009. 论民生新闻的舆论导向. 当代传播,（5）: 18-20.
蔡骐, 欧阳菁. 2006. 符号学与电视研究. 湖南城市学院学报, 27（4）: 19-24.
曹炜. 2005. 现代汉语中的称谓语和称呼语. 江苏大学学报（社会科学版）, 7（2）: 62-69.
常晨光. 2004. 语法隐喻与经验的重新建构. 外语教学与研究, 36（1）: 31-36.
陈家根. 1987. 浅谈新闻语言的简炼朴实和清新活泼. 新闻通讯,（4）: 21-23.
陈江华. 2009. 娱乐时代公共话语空间的构建与消解. 新闻爱好者,（11）: 24-25.
陈力丹. 2008. 新闻理论十讲. 上海: 复旦大学出版社.
陈新仁. 2002a. 从话语标记语看首词重复的含意解读. 解放军外国语学院学报, 25（3）: 12-15.
陈新仁. 2002b. 话语联系语与英语议论文写作：调查分析. 外语教学与研究, 34（5）: 350-354, 380.
陈新仁. 2009. 批评语用学：目标、对象与方法. 外语与外语教学,（12）: 10-12.
陈新仁. 2013. 语用身份：动态选择与话语建构. 外语研究,（4）: 27-32, 112.
陈新仁. 2020. 基于元语用的元话语分类新拟. 外语与外语教学,（4）: 1-10, 24, 147.
陈新仁, 钱永红. 2011. 多模态分析法在语用学研究中的应用. 中国外语, 8（5）: 89-93.
丁建新, 廖益清. 2001. 批评话语分析述评. 当代语言学, 3（4）: 305-310.
东方滢. 2022. 互文性视角下主流媒体话语的适应与融合——以《主播说联播》为例. 新媒体研究, 8（7）: 56-59.
董天策. 2007. 民生新闻：中国特色的新闻传播范式. 西南民族大学学报（人文社科版）, 28（6）: 88-95.
段业辉. 1999. 新闻语言学. 南京: 江苏教育出版社.
段业辉, 杨娟. 2006. 论报纸、广播、电视、网络新闻语言的语境. 南京师范大学报（社会科学版）,（5）: 142-145, 160.
冯丙奇. 2010. 平面广告图文修辞的内在结构体系分析. 现代传播,（8）: 55-58.
冯丙奇, 王媛. 2009. 平面广告图文关系分析框架："锚定-接力连续轴"的概念. 国际新闻界,（9）: 90-94.
冯德兵. 2015. 从符号学看电视新闻中的图文指称关系. 重庆理工大学学报（社会科学）, 29（4）: 124-129, 136.
冯德兵, 高萍. 2014. 徘徊在"现场"与"演播室"之间——BBC《十点新闻》与央视《新闻联播》播报结构比较研究. 重庆理工大学学报（社会科学）, 28（1）: 25-30.
冯德正. 2015. 视觉语法的新发展：基于图画书的视觉叙事分析框架. 外语教学, 36

（3）：23-27.

冯德正，Low, F. 2015. 多模态研究的现状与未来——第七届国际多模态会议评述. 外国语，38（4）：106-111.

冯德正，邢春燕. 2011. 空间隐喻与多模态意义建构——以汽车广告为例. 外国语，34（3）：56-61.

高小方. 2012. 新闻语言学. 南京：南京师范大学出版社.

郭恩华. 2018. 多模态投射的社会行为基础——以儿童牙科医患互动为例. 解放军外国语学院学报，41（3）：26-34.

郭亚东，陈新仁. 2020. 新时代我国对外话语研究的进展、议题与范式. 外语界，（6）：12-18.

哈贝马斯. 1999. 公共领域的结构转型. 曹卫东，王晓珏，刘北城，等译. 上海：学林出版社.

哈贝马斯. 2003. 在事实与规范之间：关于法律和民主法治国的商谈理论. 童世骏译. 北京：生活•读书•新知三联书店.

何萍，吕艺. 2013. 网络"标题党"带来的启示. 新闻战线，（2）：94.

何自然. 1988. 语用学概论. 长沙：湖南教育出版社.

何自然. 1997. 语用学与英语学习. 上海：上海外语教育出版社.

何自然. 2005. 语言中的模因. 语言科学，4（6）：54-64.

何自然，冉永平. 1999. 话语联系语的语用制约性. 外语教学与研究，（3）：3-10，82.

胡壮麟. 1994. 语篇的衔接与连贯. 上海：上海外语教育出版社.

胡壮麟. 2000. 评语法隐喻的韩礼德模式. 外语教学与研究，（2）：88-94.

胡壮麟. 2002. 语境研究的多元化. 外语教学与研究，34（3）：161-166.

胡壮麟. 2007. 社会符号学研究中的多模态化. 语言教学与研究，（1）：1-10.

胡壮麟. 2012. 积极话语分析和批评话语分析的互补性. 当代外语研究，（7）：3-8，76.

胡壮麟. 2014. 论当代符号学研究的学科地位. 语言学研究，（1）：75-83.

黄楚新，任芳言. 2015. 网络"标题党"：成因与对策. 新闻与写作，（12）：24-28.

黄国文. 1988. 语篇分析概要. 长沙：湖南教育出版社.

黄国文. 1999. 英语言问题研究. 广州：中山大学出版社.

黄国文. 2001a. 功能语篇分析纵横谈. 外语与外语教学，（12）：1-4，19.

黄国文. 2001b. 语篇分析的理论与实践——广告语篇研究. 上海：上海外语教育出版社.

黄匡宇. 2000. 电视新闻语言学. 北京：中国广播电视出版社.

黄敏. 2006. 新闻话语的互文性研究——以凤凰网中朝边境驻军换防的系列报道为例. 中文自学指导，（2）：37-42，51.

李成团，冉永平. 2017. 人际语用学视域下争辩会话中的身份构建研究. 外国语，40（6）：2-11.

李杰. 2009. 媒体新闻语言研究. 北京：中国传媒大学出版社.

李娜. 2017. 《人民日报》社论评论中妇女形象建构的文化分析——一项基于语料库的批评话语研究. 新闻爱好者，（1）：51-55.

李娜，张琦. 2015. 西方媒体视野下的中国女性形象——一项基于语料库的批评话语分析. 山西师大学报（社会科学版），42（6）：105-110.

李涛. 2011. 传播符号学视阈中的动漫传播理论建构. 当代传播，（6）：37-39.

李文明，吕福玉. 2008. 论突发事件的电视传播——以汶川特大地震前期电视报道为例.

国际新闻界，（5）：9-13.
李元授，白丁. 2001. 新闻语言学. 北京：新华出版社.
李战子. 2002. 话语的人际意义研究. 上海：上海外语教育出版社.
李战子. 2004. 评价理论：在话语分析中的应用和问题. 外语研究，（5）：1-6，80.
李战子. 2005. 从语气、情态到评价. 外语研究，（6）：14-19，80.
李佐文. 2003. 元话语：元认知的言语体现. 外语研究，（1）：27-31.
廖美珍. 2003. 法庭问答及其互动研究. 北京：法律出版社.
廖秋忠. 1991a. 篇章与语用和句法研究. 语言教学与研究，（4）：16-44.
廖秋忠. 1991b. 也谈形式主义与功能主义. 当代语言学，（2）：31-33.
廖秋忠. 1992. 廖秋忠文集. 北京：北京语言学院出版社.
廖益清. 1999. 批评视野中的语言研究——Fairclough 批评话语分析理论述评. 山东外语教学，（2）：1-5.
林纲. 2006. 网络新闻语言的媚俗化倾向. 传媒观察，（7）：43-44.
林纲. 2009. 网络新闻语言与话语权变迁. 社会科学家，（11）：151-154.
林纲. 2010. 网络新闻文本结构的语法特征. 社会科学家，（7）：155-157，161.
刘辰诞. 1999. 教学篇章语言学. 上海：上海外语教育出版社.
刘辰诞，赵秀凤. 2011. 什么是篇章语言学. 上海：上海外语教育出版社.
刘军利，雷春翔. 2008. 新时期电视新闻真实性和艺术性的探讨. 经济技术协作信息，（21）：91.
刘路. 2002. 新闻标题论. 北京：中国社会科学出版社.
陆晔，赵民. 2010. 当代广播电视概论. 2 版. 上海：复旦大学出版社.
吕春璐. 2010. 连线报道：广播新闻新亮点. 新闻记者，（7）：80-83.
吕新雨. 2006. 仪式、电视与意识形态. 读书，（8）：121-130.
彭宣维. 2000. 英汉语篇综合对比. 上海：上海外语教育出版社.
钱进，尹谜眉. 2014. 社会化媒介时代的新闻编辑部转型——对话英国汤姆森基金数字新闻和社会化媒体特别顾问 Dan Manson. 新闻记者，（5）：10-17.
秦小建. 2005. 广播新闻语言"宜俗宜真". 视听纵横，（1）：88-89.
邱春安. 2006. 电视新闻访谈节目话语分析. 齐齐哈尔大学学报（哲学社会科学版），（5）：71-74.
冉永平. 2003. 话语标记语 well 的语用功能. 外国语，（3）：58-64.
冉永平. 2010. 冲突性话语趋异取向的语用分析. 现代外语，33（2）：150-157.
冉永平，范琳琳. 2020. 人际语用学视角下情感研究的前沿态势. 外语研究，（3）：5-12，112.
冉永平，黄旭. 2020. 人际语用学视角下的礼貌与关系. 外国语，43（3）：35-45.
冉永平，刘平. 2021. 从语言语用学到人际语用学看（不）礼貌的研究嬗变. 外语教学，42（4）：31-36.
任绍曾. 1996. 英语名词指称及其语篇功能. 外语教学与研究，（1）：11-18.
尚媛媛. 2001. 语境配置与语篇体裁之间的关系——从功能语法谈英语新闻标题语的语言表达特点. 解放军外国语学院学报，24（6）：37-41.
邵斌，回志明. 2014. 西方媒体视野里的"中国梦"——一项基于语料库的批评话语分析. 外语研究，（6）：28-33.
沈开木. 1996. 现代汉语话语语言学. 北京：商务印书馆.

施旭. 2010. 文化话语研究：探索中国的理论、方法与问题. 北京：北京大学出版社.
施旭. 2015. 涉中国防学术话语的修辞研究. 外国语文研究, 1（5）: 76-85.
隋岩. 2010. 从符号学解析电视的"真实性". 现代传播, （10）: 17-20.
汤铭明. 2010. 当媒介"娱乐"了政治——以《全民大闷锅》为例探析媒介政治娱乐化倾向. 青年记者, （8）: 17-18.
田海龙. 2006. 语篇研究的批评视角：从批评语言学到批评话语分析. 山东外语教学, （2）: 40-47.
田海龙. 2008. 语篇研究的批评视角. 外语教学与研究, 40（5）: 339-344.
田海龙. 2021. 话语互动——批评话语研究新课题的多维思考. 外语与外语教学, （3）: 13-22.
童兵, 陈绚. 2014. 新闻传播学大辞典. 北京：中国大百科全书出版社.
王立非, 张斐瑞. 2015. 国际商务谈判的互动话语理论基础与研究现状. 山东外语教学, 36（6）: 11-20.
王敏. 2016a. 旧惯习与新常规——基于对互联网报纸"Brisbane Times"的新闻室考察. 新闻界, （19）: 60-64.
王敏. 2016b. 数字化驱动下新闻生产惯习的改造、嵌入与重构——基于澳大利亚互联网报纸"Brisbane Times"的考察. 新闻记者, （12）: 19-25.
王敏. 2018. 从"常规"到"惯习"：一个研究框架的学术史考察. 新闻与传播研究, （9）: 68-80, 127.
王文勇. 2015. 电影叙事与文学叙事介质之辨异. 学术界, （6）: 191-196.
王小蓓. 2009. 出镜记者在电视新闻直播中的现场控制. 视听界, （2）: 103-104.
王鑫, 陈新仁. 2015. 中文报纸"叙事性"新闻标题的语用研究：调查与分析. 外语学刊, （2）: 23-28.
王振华. 2001. 评价系统及其运作——系统功能语言学的新发展. 外国语, （6）: 13-20.
王振华. 2004. "硬新闻"的态度研究——"评价系统"应用研究之二. 外语教学, 25（5）: 31-36.
王振华, 李佳音. 2021. 高危话语与极端活动：基于评价性语言的心理实现性讨论. 当代修辞学, （2）: 49-59.
王振华, 马玉蕾. 2007. 评价理论：魅力与困惑. 外语教学, 28（6）: 19-23.
王振华, 王冬燕. 2020. 从动性、质性到物性：对比英汉两种语言中的名物化语言现象. 外国语, 43（1）: 13-22.
王振华, 吴启竞. 2020. 元话语和评价系统在人际意义研究上的互补. 当代修辞学, （3）: 51-60.
魏伟. 2011. 解读神话：南非世界杯电视转播的符号学研究. 中国体育科技, 47（2）: 47-51, 82.
吴亚欣. 2021. 身份研究的会话分析路径. 外国语, 44（3）: 49-59.
夏丏尊, 刘薰宇. 2007. 文章作法. 北京：中华书局.
肖文江. 2006. 新闻传播中的权威构筑——央视《新闻联播》叙事分析. 理论学习与探索, （1）: 80-81.
谢欣新. 2001. 电视新闻直播观念发展初探. 中国电视, （3）: 11-15.
辛斌. 1996. 语言、权力与意识形态：批评语言学. 现代外语, （1）: 21-26.
辛斌. 2005. 批评语言学：理论与应用. 上海：上海外语教育出版社.

辛斌. 2013a. 中文报纸新闻标题中的转述言语（上）. 当代修辞学，（5）：48-56.
辛斌. 2013b. 中文报纸新闻标题中的转述言语（下）. 当代修辞学，（6）：20-25.
辛斌. 2020. 英文新闻标题中的合法化话语策略分析——以《华盛顿邮报》和《纽约时报》有关南海争端报道为例. 外语学刊，（4）：24-32.
徐宝璜. 2016. 新闻学. 北京：中国传媒大学出版社.
徐赳赳. 2003. 现代汉语篇章回指研究. 北京：中国社会科学出版社.
徐赳赳. 2006. 关于元话语的范围和分类. 当代语言学，8（4）：345-353.
徐赳赳. 2010. 现代汉语篇章语言学. 北京：商务印书馆.
杨保军. 2002. 论新闻价值关系的构成. 国际新闻界，（2）：55-60.
杨保军. 2003a. 新闻价值论. 北京：中国人民大学出版社.
杨保军. 2003b. 新闻文本的价值属性. 当代传播，（6）：19-20.
杨保军. 2008. 简论"后新闻传播时代"的开启. 现代传播，（6）：33-36.
杨敏，符小丽. 2018. 基于语料库的"历史语篇分析"（DHA）的过程与价值——以美国主流媒体对希拉里邮件门的话语建构为例. 外国语，41（2）：77-85.
杨娜，冉永平. 2017. 新闻评论话语的语用论辩视域分析. 外语学刊，（4）：57-62.
杨信彰. 2007. 元话语与语言功能. 外语与外语教学，（12）：1-3.
叶圣陶. 2013. 文章例话. 北京：生活·读书·新知三联书店.
于国栋. 2003. 支持性言语反馈的会话分析. 外国语，（5）：23-29.
于国栋. 2009. 医患交际中回述的会话分析研究. 外语教学，30（3）：13-19.
于国栋. 2010. 机构性谈话的会话分析研究. 科学技术哲学研究，27（2）：22-25.
于国栋，李枫. 2009. 会话分析：尊重语言事实的社会学研究方法. 科学技术与辩证法，26（2）：14-17，100.
于国栋，吴亚欣. 2018. 努力建设汉语会话分析研究的科学体系. 外国语，41（4）：7-9.
于国栋，亢澜，任秀娟. 2007. 新闻访谈第三话轮中主持人评价的缺失. 山西大学学报（哲学社会科学版），30（6）：117-120.
曾毅平，李小凤. 2006. 报道语体与文艺语体疑问句的分布差异. 汉语学习，（5）：40-44.
张兵娟. 2010. 国家的仪式——《新闻联播》的传播文化学解读. 现代传播，（8）：28-30.
张兵娟，杨美娟. 2022. 跨媒介叙事传播中的经典重塑及当代价值——王阳明电视系列节目改编的启示. 中国广播电视学刊，（11）：44-47.
张楚楚. 2007. 论英语情态动词道义情态的主观性. 外国语，（5）：23-30.
张德禄. 2002. 衔接与文体——指称与词汇衔接的文体特征. 外语与外语教学，（10）：1-7.
张德禄. 2009. 多模态话语理论与媒体技术在外语教学中的应用. 外语教学，30（4）：15-20.
张德禄. 2017. 多模态论辩修辞框架探索. 当代修辞学，（1）：1-8.
张德禄，胡瑞云. 2019. 多模态话语建构中的系统、选择与供用特征. 当代修辞学，（5）：68-79.
张德禄，刘汝山. 2003. 语篇连贯与衔接理论的发展及应用. 上海：上海外语教育出版社.
张德禄，穆志刚. 2012. 多模态功能文体学理论框架探索. 外语教学，33（3）：1-6.
张德禄，王正. 2016. 多模态互动分析框架探索. 中国外语，13（2）：54-61.

张德禄, 赵静. 2021. 多模态话语分析是否需要分析多模态语法？. 当代修辞学, （2）: 26-36.
张丽萍. 2004. 控制与抗争：法官与被告人法庭交际会话分析. 南京邮电大学学报（社会科学版）, 6（1）: 21-24.
张清. 2013. 法官庭审话语的实证研究. 北京：中国人民大学出版社.
张秀敏. 2011. 网络"标题党"传播现象的文化分析. 现代传播, （2）: 149-150.
张玥. 2007. 法庭会话中的语言预设策略分析. 广东外语外贸大学学报, 18（2）: 94-97.
张志安. 2010. 新闻场域的历史建构及其生产惯习——以《南方都市报》为个案的研究. 新闻大学, （4）: 48-55.
张志新. 1992. 新闻语言宜具体. 当代传播, （4）: 32.
赵林静. 2009. 话语历史分析：视角、方法与原则. 广东外语外贸大学学报, 20（3）: 87-91.
赵燕丽. 2021. 试析民粹主义在欧洲对中国"一带一路"倡议的影响. 西安石油大学学报（社会科学版）, 30（6）: 78-83.
赵英玲. 1997. 英语称呼语的社会语用功能. 外语学刊, （1）: 16-20.
赵悦. 2007. 审视传媒泛娱乐化倾向. 东南传播, （8）: 61-62.
郑贵友. 2002. 汉语篇章语言学. 北京：外文出版社.
周小普. 2005. 民生新闻：内容与形式的创新表达. 中国广播电视学刊, （2）: 13-15.
周小普, 黄伟. 2003. 从央视伊战和 SARS 报道看重大事件的电视报道策划. 国际新闻界, （6）: 60-65.
周莹. 2022. 短视频时代新闻人格化传播策略——以《主播说联播》为例. 青年记者, （12）: 104-105.
朱永生. 2007. 多模态话语分析的理论基础与研究方法. 外语学刊, （5）: 82-86.
朱永生, 严世清. 2000. 语法隐喻理论的理据和贡献. 外语教学与研究, 32（2）: 95-102.
朱永生, 严世清. 2001. 系统功能语言学多维思考. 上海：上海外语教育出版社.
邹家福. 1990. 新闻语言的跳跃和跨度. 当代传播, （4）: 24-25.
Aharoni, M. & Lissitsa, S. 2022. Closing the distance? Representation of European asylum seekers in Israeli mainstream, community, and social media. *Journalism Practice*, 16(6): 1150-1167.
Allan, S. 2005. *Journalism: Critical Issues*. Maidenhead: Open University Press.
Allan, S. 2010. *News Culture*. 3rd edn. Maidenhead: Open University Press.
Atkinson, M. 1984. *Our Master's Voices: The Language and Body Language of Politics*. London/New York: Methuen.
Atkinson, M. 1992. Displaying neutrality: Formal aspects of informal court proceedings. In P. Drew & J. Heritage (Eds.), *Talk at Work: Interaction in Institutional Settings* (pp. 199-211). Cambridge: Cambridge University Press.
Atkinson, M. & Drew, P. 1979. *Order in Court: The Organisation of Verbal Interaction in Judicial Settings*. London: Macmillan.
Austin, J. L. 1962. *How to Do Things with Words*. Oxford: Oxford University Press.
Bagdikian, B. H. 2004. *The New Media Monopoly: A Completely Revised and Updated Edition with Seven New Chapters*. Boston: Beacon Press.
Bakhtin, M. M. 1981. *The Dialogic Imagination: Four Essays*. C. Emerson & M. Holquist,

Trans. Austin: University of Texas Press.

Bakhtin, M. M. 1986. *Speech Genres and Other Late Essays*. V. W. McGee, Trans. Austin: University of Texas Press.

Barthes, R. 1972. *Mythologies*. A. Lavers, Trans. New York: Farrar, Straus and Giroux.

Barthes, R. 1977. *Image-Music-Text*. S. Heath, Trans. London: Fontana Press.

Baskette, F. K., Sissors, J. Z. & Brooks, B. S. 1982. *The Art of Editing*. 3rd edn. New York: Macmillan.

Bateson, G. 1987. A theory of play and fantasy. In G. Bateson (Ed.), *Steps to an Ecology of Mind: Collected Essays in Anthropology, Psychiatry, Evolution, and Epistemology* (pp. 138-148). London: Jason Aronson.

BBC. 2021. BBC Group Annual Report and Accounts 2020/21. https:// downloads.bbc.co.uk/aboutthebbc/reports/annualreport/2020-21[2023-02-08].

BBC. 2022a. About the BBC. https://www.bbc.co.uk/aboutthebbc[2023-02-01].

BBC. 2022b. Funding through the TV licence. https://www.bbc.com/aboutthebbc/governance/licencefee[2023-02-01].

BBC. 2022c. BBC Group Annual Report and Accounts 2021/22. https:// downloads.bbc.co.uk/aboutthebbc/reports/annualreport/ara-2021-22.pdf[2023-02-08].

BBC. 2023. The Falklands conflict-1982. https://www.bbc.co.uk/historyofthebbc/research/editorial-independence/falklands-conflict[2023-02-05].

Bednarek, M. & Caple, H. 2012. 'Value added': Language, image and news values. *Discourse, Context & Media*, 1(2-3): 103-113.

Bednarek, M. & Caple, H. 2014. Why do news values matter? Towards a new methodological framework for analysing news discourse in Critical Discourse Analysis and beyond. *Discourse & Society*, 25(2): 135-158.

Bednarek, M. & Caple, H. 2017. *The Discourse of News Values: How News Organizations Create Newsworthiness*. Oxford: Oxford University Press.

Bell, A. 1984. Language style as audience design. *Language in Society*, 13(2): 145-204.

Bell, A. 1991. *The Language of News Media*. Oxford: Blackwell.

Bell, A. 1998. The discourse structure of news stories. In A. Bell & P. Garrett (Eds.), *Approaches to Media Discourse* (pp. 64-104). Oxford: Wiley-Blackwell.

Bell, A. 2011. Re-constructing babel: Discourse analysis, hermeneutics and the Interpretive Arc. *Discourse Studies*, 13(5): 519-568.

Benham, J. 2020. Best practices for journalistic balance: Gatekeeping, imbalance and the fake news era. *Journalism Practice*, 14(7): 791-811.

Bergillos, I. 2019. Rethinking vox-pops in television news evolution of person-on-the-street interviews in Spanish news programs. *Journalism Practice*, 13(9): 1057-1074.

Bourdieu, P. 1986. The forms of capital. In J. G. Richardson (Ed.), *Handbook of Theory and Research for the Sociology of Education* (pp. 241-258). New York: Greenwood Press.

Boyd, A. 2000. *Broadcast Journalism: Techniques of Radio and Television News*. 5th edn. Oxford: Focal Press.

Boyd-Barrett, O. 2019. Fake news and 'RussiaGate' discourses: Propaganda in the post-truth era. *Journalism*, 20(1): 87-91.

Breton, R. 1964. Institutional completeness of ethnic communities and the personal relations of immigrants. *American Journal of Sociology*, 70(2): 193-205.

Brown, P. & Levinson, S. C. 1987. *Politeness: Some Universals in Language Usage*. Cambridge: Cambridge University Press.

Caple, H. 2013. *Photojournalism: A Social Semiotic Approach*. Basingstoke: Palgrave Macmillan.

Caple, H. & Knox, J. S. 2012. Online news galleries, photojournalism and the photo essay. *Visual Communication*, 11(2): 207-236.

Caple, H. & Knox, J. S. 2015. A framework for the multimodal analysis of online news galleries: What makes a "good" picture gallery? *Social Semiotics*, 25(3): 292-321.

Caple, H., Huan, C. & Bednarek, M. 2020. *Multimodal News Analysis across Cultures*. Cambridge: Cambridge University Press.

Cappon, R. J. 1982. *The Word: An Associated Press Guide to Good News Writing*. New York: The Associated Press.

Chandler, D. 2007. *Semiotics: The Basics*. 2nd edn. Abingdon: Routledge.

Chang, P. & Lee, M. T. 2019. Exploring textual and interpersonal themes in the expository essays of college students of different linguistic backgrounds. *English for Specific Purposes*, 54: 75-90.

Clayman, S. E. 1988. Displaying neutrality in television news interviews. *Social Problems*, 35(4): 474-492.

Clayman, S. E. 1991. News interview openings: Aspects of sequential organization. In P. Scannell (Ed.), *Broadcast Talk* (pp. 48-75). London: Sage.

Clayman, S. E. 1992. Footing in the achievement of neutrality: The case of news interview discourse. In P. Drew & J. Heritage (Eds.), *Talk at Work: Interaction in Institutional Settings* (pp. 163-198). Cambridge: Cambridge University Press.

Clayman, S. E. 2010. Address terms in the service of other actions: The case of news interview talk. *Discourse & Communication*, 4(2): 161-183.

Clayman, S. E. 2012. Address terms in the organization of turns at talk: The case of pivotal turn extensions. *Journal of pragmatics*, 44(13): 1853-1867.

Clayman, S. E. 2013. Agency in response: The role of prefatory address terms. *Journal of pragmatics*, 57: 290-302.

Clayman, S. E. & Fox, M. 2017. Hardballs and softballs. *Journal of Language and Politics*, 16(1): 20-40.

Clayman, S. E. & Heritage, J. 2002a. *The News Interview: Journalists and Public Figures on the Air*. Cambridge: Cambridge University Press.

Clayman, S. E. & Heritage, J. 2002b. Questioning presidents: Journalistic deference and adversarialness in the press conferences of U.S. Presidents Eisenhower and Reagan. *Journal of Communication*, 52(4): 749-775.

Clementson, E. D. & Xie, T. 2020. Narrative storytelling and anger in crisis communication. *Communication Research Reports*, 37(4): 212-221.

Conboy, M. 2006. *Tabloid Britain: Constructing a Community through Language*. London: Routledge.

Cook, T. E. 1998. *Governing with the News: The News Media as a Political Institution*. Chicago: University of Chicago Press.

Corner, J. 1991. The interview as social encounter. In P. Scanell (Ed.), *Broadcast Talk* (pp. 31-47). London: Sage.

Creech, B. 2020. Fake news and the discursive construction of technology companies' social power. *Media, Culture & Society*, 42(6): 952-968.

Dayan, D. 2009. Sharing and showing: Television as monstration. *The ANNALS of the American Academy of Political and Social Science*, 625(1): 19-31.

de Saussure, F. 1983. *Course in General Linguistics*. R. Harris, Trans. London: Duckworth.

de Saussure, F. 2001. *Course in General Linguistics*. Beijing: Foreign Language Teaching and Research Press.

Dor, D. 2003. On newspaper headlines as relevance optimizers. *Journal of Pragmatics*, 35(5): 695-721.

Drew, P. & Heritage, J. 1992a. Analyzing talk at work: An introduction. In P. Drew & J. Heritage (Eds.), *Talk at Work: Interaction in Institutional Settings* (pp. 3-65). Cambridge: Cambridge University Press.

Drew, P. & Heritage, J. 1992b. *Talk at Work: Interaction in Institutional Settings*. Cambridge: Cambridge University Press.

Drew, P. & Sorjonen, M.-L. 1997. Institutional dialogue. In T. A. van Dijk (Ed.), *Discourse as Social Interaction* (Vol. 2) (pp. 92-118). London: Sage.

Edginton, B. & Montgomery, M. 1996. *The Media*. Manchester: British Council.

Ehrlich, S. 2021. Semiotic ideologies and trial discourse: Implications for multimodal discourse analysis. In C. Gordon (Ed.), *Approaches to Discourse Analysis* (pp. 123-135). Washington: Georgetown University Press.

Ekström, M. 2001. Politicians interviewed on television news. *Discourse & Society*, 12(5): 563-584.

Ekström, M. 2002. Epistemologies of TV journalism: A theoretical framework. *Journalism*, 3(3): 259-282.

Ekström, M. & Patrona, M. 2011. *Talking Politics in Broadcast Media: Cross-Cultural Perspectives on Political Interviewing, Journalism and Accountability*. Amsterdam/ Philadelphia: John Benjamins Publishing Company.

Ekström, M. & Tolson, A. 2013. *Media Talk and Political Elections in Europe and America*. Basingstoke: Palgrave Macmillan.

Elliott, P. 1972. *The Sociology of the Professions*. London/Basingstoke: Macmillan.

Entman, R. M. 1990. Modern racism and the images of blacks in local television news. *Critical Studies in Mass Communication*, 7(4): 332-345.

Facchinetti, R. 2021. News discourse and the dissemination of knowledge and perspective: From print and monomodal to digital and multisemiotic. *Journal of Pragmatics*, 175: 195-206.

Fairclough, N. 1992. *Discourse and Social Change*. Cambridge: Polity.

Fairclough, N. 1994. Conversationalization of public discourse and the authority of the consumer. In R. Keat, N. Whiteley, N. Abercrombie (Eds.), *The Authority of the*

Consumer (pp. 253-268). London: Routledge.

Fairclough, N. 1995a. *Media Discourse*. London: Edward Arnold.

Fairclough, N. 1995b. *Critical Discourse Analysis: The Critical Study of Language*. London: Longman.

Fairclough, N. 2003. *Analysing Discourse: Textual Analysis for Social Research*. London/New York: Routledge.

Feng, D. B. 2013. National voice: A discourse analysis of China Central Television's News Simulcast. *Discourse & Communication*, 7(3): 255-273.

Feng, D. B. 2016a. Identifying the participants: Reference in television news. *Visual Communication*, 15(2): 167-198.

Feng, D. B. 2016b. Photojournalism: A Social Semiotic Approach. *International Journal of Communication*, 10: 4506-4511.

Feng, D. B. 2016c. Doing "authentic" news: Voices, forms, and strategies in presenting television news. *International Journal of Communication*, 10: 4239-4257.

Feng, D. B. 2017. Representing ordinary people: Experiential interview fragments in CCTV News. *Text & Talk*, 37(2): 165-188.

Feng, D. B. 2020. Audience engagement in the discourse of TV news kernels: The case of BBC News at Ten. *Discourse & Communication*, 14(2): 133-149.

Feng, D. B. 2022. Achieving discourse truth in doing affiliated news interviews. *Journalism*, 23(11): 2400-2416.

Feng, D. B. & Wu, X. P. 2018. Weibo interaction in the discourse of internet anti-corruption: The case of "Brother Watch" event. *Discourse, Context & Media*, 24: 99-108.

Fishman, M. 1980. *Manufacturing the News*. Austin: University of Texas Press.

Fiske, J. & Hartley, J. 2003. *Reading Television (with a New Foreword by John Hartley)*. London/New York: Routledge.

Fowler, R. 1991. *Language in the News: Discourse and Ideology in the Press*. London/New York: Routledge.

Fowler, R., Hodge, B., Kress, G., et al. 1979. *Language and Control*. London: Routledge & Kegan Paul.

Frosh, P. 2009. The face of television. *The ANNALS of the American Academy of Political and Social Science*, 625(1): 87-102.

Galtung, J. & Ruge, M. H. 1965. The structure of foreign news: The presentation of the Congo, Cuba and Cyprus crises in four Norwegian newspapers. *Journal of Peace Research*, 2(1): 64-90.

Gan, Y. M., Greiffenhagen, C. & Licoppe, C. 2020. Orchestrated openings in video calls: Getting young left-behind children to greet their migrant parents. *Journal of Pragmatics*, 170: 364-380.

Gans, H. J. 1980. *Deciding What's News: A Study of CBS Evening News, NBC Nightly News, Newsweek, and Time*. New York: Vintage Books.

Garfinkel, H. 1967. *Studies in Ethnomethodology*. Englewood Cliffs: Prentice-Hall.

Gerbner, G. 1965. Institutional pressures upon mass communicators. *The Sociological Review*, 13(S1): 205-248.

Gitlin, T. 2003. *The Whole World is Watching: Mass Media in the Making and Unmaking of the New Left*. Berkeley: University of California Press.

Glasgow University Media Group. 1976. *Bad News*. London: Routledge & Kegan Paul.

Glasgow University Media Group. 1980. *More Bad News*. London: Routledge & Kegan Paul.

Goffman, E. 1981. *Forms of Talk*. Philadelphia: University of Pennsylvania Press.

Goffman, E. 1983. The interaction order: American sociological association, 1982 presidential address. *American Sociological Review*, 48(1): 1-17.

Goffman, E. 1990. *The Presentation of Self in Everyday Life*. London: Penguin Books.

Grabe, M. E., Zhou, S., & Barnett, B. 2001. Explicating sensationalism in television news: Content and the bells and whistles of form. *Journal of Broadcasting & Electronic Media*, 45(4): 635-655.

Greatbatch, D. 1986. Aspects of topical organization in news interviews: The use of agenda-shifting procedures by interviewees. *Media, Culture & Society*, 8(4): 441-455.

Greatbatch, D. 1988. A turn-taking system for British news interviews. *Language in Society*, 17(3): 401-430.

Greatbatch, D. 1998. Conversation analysis: Neutralism in British news interviews. In A. Bell (Ed.), *Approaches to Media Discourse* (pp. 163-185). Oxford: Wiley-Blackwell.

Grice, H. P. 1975. Logic and conversation. In P. Cole & J. L. Morgan (Eds.), *Syntax and Semantics, Vol. 3 Speech Acts* (pp. 41-58). New York: Academic Press.

Guo, E., Katila, J. & Streeck, J. 2020. Touch and the fluctuation of agency and motor control in pediatric dentistry. *Social Interaction: Video-Based Studies of Human Sociality*, 3(1): 1-18.

Habermas, J. 1979. *Communication and the Evolution of Society*. Boston: Beacon.

Habermas, J. 1990. *Moral Consciousness and Communicative Action*. Cambridge: MIT Press.

Hall, E. T. 1990. *The Hidden Dimension*. New York: Anchor Books.

Hall, S. 1980. Encoding/decoding. In S. Hall, D. Hobson, A. Lowe, et al. (Eds.), *Culture, Media, Language: Working Papers in Cultural Studies, 1972-79* (pp. 128-138). London: Hutchinson.

Hall, S. 1982. The rediscovery of ideology: Return of the repressed in media studies. In M. Gurevitch, T. Bennett, J. Curran, et al. (Eds.), *Culture, Society and the Media* (pp. 56-90). London: Routledge.

Halliday, M. A. K. 1976. Types of process. In G. Kress (Ed.), *Halliday: System and Function in Language* (pp. 159-173). London: Oxford University Press.

Halliday, M. A. K. 1978. *Language as Social Semiotic: The Social Interpretation of Language and Meaning*. London: Edward Arnold.

Halliday, M. A. K. 1985. *An Introduction to Functional Grammar*. London: Edward Arnold.

Halliday, M. A. K. 1994. *An Introduction to Functional Grammar*. 2nd edn. London: Edward Arnold.

Halliday, M. A. K. & Hasan, R. 1976. *Cohesion in English*. London: Longman.

Halliday, M. A. K. & Matthiessen, C. M. I. M. 2014. *An Introduction to Functional Grammar*. 3rd edn. London/New York: Routledge.

Harcup, T. & O'Neill, D. 2001. What is news? Galtung and Ruge revisited. *Journalism*

Studies, 2(2): 261-280.
Harcup, T. & O'Neill, D. 2017. What is News? *Journalism Studies*, 18(12): 1470-1488.
Harris, S. 1991. Evasive action: How politicians respond to questions in political interviews. In P. Scannell (Ed.), *Broadcast Talk* (pp. 76-99). London: Sage.
Hartley, J. & Montgomery, M. 1985. Representations and relations: Ideology and power in press and TV news. In T. A. van Dijk (Ed.), *Discourse and Communication: New Approaches to the Analysis of Mass Media Discourse and Communication* (pp. 233-269). Berlin: Walter de Gruyter.
Heritage, J. 1984. A change-of state token and asqects of its sequential placement. In J. M. Atkinson & J. Heritage (Eds.), *Structure of Social Action: Studies in Conversation Analysis* (pp. 299-345). Cambridge: Cambridge University Press.
Heritage, J. 1985. Analyzing news interviews: Aspects of the production of talk for an overhearing audience. In T. A. van Dijk (Ed.), *Handbook of Discourse Analysis, Volume 3: Discourse and Dialogue* (pp. 95-117). London: Academic Press.
Heritage, J. 2005. Conversation analysis and institutional talk. In K. L. Fitch & R. E. Sanders (Eds.), *Handbook of Language and Social Interaction* (pp. 103-147). Mahwah: Lawrence Erlbaum Associates.
Heritage, J. & Clayman, S. E. 2010. *Talk in Action: Interactions, Identities, and Institutions*. Oxford: Wiley Blackwell.
Heritage, J. & Greatbatch, D. 1989. On the institutional character of institutional talk: The case of news interviews. In P.-A. Forstorp (Ed.), *Discourse in Professional and Everyday Culture* (pp. 47-98). Linköping: Department of Communication Studies, University of Linköping.
Heritage, J. & Greatbatch, D. 1991. On the institutional character of institutional talk: The case of news interviews. In D. Boden & D. H. Zimmerman (Eds.), *Talk and Social Structure: Studies in Ethnomethodology and Conversation Analysis* (pp. 93-137). Cambridge: Polity.
Heritage, J. & Maynard, D. W. 2006. *Communication in Medical Care: Interactions between Primary Care Physicians and Patients*. Cambridge: Cambridge University Press.
Hodge, R. & Kress, G. 1993. *Language as Ideology*. London: Routledge.
Huntington, S. P. 1965. Political development and political decay. *World Politics*, 17(3): 386-430.
Hutchby, I. 2001. 'Witnessing': The use of first-hand knowledge in legitimating lay opinions on talk radio. *Discourse Studies*, 3(4): 481-497.
Hutchby, I. 2005. Conversation analysis and the study of broadcast talk. In K. L. Fitch & R. E. Sanders (Eds.), *Handbook of Language and Social Interaction* (pp. 437-460). London: Lawrence Erlbaum Associates.
Hutchby, I. 2006. *Media Talk: Conversation Analysis and the Study of Broadcasting*. Maidenhead: Open University Press.
Hutchby, I. 2011. Non-neutrality and argument in the hybrid political interview. *Discourse Studies*, 13(3): 349-365.
Hutchby, I. & Wooffitt, R. 2008. *Conversation Analysis*. 2nd edn. Cambridge: Polity.

Hyland, K. 1998. Exploring corporate rhetoric: Metadiscourse in the CEO's letter. *Journal of Business Communication*, 35(2): 224-244.

Hyland, K. 2005a. *Metadiscourse: Exploring Interaction in Writing*. London/New York: Continuum.

Hyland, K. 2005b. Stance and engagement: A model of interaction in academic discourse. *Discourse Studies*, 7(2): 173-192.

Hyland, K. & Tse, P. 2004. Metadiscourse in academic writing: A reappraisal. *Applied Linguistics*, 25(2): 156-177.

Hymes, D. 1974. *Foundations in Sociolinguistics: An Ethnographic Approach*. Philadelphia: University of Pennsylvania Press.

Jacobs, S. 2002. Maintaining neutrality in dispute mediation: Managing disagreement while managing not to disagree. *Journal of pragmatics*, 34: 1403-1426.

Janney, R. W. 2010. Film discourse cohesion. In C. R. Hoffmann (Ed.), *Narrative Revisited: Telling a Story in the Age of New Media* (pp. 245-266). Amsterdam: John Benjamins.

Jefferson, G. 1973. A case of precision timing in ordinary conversation: Overlapped tag-positioned address terms in closing sequences. *Semiotica*, 9(1): 47-96.

Kampf, Z. 2021. Political speech acts in contrast: The case of calls to condemn in news interviews. *Journal of Pragmatics*, 180: 203-218.

Katila, J., Gan, Y. M. & Goodwin, M. H. 2020. Interaction rituals and 'social distancing': New haptic trajectories and touching from a distance in the time of COVID-19. *Discourse Studies*, 22(4): 418-440.

Kong, K. C. C. 2006. A taxonomy of the discourse relations between words and visuals. *Information Design Journal*, 14(3): 207-230.

Kopple, W. J. V. 1985. Some exploratory discourse on metadiscourse. *College Composition and Communication*, 36(1): 82-93.

Kress, G. & van Leeuwen, T. 1998. Front pages: (The critical) analysis of newspaper layout. In A. Bell & P. Garrett (Eds.), *Approaches to Media Discourse* (pp. 186-219). Oxford: Wiley-Blackwell.

Kress, G. & van Leeuwen, T. 2001. *Multimodal Discourse: The Modes and Media of Contemporary Communication*. London: Arnold.

Kress, G. & van Leeuwen, T. 2002. Colour as a semiotic mode: Notes for a grammar of colour. *Visual Communication*, 1(3): 343-368.

Kress, G. & van Leeuwen, T. 2006. *Reading Images: The Grammar of Visual Design*. London: Routledge.

Labov, W. 1972. *Language in the Inner City: Studies in the Black English Vernacular*. Philadelphia: University of Pennsylvania Press.

Labov, W. & Waletzky, J. 1967. Narrative analysis: Oral versions of personal experience. In J. Helm (Ed.), *Essays on the Visual and Verbal Arts: Proceedings of the 1966 Annual Spring Meeting of the American Ethnological Society* (pp. 12-44). Seattle: University of Washington Press.

Liu, Y. & O'Halloran, K. L. 2009. Intersemiotic texture: Analyzing cohesive devices between language and images. *Social Semiotics*, 19(4): 367-388.

Lorenzo-Dus, N. 2009. *Television Discourse: Analysing Language in the Media*. Basingstoke/New York: Palgrave Macmillan.
Makki, M. 2019. 'Discursive news values analysis' of Iranian crime news reports: Perspectives from the culture. *Discourse & Communication*, 13(4): 437-460.
Marsh, E. E. & White, M. D. 2003. A taxonomy of relationships between images and text. *Journal of Documentation*, 59(6): 647-672.
Martin, J. R. 1995. More than what the message is about: English theme. In M. Ghadessy (Ed.), *Thematic Development in English Texts* (pp. 223-258). London: Pinter.
Martin, J. R. 2004. *English Text: System and Structure*. Beijing: Peking University Press.
Martinec, R. 1998. Cohesion in action. *Semiotica*, 120(1-2): 161-180.
Martinec, R. 2000a. Construction of identity in Michael Jackson's Jam. *Social Semiotics*, 10(3): 313-329.
Martinec, R. 2000b. Rhythm in multimodal texts. *Leonardo*, 33(4): 289-297.
Martinec, R. 2013. Nascent and mature uses of a semiotic system: The case of image-text relations. *Visual Communication*, 12(2): 147-172.
Martinec, R. & Salway, A. 2005. A system for image-text relations in new (and old) media. *Visual Communication*, 4(3): 337-371.
Maynard, D. W. & Heritage, J. 2005. Conversation analysis, doctor-patient interaction and medical communication. *Medical Education*, 39(4): 428-435.
McChesney, R. W. 1999. *Rich Media, Poor Democracy: Communication Politics in Dubious Times*. Urbana: University of Illinois Press.
McHoul, A. 1978. The organization of turns at formal talk in the classroom. *Language in Society*, 7(2): 183-213.
McManus, J. H. 1994. *Market-Driven Journalism: Let the Citizen Beware?* Thousand Oaks: Sage.
McNair, B. 1998. *The Sociology of Journalism*. London: Arnold.
McNair, B. 2003. *News and Journalism in the UK*. 4th edn. New York: Routledge.
Meltzer, K. 2014. Journalistic concern about uncivil political talk in digital news media: Responsibility, credibility, and academic influence. *International Journal of Press/Politics*, 20(1): 85-107.
Montgomery, M. 1986. DJ talk. *Media, Culture & Society*, 8(4): 421-440.
Montgomery, M. 1991. Our tune: A study of a discourse genre. In P. Scannell (Ed.), *Broadcast Talk* (pp. 138-177). London: Sage.
Montgomery, M. 2001a. Defining 'authentic talk'. *Discourse Studies*, 3(4): 397-405.
Montgomery, M. 2001b. The uses of authenticity: "Speaking from experience" in a U.K. election broadcast. *The Communication Review*, 4(4): 447-462.
Montgomery, M. 2005. The discourse of war after 9/11. *Language and Literature: International Journal of Stylistics*, 14(2): 149-180.
Montgomery, M. 2006. Broadcast news, the live 'two-way' and the case of Andrew Gilligan. *Media, Culture & Society*, 28(2): 233-259.
Montgomery, M. 2007. *The Discourse of Broadcast News: A Linguistic Approach*. New York: Routledge.

Montgomery, M. 2008a. The discourse of the broadcast news interview: A typology. *Journalism Studies*, 9(2): 260-277.

Montgomery, M. 2008b. *An Introduction to Language and Society*. 3rd edn. London: Routledge.

Montgomery, M. 2009. Semantic asymmetries and the 'war on terror'. In E. Bielsa & C. W. Hughes (Eds.), *Globalization, Political Violence and Translation* (pp. 117-134). London: Palgrave Macmillan.

Montgomery, M. 2010. Rituals of personal experience in television news interviews. *Discourse & Communication*, 4(2): 185-211.

Montgomery, M. 2020. Populism in performance?: Trump on the stump and his audience. *Journal of Language and Politics*, 19(5): 733-765.

Montgomery, M. & Feng, D. B. 2016. 'Coming up next': The discourse of television news headlines. *Discourse & Communication*, 10(5): 500-520.

Morley, D. 1980. *The Nationwide Audience: Structure and Decoding*. London: British Film Institute.

Ofcom. 2013. Public Service Broadcasting Annual Report 2013. https://www.ofcom.org.uk/__data/assets/pdf_file/0025/77353/psb_annual_report.pdf[2023-07-12].

Ofcom. 2017. Guidance Notes: Section 2: Harm and Offence. https://www.ofcom.org.uk/__data/assets/pdf_file/0023/104657/Section-2-Guidance-Notes.pdf[2023-07-12].

Ofcom. 2020. News Consumption in the UK: 2020. https://www.ofcom.org.uk/__data/assets/pdf_file/0013/201316/news-consumption-2020-report.pdf[2023-07-12].

O'Halloran, K. 1999. Towards a systemic functional analysis of multisemiotic mathematics texts. *Semiotica*, 124(1-2): 1-30.

O'Halloran, K. 2004. *Multimodal Discourse Analysis: Systemic-Functional Perspectives*. London: Continuum.

O'Halloran, K. 2005. *Mathematical Discourse: Language, Symbolism and Visual Images*. London: Continuum.

O'Neill, J. 1998. Truth telling as constitutive of journalism. In R. Chadwick, D. Callahan, P. Singer (Eds.), *Encyclopedia of Applied Ethics Vol. 4* (pp. 421-426). San Diego: Academic Press.

Painter, C., Martin, J. R. & Unsworth, L. 2013. *Reading Visual Narratives: Image Analysis of Children's Picture Books*. London: Equinox.

Palmer, R. B. 1989. Bakhtinian translinguistics and film criticism: The dialogical image? In R. B. Palmer (Ed.), *The Cinematic Text: Methods and Approaches* (pp. 303-341). New York: AMS Press.

Peirce, C. S. 1958. *Collected Papers of Charles Sanders Peirce (Vol. 8)*. Cambridge: Harvard University Press.

Perfetti, C. A., Beverly, S., Bell, L., et al. 1987. Comprehending newspaper headlines. *Journal of Memory and Language*, 26(6): 692-713.

Phillips, N., Lawrence, T. B. & Hardy, C. 2004. Discourse and institutions. *Academy of Management Review*, 29(4): 635-652.

Pomerantz, A. 1975. *Second Assessments: A Study of Some Features of Agreements/*

Disagreements. Irvine: University of California Press.
Prieto-Ramos, F., Pei, J. M. & Cheng, L. 2020. Institutional and news media denominations of COVID-19 and its causative virus: Between naming policies and naming politics. *Discourse & Communication*, 14(6): 635-652.
Roth, A. L. 2002. Social epistemology in broadcast news interviews. *Language in Society*, 31(3): 355-381.
Royal Television Society. 2008. Television journalism awards winners 2007. https://rts.org.uk/award/television-journalism-awards-winners-2007[2022-12-20].
Royal Television Society. 2009. Television journalism awards winners 2009. https://rts.org.uk/award/television-journalism-awards-winners-2009[2022-12-20].
Royce, T. D. 1998. Synergy on the page: Exploring intersemiotic complementarity in page-based multimodal text. *JASFL Occasional Papers*, 1(1): 25-49.
Royce, T. D. 2006. Intersemiotic complementarity: A framework for multimodal discourse analysis. In T. D. Royce & W. Bowcher (Eds.), *New Directions in the Analysis of Multimodal Discourse* (pp. 63-109). New York: Routledge.
Sacks, H. 1984. On doing 'being ordinary'. In J. M. Atkinson & J. Heritage (Eds.), *Structures of Social Action: Studies in Conversation Analysis* (pp. 413-429). Cambridge: Cambridge University Press.
Sacks, H. 1992. *Lectures on Conversation, Vols I & II*. Oxford: Blackwell.
Sacks, H., Schegloff, E. A. & Jefferson, G. 1974. A simplest systematics for the organization of turn-taking for conversation. *Language*, 50(4): 696-735.
Saeed, J. I. 2000. *Semantics*. Beijing: Foreign Language Teaching and Research Press.
Scannell, P. 1989. Public service broadcasting and modern public life. *Media, Culture & Society*, 11(2): 135-166.
Scannell, P. 1990. Public service broadcasting: The history of a concept. In A. Goodwin & G. Whannel (Eds.), *Understanding Television* (pp. 11-29). London: Routledge.
Scannell, P. 1991a. *Broadcast Talk*. London: Sage.
Scannell, P. 1991b. Introduction: The relevance of talk. In P. Scannell (Ed.), *Broadcast Talk* (pp. 1-13). London: Sage.
Scannell, P. 1996. *Radio, Television, and Modern Life: A Phenomenological Approach*. Oxford: Blackwell.
Scannell, P. 1998. Media-language-world. In A. Bell (Ed.), *Approaches to Media Discourse* (pp. 251-267). Oxford: Blackwell.
Scannell, P. 2000. For-anyone-as-someone structures. *Media, Culture & Society*, 22(1): 5-24.
Scannell, P. 2001. Authenticity and experience. *Discourse Studies*, 3(4): 405-411.
Scannell, P. 2014. *Television and the Meaning of 'Live': An Enquiry into the Human Situation*. Cambridge: Polity.
Scannell, P. & Cardiff, D. 1991. *A Social History of British Broadcasting: Volume 1 (1922-1939), Serving the Nation*. Oxford: Blackwell.
Schegloff, E. A. 2007a. A tutorial on membership categorization. *Journal of Pragmatics*, 39(3): 462-482.
Schegloff, E. A. 2007b. *Sequence Organization in Interaction: A Primer in Conversation*

Analysis I. Cambridge: Cambridge University Press.

Schegloff, E. A. & Sacks, H. 1973. Opening up closings. *Semiotica*, 8(4): 289-327.

Schegloff, E. A., Jefferson, G. & Sacks, H. 1977. The preference for self-correction in the organization of repair in conversation. *Language*, 53(2): 361-382.

Schiffrin, D. 1980. Meta-talk: Organizational and evaluative brackets in discourse. *Sociological Inquiry*, 50(3-4): 199-236.

Schlesinger, P. 1987. *Putting 'Reality' Together: BBC News*. London/New York: Methuen.

Schudson, M. 2002. The news media as political institutions. *Annual Review of Political Science*, 5: 249-269.

Schudson, M. 2003. *The Sociology of News*. New York/London: Norton.

Schudson, M. 2005. Four approaches to the sociology of news. In J. Curran & M. Gurevitch (Eds.), *Mass Media and Society* (pp. 172-197). London: Hodder Arnold.

Schultz, J. 1998. *Reviving the Fourth Estate: Democracy, Accountability and the Media*. Cambridge: Cambridge University Press.

Searle, J. R. 1976. A classification of illocutionary acts. *Language in Society*, 5(1): 1-23.

Seo, S. 2013. Hallidayean transitivity analysis: The battle for Tripoli in the contrasting headlines of two national newspapers. *Discourse & Society*, 24(6): 774-791.

Sinclair, J. 1994. Trust the text. In M. Coulthard (Ed.), *Advances in Written Text Analysis* (pp. 12-25). London: Routledge.

Snoddy, R. 2015. The battle for news viewers. https://rts.org.uk/article/battle-news-viewers [2023-07-12].

Tannen, D. 2007. *Talking Voices: Repetition, Dialogue, and Imagery in Conversational Discourse*. 2nd edn. Cambridge: Cambridge University Press.

ten Have, P. 2007. *Doing Conversation Analysis: A Practical Guide*. London: Sage.

Thompson, J. B. 1995. *The Media and Modernity: A Social Theory of the Media*. Stanford: Stanford University Press.

Thornborrow, J. 2001. Authenticating talk: Building public identities in audience participation broadcasting. *Discourse Studies*, 3(4): 459-479.

Thornborrow, J. 2002. *Power Talk: Language and Interaction in Institutional Discourse*. London: Pearson Education.

Thornborrow, J. 2010. 'Going public': Constructing the personal in a television news interview. *Discourse & Communication*, 4(2): 105-123.

Tolson, A. 2001. *Television Talk Shows: Discourse, Performance, Spectacle*. London: Lawrence Erlbaum Associates.

Tolson, A. 2006. *Media Talk: Spoken Discourse on TV and Television*. Edinburgh: Edinburgh University Press.

Tolson, A. 2019. 'Out is out and that's it the people have spoken': Uses of vox pops in UK TV news coverage of the Brexit referendum. *Critical Discourse Studies*, 16(4): 420-431.

Tourangeau, W. 2018. Power, discourse, and news media: Examining Canada's GM alfalfa protests. *Geoforum*, 91: 117-126.

Tryon, C. 2020. Sinclair broadcasting as mini-media empire: Media regulation, disinfomercials, and the rise of Trumpism. *Media, Culture & Society*, 42(7-8): 1377-

1391.

Tseng, C. 2008. Coherence and cohesive harmony in filmic text. In L. Unsworth (Ed.), *Multimodal Semiotics: Functional Analysis in Contexts of Education* (pp. 89-104). London: Continuum.

Tseng, C. 2012. Audiovisual texture in scene transition. *Semiotica*, 192: 123-160.

Tseng, C. 2013. *Cohesion in Film: Tracking Film Elements*. Basingstoke/New York: Palgrave Macmillan.

Tseng, C. & Bateman, J. A. 2010. Chain and choice in filmic narrative: An analysis of multimodal narrative construction in *The Fountain*. In C. R. Hoffmann (Ed.), *Narrative Revisited: Telling a Story in the Age of New Media* (pp. 213-244). Amsterdam: John Benjamins.

Tseng, C. & Bateman, J. A. 2012. Multimodal narrative construction in Christopher Nolan's *Memento*: A description of analytic method. *Visual Communication*, 11(1): 91-119.

Tuchman, G. 1972. Objectivity as strategic ritual: An examination of newsmen's notions of objectivity. *American Journal of Sociology*, 77(4): 660-679.

Tuchman, G. 1978. *Making News: A Study in the Construction of Reality*. New York: Free Press.

van Dijk, T. A. 1988a. *News Analysis: Case Studies of International and National News in the Press*. Hillsdale: Erlbaum.

van Dijk, T. A. 1988b. *News as Discourse*. Hillsdale: Erlbaum.

van Dijk, T. A. 1992. Discourse and the denial of racism. *Discourse & Society*, 3(1): 87-118.

van Dijk, T. A. 1998. *Ideology: A Multidisciplinary Approach*. London: Sage.

van Dijk, T. A. 2011a. Discourse and ideology. In T. A. van Dijk (Ed.), *Discourse Studies: A Multidisciplinary Introduction (2nd edn.)* (pp. 379-407). London: Sage.

van Dijk, T. A. 2011b. *Discourse Studies: A Multidisciplinary Introduction*. London: Sage.

van Leeuwen, T. 1991. Conjunctive structure in documentary film and television. *Continuum: Journal of Media & Cultural Studies*, 5(1): 76-114.

van Leeuwen, T. 2001. What is Authenticity? *Discourse Studies*, 3(4): 392-397.

van Leeuwen, T. 2005. *Introducing Social Semiotics*. London/New York: Routledge.

van Leeuwen, T. 2006. Towards a semiotics of typography. *Information Design Journal*, 14(2): 139-155.

Verhaar, J. W. H. 1975. Dell Hymes, foundations in sociolinguistics: An ethnographic approach. *Language in Society*, 4(3): 352-361.

Wang, G. F. 2018. A corpus-assisted critical discourse analysis of news reporting on China's air pollution in the official Chinese English-language press. *Discourse & Communication*, 12(6): 645-662.

Weber, E. G. 1993. *Varieties of Questions in English Conversation*. Amsterdam: John Benjamins.

Weber, M. 1978. *Economy and Society: An Outline of Interpretive Sociology*. Berkeley: University of California Press.

White, T. & Barnas, F. 2010. *Broadcast News: Writing, Reporting, and Producing*. 5th edn. Oxford: Focal Press.

Widdowson, H. G. 1995. Discourse analysis: A critical view. *Language and Literature*, 4(3): 157-172.

Widdowson, H. G. 1996. Reply to Fairclough: Discourse and interpretation: Conjectures and refutations. *Language and Literature*, 5(1): 57-69.

Widdowson, H. G. 1998. The theory and practice of critical discourse analysis. *Applied Linguistics*, 19(1): 136-151.

Williams, R. 1983. *Keywords: A Vocabulary of Culture and Society*. New York: Oxford University Press.

Williams, R. 1990. *Television: Technology and Cultural Form*. 2nd edn. London: Routledge.

Wodak, R. 2001. The discourse-historical approach. In R. Wodak & M. Meyer (Eds.), *Methods of Critical Discourse Analysis* (pp. 63-94). London: Sage.

Wodak, R. 2015. Critical discourse analysis, discourse-historical approach. In K. Tracy, C. Ilie & T. Sandel (Eds.), *The International Encyclopedia of Language and Social Interaction* (pp. 1-14). Chichester: Wiley-Blackwell.

Wodak, R. 2020. *The Politics of Fear: The Shameless Normalization of Far-Right Discourse*. 2nd edn. London: Sage.

Zelizer, B. 1989. 'Saying' as collective practice: Quoting and differential address in the news. *Text-Interdisciplinary Journal for the Study of Discourse*, 9(4): 369-388.

Zelizer, B. 1990. Achieving journalistic authority through narrative. *Critical Studies in Mass Communication*, 7(4): 366-376.

Zelizer, B. 1992. *Covering the Body: The Kennedy Assassination, the Media, and the Shaping of Collective Memory*. Chicago: University of Chicago Press.

Zelizer, B. 2004. *Taking Journalism Seriously: News and the Academy*. London: Sage.

Zhu, H. Q. 2020. Countering COVID-19-related anti-Chinese racism with translanguaged swearing on social media. *Multilingua*, 39(5): 607-616.

Zimmerman, D. H. 1984. Talk and its occasion: The case of calling the police. In D. Schiffrin (Ed.), *Meaning, Form, and Use in Context: Linguistic Applications* (pp. 210-228). Washington: Georgetown University Press.

Zimmerman, D. H. 1992. The interactional organization of calls for emergency assistance. In P. Drew & J. Heritage (Eds.), *Talk at Work: Interaction in Institutional Settings* (pp. 418-469). Cambridge: Cambridge University Press.